U0128007

江西通史

清前期卷中冊

目錄

總序 002

引言 009

第一章｜清軍對江西復明活動的鎮壓及清政權統治的確立

第一節‧清軍對江西的攻占及南明政權抵抗的失敗　040

一　左良玉部的叛降與金聲桓攻占江西州縣　040

二　以益藩為旗幟的撫、建二府抵抗　043

三　隆武朝節制下的贛州保衛戰　046

四　與楚地互通聲氣的湖西抗清活動　051

第二節‧金、王反正的敗亡及江西社會經濟的
初步修復　055

一　金聲桓、王得仁反正及其敗亡　055

二　順康之際江西官府舒緩民困的主要舉措　064

三　招徠民眾城居與恢復城市社會生活　071

第三節‧三藩叛軍對江西的爭奪及其敗退　076

一　吳三桂兵進江西和清軍的交戰　076

二　湖西再次淪為戰亂重災區與清軍驅逐棚民　082

第四節・江西督、撫建制的調整及地方精英對清政權的
　　　逐漸認同　092

一　「南贛巡撫」與「江西總督」建制的調整　092

二　清代首批方志編修及地方精英對江山易姓的逐漸認同　107

第二章 | 清前期管理江西的重要舉措與制度建設

第一節・清前期江西政區沿革與道員職權的調整　127

一　清前期江西政區沿革概況　127

二　江西「道」的劃分歸併及道員職權的調整　148

第二節・處理移民入籍引發的衝突和學額分配的定制　152

一　雍正朝寧州設置「懷遠都」引發的土著抵制
　　及其示範意義　152

二　各府縣土著及入籍移民子弟學額分配的定制　169

第三節・江西漕運體系的完善及其陋規的革除　176

一　南昌、九江等漕幫建制和承運內容　177

二　康雍朝以來江西兌糧水次的歸併調整　182

三　南漕舊規中陋例的革除和漕丁撫卹　186

第三章 | 閩廣移民的進入與清前期江西農業經濟的發展

第一節・清前期閩廣移民的進入與「攤丁入地」的實施

　205

一　清前期閩廣移民進入江西及其分布概況　205

二　土地開墾、「攤丁入地」與人口增長　　220

第二節・水利工程修建與糧食產品輸出　　228

一　清前期小型水利工程的廣泛修建　　229

二　糧食生產與米穀輸出　　244

第三節・江西山區的墾殖與利用　　252

一　各種經濟作物的栽培　　253

二　番薯、玉米的種植　　261

第四節・林業與漁業的發展　　264

一　經濟林木的廣泛種植　　264

二　漁政管理與漁業生產　　268

第四章｜清前期江西城鎮與農村市場的發展及商貿格局

第一節・中心城市的發展　　283

一　南昌城的建設與經濟的擴張　　283

二　九江關的設置與城市的繁榮　　290

第二節・四大商鎮的專業化導向及其市場輻射　　294

一　樟樹鎮的藥材加工和集市貿易　　294

二　陶瓷業與景德鎮的繁盛　　301

三　河口鎮的茶葉轉運與紙張產銷　　309

四　清初最終形成的轉運口岸吳城鎮　　314

第三節・農村市場的繁榮　　323

一　農村墟鎮數量增長及其內涵　　323

二　農村市場網絡與「鄉腳」　　333

三　鄉村基層市場的集期與廟會　338

第四節・清前期江西墟鎮的管理　343

一　官方派駐機構　343

二　牙行與牙人　353

三　鄉族與墟市　361

第五節・清前期江西與周邊各省的商貿格局　368

一　糧食產品的傳統輸出格局　368

二　夏布的普遍生產與外運　373

三　煙葉的種植與運銷　382

四　棉貨與鹽的輸入及其意義　390

第五章｜清前期江西的家族活動與民間崇拜

第一節・官府管理政策的變化與江西民間建祠修譜的普及

405

一　《聖諭廣訓》和「族正」制對江西建祠修譜的刺激　405

二　「毀祠追譜」及其對江西家族活動的影響　418

第二節・福主崇拜與萬壽宮網絡的形成　428

一　從道教神靈到民間神靈　428

二　萬壽宮網絡的形成　431

三　萬壽宮與地方社會　437

第三節・水神、蝗神與康王崇拜　441

一　水神崇拜　441

二 蝗神劉將軍與康王崇拜 449

第四節・行業神與房頭神崇拜 456

一 各種行業神崇拜 456

二 各色房頭神崇拜 457

第五節・祖先崇拜與歲時祭祀 460

一 清明掛紙與中元超度亡靈 460

二 冬至祭祖與祠堂上譜 466

三 新春期間的祭祀活動 472

第六章 ｜ 清前期江西的文化、藝術與科技

第一節・「三山」呼應的江西明遺民群體 488

一 「三山」遺民群體的基本情況 488

二 「三山」諸子的社會活動 496

三 「三山」學派的學術思想 503

四 江西其他地區的明遺民活動 511

第二節・清前期江西科舉概況及其學術思想的
　　　　邊緣化趨勢 522

一 清前期江西科舉與他省的消長對比 522

二 江西科舉姓氏的分布及各地著名的進士家族 539

三 乾嘉學人主流對「江右王學」的批判 558

四 李紱的特立獨行及其對王學的倔彊申論 567

第三節・清前期江西的邪教案和文字獄   578

一　江西境內的邪教及大乘邪教案   578

二　江西的文字獄與毀禁書籍   592

第四節・清前期江西的佛教、道教與天主教   600

一　佛教的復興與衰落   600

二　走向民間的道教   605

三　清前期天主教在江西的傳播   614

第五節・戲劇與繪畫的成就   633

一　蔣士銓與《藏園九種曲》   633

二　江西地方戲的勃興   636

三　深入民間的採茶戲   645

四　八大山人與羅牧的藝術成就   648

第六節・大型書院的修復與興衰   652

一　清初四大書院的修葺與重建   652

二　康乾時期白鹿洞書院的興盛及嘉慶後的衰微   655

第七節・名醫、「龍泉兩碼」與「樣式雷」   660

一　名醫與醫案   660

二　「龍泉兩碼」   666

三　宮廷建築世家「樣式雷」   669

後記   673

主要參考文獻   675

第三章 ———

閩廣移民的進入與清前期
江西農業經濟的發展

　　元末明初以後江西人口向湖南、湖北的大規模遷移，構成中國移民史上「江西填湖廣」的移民大浪潮。與此同時江西南部山區則幾乎沒有人口外遷，原因之一在於明初這一地區的人口數量比南宋時減少了三分之二，本身就有待填充人口，這就為明代中期以後閩廣流民進入該地區創造了一個客觀條件。明中期以後閩廣移民進入江西及清前期江西人口在本省境內遷徙的主要流向，是進入江西南部、中部、西部及東北部的山區墾殖、定居乃至入籍，從而掀起江西山區開發的一個高潮。閩廣移民進入山區以後，帶來新的農業耕作技術與農作物物種，主要從事各種經濟作物的栽培與種植，極大地改變了清前期江西山區的土地利用方式與農業生產面貌，使許多地方的自然生態環境大為改觀，促進了江西土地與人口數字的增長。清前期江西農業經濟的發展，與這一時期閩廣兩省移民大規模進入江西山區有直接而重要的關係。清前期江西水利建設的主要成就，則突出表現在重修許多被大水沖壞的圩堤，以及疏濬因戰亂等原因而淤塞的陂塘。

　　江西作為重要的糧食傳統產區，在清前期國家的漕糧供應，戰爭與災害時期區域間的糧食協濟，乃至平常年份的糧食長距離省際販運中，均發揮了極為重要的作用。清前期江西的漁業生產分布，依然集中在九江、南康、南昌、饒州四府的河湖地區。此外，九江、湖口一帶為鄱陽湖水系匯注長江之所，是天然的魚類繁殖產卵場地，魚苗捕撈規模巨大，因而在明代即成為長江中下游地區最大的魚苗生產基地和販運集散地，入清後繼續發展。

第一節 ▶ 清前期閩廣移民的進入與「攤丁入地」的實施

一　清前期閩廣移民進入江西及其分布概況[1]

已有的研究表明，從元末明初至明末，中國境內的人口遷移一直沒有停止過。但從人口遷移的規模來看，則首推洪武時期的大移民。洪武大移民結束以後，較大規模的移民運動還有永樂年間的移民及明代中期發生在荊襄地區的流民運動。[2]在明代，江西人口的大規模輸出是一個極為引人注目的現象，特別是江西人口向湖南、湖北兩省的大規模遷移，構成了中國移民史上「江西填湖廣」的移民大浪潮。明初洪武時期，直接從江西遷出的人口約為二〇〇萬人。[3]其中以吉安、南昌二府外遷人口為主，然而此時江西南部山區不僅幾乎沒有人口外遷，人口反而還比南宋減少了三分之二，其本身就有待填充人口，這也成為明中期以後閩廣流民進入這一地區的一個客觀條件。

從總體上講，明代中期以後閩廣移民的進入及清前期江西省境內人口遷徙的主要趨勢，是向南部、中部、西北及東北的山區

1　關於明代江西人口大量向湖廣地區的遷出及清代閩廣地區人口向江西遷入的歷史過程的研究，以曹樹基先生的工作最為系統。本節所述史實與相關觀點基本參照曹著，參見曹樹基《中國移民史》第五卷《明時期》（福建人民出版社 1997 年版）、第六卷《清·民國時期》（福建人民出版社 1997 年版）。
2　參見曹樹基《中國移民史》第五卷《明時期》，第 470-471 頁。
3　參見曹樹基《中國移民史》第五卷《明時期》，第 478 頁。

進發。移民的墾殖、定居乃至入籍，掀起了清代江西山區開發的高潮。以下，分別就明中期以後至清前期閩廣移民進入最為顯著的寧都直隸州、贛州府，建昌府之廣昌縣，吉安府，袁州府，南昌府及江西東北的貴溪、鉛山、玉山、上饒諸縣的移民情形，撮要敘述。

1. 寧都直隸州

清代江西的寧都直隸州，是在乾隆十九年（1754年）升寧都縣所置，轄有石城、瑞金二縣。

從地理位置來看，寧都、石城、瑞金三縣緊靠武夷山脈，與閩西毗鄰，故自明代前期以至清代，不斷有福建移民遷入，佃種田地。康熙年間寧都學者魏禮在論及寧都人口中土著與移民的構成情況時，曾經說到：

陽都屬鄉六，上三鄉皆土著，故永無變動，下三鄉佃耕者悉屬閩人，大都福建汀州之人十七八，上杭、連城居二三，皆近在百餘里山僻之產……夫下鄉閩佃，先代相仍，久者耕一主之田至子孫十餘世，近者五六世、三四世……久歷數百年。[4]

寧都地勢由東、西、北三面向中南部傾斜。魏禮所謂「上三鄉」，實為寧都之北部。此地從明中期以後，亦間有與之相鄰的

4　魏禮：《與李邑侯書》，《魏季子文集》卷八，《寧都三魏全集》，道光二十五年刊本。

撫州、吉安二府各縣之移民。嘉靖初年巡撫南贛的右副都御史周用就曾說：「南贛地方，田地山場坐落開曠，禾稻竹木生殖頗蕃，利之所共趨，吉安等府各縣人民年常前來謀求生理，結黨成群，日新月盛。」[5]說明江西中部盆地的過剩人口在向湖廣大量遷移的同時，也在向江西南部流動。而「下三鄉」則是寧都南部山區，從當代編寫的《寧都縣地名志》資料來看，從明代前期甚至更早直至明代後期，來自福建的移民一直在不斷地建村定居。到清代中期以前，還有福建移民村在陸陸續續地興建。此外，在寧都縣西北部山區，也有大量福建籍的移民建村，遷入時間也是從明代一直延續至清中期。

石城縣地勢由縣境四周向中部和西南部傾斜，地貌以山地、丘陵為主。在康熙初年甚至更早，一批閩人就在石城「賃土耕鋤」。[6]從自然村的分布中可以看出，福建移民主要分布在該縣的東南部山區。在今天石城縣殊坑、羅家兩鄉中的一二五個村莊中，直接自閩省遷入的就有六〇個村莊。而在該縣中部的丘陵與琴江河谷地帶及其北部地區，則沒有發現閩籍移民的分布。但這並不意味著這一區域沒有閩籍移民的活動，相反，閩籍佃民的活動還相當活躍。早在順治二年（1645 年），石城的閩籍佃農就開展過轟轟烈烈的爭取永佃權的鬥爭，他們「倡永佃，起田兵」，

5　周用：《乞專官分守地方疏》，《西江志》卷一百四十六《藝文》，康熙五十九年刊本。

6　參見《石城縣誌》卷一《輿地誌・物產》，乾隆四十六年刊本。

「糾寧都、瑞金、寧化等處客戶一歲圍城六次。城外及上水鄉鄉村毀幾盡，巡檢置俱毀」。[7]這次風潮之後，閩籍佃農可能受到土著的驅逐或限制，在石城東南山區以外的地區不再活躍。

瑞金居寧都、石城二縣之南，境內多低山、丘陵，除西北部梅江之外，又有綿水一支與南面贛州府會昌縣北來之湘水相會，合而為貢水流經於都、贛縣，復與西面之貢水相匯，成為贛江之上流。而會昌縣湘水之上游，已是緊鄰廣東嘉慶州平遠縣界。是故明清兩代瑞金縣之外省移民，除去閩籍，尚有粵籍。明代中期的羅璟就曾說瑞金「萬山連亙，人跡稀闊，其深阻處，奸民蔽為盜區，出沒為患」[8]，於是「閩廣及各府之人，視為樂土，繩繩相引，僑居此地。土著之人，為士為民，而農者、商者、牙儈者、徛胥者，皆客籍也」[9]。康熙年間的記載也說：「本邑事簡民淳，公賦易完，近多異縣僑居之民，頗不便於地方。」[10]從當代所編的《江西省瑞金縣地名志》的移民建村資料來看，清代遷入的閩廣籍移民定居人口計，約占乾隆時期瑞金縣人口的百分之五，當在萬人左右，多定居於瑞金縣的北部與南部山區。

此外在康熙年間，有大批來自福建漳州、泉州二府的「剉煙者」（製煙工人）流入瑞金。他們在瑞金所開的剉煙廠不下數百

7　參見《石城縣誌》卷七《紀事志・兵寇》，乾隆四十六年刊本。

8　羅璟：《增修城垣記》，《瑞金縣誌》卷七《文章》，嘉靖二十二年刊本。

9　楊兆年：《上督府田賊始末書》，《寧都直隸州志》卷三十一《藝文》，道光四年刊本。

10　《瑞金縣誌》卷二《地輿》，康熙二十二年刊本。

處，每廠五六十人，總人數可能有數萬之多，主要分布在瑞金中部的丘陵河谷地帶，即瑞金縣閩籍移民分布最少的地區。可見這些為數眾多的剷煙者並沒有在當地定居。他們主要來自閩南的漳州、泉州，與定居於瑞金南北二部山區的福建汀州移民並不屬於同一個民系。

2. 贛州府

清代的贛州府治贛縣，領有贛縣、雩都、信豐、興國、會昌、安遠、龍南、長寧等八縣。其中興國縣東、西、北三面環山，地勢由邊緣向中部和南部傾斜，境內有瀲江水（即今日之平江）自西北而西南注入貢水。從明代後期海瑞寫的《興國縣八議》來看，當時興國土著大量外逃，但同時又有本省吉安、撫州、南昌、廣信各府人民遷入，只不過後者的遷入並沒有從根本上改變清初興國縣人口稀少的狀況，因而興國縣也成為清初政府組織移民進入的地區之一。康熙九年（1670 年），清廷在興國安插了投降的鄭成功舊部蔡璋、張治、朱明等目兵千有餘人。以後這批降兵取得了興國的戶籍與田地。後來，又大批招徠閩廣移民進行佃種，所以在康熙期間，興國人口大增。從移民原籍看，福建省主要來自寧化、武平、上杭等縣；廣東省主要來自興寧、平遠、長樂等縣；此外，還有移民來自興國以南的瑞金、長寧（今尋烏）、安遠、龍南、定南諸縣。

清初，南明政府曾在贛州府城組織過長達五多個月的抗清保衛戰，戰爭和隨後的屠城導致了當地人口的大量死亡，其中尤以贛州府附近地區與贛縣中部丘陵河谷地帶為甚。因而戰後從閩廣及贛州府東南部的信豐、龍南、長寧等縣遷入的移民也最多、最

為密集。而在贛縣北部與南部的丘陵山地，則幾乎沒有或很少上述諸區移民的遷入。

雩都縣位於贛縣之東，中部有貢水穿過，兩側則為丘陵與低山。其人口在明清之際的戰爭中似未遭受大的損失，因而清代外來移民遷入節奏較緩，規模亦不大。這一點與贛州府信豐、龍南、定南、安遠、會昌、長寧等其他諸縣移民情況較為相似。

3. 南安府

南安府位於贛州府的西南部，包括南康、大庾(今大余縣)、上猶和崇義四縣。其中南康縣和大庾縣的大部分屬於贛州盆地；上猶和崇義則地處山地，屬於羅霄山脈的東側。

南康縣由於順治三年（1646 年）贛州保衛戰的影響，人口損失較大。尤其是在章水及上猶江兩岸的河谷丘陵地帶更是如此。因而從順治到乾隆朝長達一個多世紀的時間裡，來自廣東興寧（或稱「嘉應州」）的移民源源不斷流入。而在南康縣的北部與南部山區，外來移民的數量較少。與南康、贛縣等地不同，大庾縣地處章水上游，與廣東西北的韶州府接界，因而其移民多來自韶州府的南雄和始興二縣。只是在最東端的新城鄉，才有少部分的粵東興寧籍的移民遷入。

自明代中後期不斷遷入崇義、龍泉（今遂川）等縣的閩廣移民，曾參與了贛州保衛戰，之後被清廷安置在上猶屯墾。後來又頻繁參與清初的反清與叛清活動，故當地的方志中有所謂「三招三叛」之說。這些移民還曾遭到官方的驅逐。但從對當代自然村的統計資料來看，清初官府驅逐移民的效果並不明顯；不僅如此，官府在驅逐閩廣移民的同時，又在大量招募外來移民。這些

新來的移民，集中分布在西部山區。

　　崇義縣位於南安府的最西面，地勢為西南高，東北低，曾是明代中期流民活動的中心地區之一。其設縣時的人口，除了安置的閩廣移民外，還有從南康、上猶和大庾等縣劃割過來的居民。從移民的分布區域看，江西中部遷入的移民大多在崇義的丘陵地帶，而閩廣移民則主要進入了山地。

4. 建昌府

　　建昌府的移民主要集中在廣昌縣。武夷山盤踞該縣境東、南兩方，雩山綿延境西，中北部丘陵崗地起伏，旴江縱貫中部。廣昌縣原來的土著大多生活在境內的河谷丘陵地帶，而其東部的武夷山區則人口稀少，因而來自閩西汀州府的移民幾乎全部居住在東南部山區。

　　從地名檔案記錄的內容來看，汀州移民建村時的開基祖大多是來廣昌佃種土地的長工。如在赤水鄉，就有十二個閩籍移民村說是打長工立村的，世代分別從二十八代至八代不等。還有五個來自南豐及石城的「長工村」。從遷入時間看，汀州地區的移民在明代前期就已遷入廣昌，至明代末年仍在持續不斷地進行，這一過程與寧都一帶的情況類似。但到清前期，寧都一帶未見有大規模的閩人遷入，而閩人進入廣昌的時間則主要集中在順治和康熙朝前期。

5. 吉安府

　　清代的吉安府治盧陵縣，領有盧陵、泰和、吉水、永新、安福、龍泉、萬安、永豐、永寧等八縣及蓮花廳。其西為羅霄山，其東為雩山，兩山夾峙，西面瀘水、玉江、禾水、蜀水、遂江，

東面恩江、永豐鄉水、明德水、雲亭江，分由兩面注入贛江，是為一般意義上的「吉泰盆地」。這是江西中部地區最大的平原，也是這一地區主要的人口居住區與糧產區。

清代吉安府的龍泉縣（今遂川縣與井岡山市）地處羅霄山脈，以井岡山分支為主。縣內西、南、北三面高，漸次向東部傾斜，形成西部高山峻嶺、中部丘陵起伏、東部低平的地貌特徵。據相關史料記載，在明代中後期甚至更早時期，就不斷有閩粵籍流民進入龍泉境內，並在明末清初的各個時期屢屢起事。比如「崇禎五年（1632 年），粵賊丫婆總流劫萬安、龍泉、泰和，受禍甚慘。……十七年甲申春三月，闖賊陷京師，龍泉閩廣流寓嘯聚山林，裹紅頭，自號十三營，擄掠各鄉，村民走逐無寧宇，土田荒蕪，拆毀人墳墓，擄婦女幼小，邀民間取贖」[11]。

明末清初的動亂時期，龍泉境內的外來流民活動更加頻繁。上引資料又有記載這樣說：「（順治）九年壬辰，紅巾賊劉京、蓋遇時、王打鐵等陷龍泉。康熙十三年甲寅春，閩海投誠將弁陳升、柯隆、李良等在泉墾荒，密受滇逆檄，率閩粵流寓數千人叛。王自功率眾為前鋒，克復泉城，陳氏與其黨走滇南。」又云：「甲寅秋七月，閩廣人反出攻城，陳升應之。守備胡元亨引兵突圍出，護民南徙虔州。賊焚殺數載，掠男女入楚，易鹽米者無數。自二十都盤迴二百餘里，土著居民十戶九絕，流寓於虔者十年不得歸里，田多荒蕪。十七年戊午閏三月，寇掠七都，驅男

11　《龍泉縣誌》卷二十《雜紀》，乾隆三十六年刊本。

女入水者無算。」

　　由於龍泉山區在明清以來的動亂中人口損失較大，也為外來移民的遷入創造了條件，乾隆三十六年（1771 年）修成的《龍泉縣誌》的《重修縣誌序》中稱：「龍泉為吉郡西南邊邑，界楚通粵，幅員廣袤，准古侯大國，而崇山密箐，棚寮雜布，號稱岩險。」該志的《風物》中還稱，自康熙年間起，「粵閩窮民知吾邑有山可種，漸輿隻身入境，求主佃山」，之後「粵閩之人比戶可封，生齒益繁，而相繼流至者益多」。

　　從遂川縣地名檔案所反映的自然村建村過程來看，明代閩粵人即已遷入遂川，明代中前期有較大規模的遷入。這一時期來自閩省的移民略多於來自粵省。明代後期這一趨勢繼續得到發展，但閩省移民遷入的數量要明顯少於粵省。至清代，龍泉的移民則絕大多數是粵省移民，閩省移民的勢力遠不敵粵省。閩粵移民之外，明代以前的村莊中，來自吉安、泰和者占有相當大的比例。整個明代，來自江西中部地區的移民繼續遷入，其半數以上在東部狹小的河谷地帶聚集。之外又有鄰近的南安府屬縣如上猶、崇義等縣的移民遷入，只是這類村莊數量不多，且多建立在山區，很可能是早先遷入南安府的閩粵移民的再遷徙。

　　龍泉縣北禾水流域最南的支流所在，為永寧縣（即今日之井岡山市，由井岡山市與寧岡縣組成），地處羅霄山脈中段。境內山脈綿延，地勢崎嶇，起伏較大。境內主要山峰多在千米以上，唯中部有丘陵夾雜少量山間盆地。這一區域在清代也不斷有閩廣籍的移民遷入，此外還有龍泉縣及湖南省的移民遷入。

　　地處吉泰盆地中心的泰和、盧陵二縣，歷史悠久，區域開發

的程度很高。在明代初年的大移民中，盧陵、泰和二縣均有大量人口外遷湖廣，相對而言，外來移民遷入的可能性較小。但吉泰盆地兩邊分別為雩山山脈和羅霄山脈的分支，其間有面積不等的山地，而盧陵、泰和二縣平原的居民很少遷入山地從事墾殖，所以還是為閩廣二省移民，特別是相鄰的贛州府興國縣的移民遷入，留下了不小的空間。

泰和之南的萬安縣，地處贛江上游，其東南部的順峰、澗田、寶山、武術等鄉，與贛州府興國、贛縣二縣毗鄰，乾隆六十年萬安縣有人口約二十萬人，其中的外來移民約為八萬人。而在吉泰盆地東北面恩江流域的永豐縣，是吉安府內最靠近雩山的一個縣份，距離閩西最近。所以到清代乾隆後期，永豐縣境內的南部山區，也大約吸納了一萬兩千餘名閩籍移民。

6. 江西西部地區

江西西北山區，主要由與湖北交界的幕阜山脈、與湖南交界的連雲山脈及其南與幕阜山脈平行的九嶺山脈組成。山地面積廣大，山體雄偉，蜿蜒綿亙。高山之中，有眾多的山溪流出，匯流而成修水，由西南而東北，曲折蜿蜒，分別流經義寧州（今銅鼓、修水二縣）、武寧、建昌（今永修）三地，政區上分屬南昌、南康二府，但大致可以稱為修水流域。

在九嶺山脈以南，羅霄山脈以東，武功山脈以北地區，又有一大片凹陷地帶，大致組成江西西部丘陵。其間分布著連綿不斷的丘陵與河谷平原，既是江西連接湖南及西部省份的主要通道，也是江西西部主要的農耕區。在這一片區域，又有錦江與袁水兩條重要河流穿過北、南兩部。其中錦江流經萬載、新昌、上高、

高安四縣，袁水流經宜春、分宜、新喻三縣。

上述山地與丘陵地帶，都是明清時期閩、廣移民及其他移民的重要聚居地。外來移民首先進入的是丘陵地區，崇禎年間（1628-1644 年）萬載縣令韋明傑就曾這樣描述當地的外來移民狀況：

本縣佃民，多係撫(州)、瑞(州)等府，寧州、上高、新昌等州縣，雜以閩楚，易來易去，牛租兩無所恃，與他邑土著自耕者異。佃民孤處窮谷，形影相弔，賊至無援，水旱饑荒，牛種盡於剽掠，致多棄佃遠徙。

由此可見，明末崇禎年間萬載縣的外來移民，以本省撫州人和瑞州人為主，少數為閩人和湖南人。由於「孤處窮谷，形影相弔」，人數不多，故在流賊與水旱饑荒面前，難以應付，往往「多棄佃遠徙」。

在萬載縣西南的宜春縣，明末閩省流民已大量聚集，他們「初寥寥散處，冬歸春集，迄崇禎實繁有徒，群萃篷處，形連勢貫，接藪他治，依倚為奸」。康熙二十二年（1683 年）修撰的《宜春縣誌》所載《驅逐棚寇功德碑》也說：「袁州接壤於南，為吳楚咽喉重地，百年以前居民因土曠人稀，招入閩省諸不逞之徒，賃山種麻，蔓延至數十餘萬。」[12]由康熙二十二年前溯百

12 《宜春縣誌》卷二十《咨呈‧驅逐棚寇功德碑》，康熙二十二年刊本。

年，則閩人進入宜春縣墾山種麻，應該在明萬曆（1573-1620年）前期便已出現。

為數眾多的種麻閩人，大致活動於萍鄉、宜春、分宜三縣北部與萬載西部。而江西西北山區的義寧州、新昌、武寧一帶，雖不見地方文獻中有明代流民活動的記載，但據對當代自然村的統計，也有相當數量明代移民的遷入。只是在寧州和武寧，明代的遷入者以湖北鄰縣為多，其次才是來自閩粵者。

如同崇義縣、龍泉縣等地的閩廣籍移民一樣，活躍於江西西部的閩籍流民也頻繁參與清初的反清叛清活動，尤其是在三藩之亂中，閩籍流民與吳三桂軍聯合，以萍鄉、瀏陽、萬載、宜春北部為中心，以新昌、上高為前哨，以醴陵為聯絡，盤踞萍鄉兩年，三陷萬載、新昌二縣，破瀏陽、醴陵、萬安、上高等地。直到康熙十六年吳三桂軍主力被困於湖南衡山，無力援手，閩籍流民才在萬載縣櫧樹潭投誠。次年，清軍大規模驅逐萍鄉、宜春北部、萬載西南部丘陵山區的閩籍流民，後者一部分遣返原籍，一部分被收為綠營。之後袁州府各地又嚴行保甲之法，逐戶驅逐閩籍流民。但流民被驅之後，勞力奇缺，田地荒蕪，賦稅無人承擔，於是在不久之後，當地政府便又開始招徠移民包括閩粵籍移民進行墾荒。雍正《萬載縣誌》卷六《財賦》在談及萬載縣閩粵籍移民眾多時便提到「庚午以後，始招徠閩粵之人，漸次墾闢」。「庚午」實指康熙二十九年，上距萍、宜、萬諸縣大規模驅逐閩粵流民之事，不過短短十二年光景。這也說明經過此次招墾，閩粵籍移民重新進入了這些地方。

7. 江西東北部地區

江西東北部山區由黃山支脈、懷玉山脈和武夷山脈組成。各大山體均作東北—西南走向，東部高，西部低，平均海拔約五〇〇米左右，部分山峰在一〇〇〇米以上。山脈之間分布著寬闊的向斜谷地，是這一地區主要的農耕區。

從行政區劃上看，贛東北山區在清代主要歸屬於廣信府（治今上饒市），也有部分屬於饒州府（治今鄱陽縣）。從整體上看，江西東北地區東部高、西部低。清代的移民運動主要發生於東部縣份，其中尤以上饒縣與玉山縣最為重要。

江西東北地區是中國最大的銅礦基地，也是歷史時期中國最重要的銅、銀、鉛等有色金屬產地。明代前期，曾有相當數量的破產農民流入此地，私開銀礦。宣德七年（1432 年），「浙江豪民項三等聚眾潛入銅塘，又於色公尖、橫山頭、洪山坑等處起立爐場，聚眾萬餘」[13]。正統五年（1440 年），浙江處州葉宗留帶領一批農民再次進入銅塘山採挖銀礦。在遭到禁止後，葉宗留率民揭竿，後被鎮壓。此後，武夷山與懷玉山兩大山脈的東段幾乎全被封禁起來，不許私人進行開採。

儘管如此，清代初年，廣信府山區已有外來移民的活動。吳湘皋在《上署江西巡撫包公書》中說：「本朝三藩之變，閩逆僅趨仙霞嶺，欲直搗杭州。是時武定李文襄巡撫兩浙，案提標兵爭先扼於界上，逆始不能越嶺，而北斜突廣信，繼乃收復廣信，深

13　《廣信府志》卷八《武備》，乾隆四十八年刊本。

山大谷，棚民所在都有。」[14]三藩之亂對江西東北地區人口的影響很大。康熙時人指出「信屬自變亂以來，殺掠逃亡，於茲六年。故丁缺田荒，為江右十三府之最」。為恢復農業生產，地方官提出了招民墾荒的建議，認為「今日廣信之大利，莫過於招墾」[15]。清代前期江西東北山區的移民活動從而大規模展開。

廣信府西部貴溪、鉛山二縣南靠武夷山脈，山嶺高大，清代以前人跡稀少，一直是閩北人的遷居地。對於這種陸陸續續、延綿不斷的移民活動，歷史文獻沒有給予任何記載，只有從自然村建村年代的統計上，可以發現移民的規模和分布。截至乾隆年間，在貴溪南部山區塘灣、文坊、冷水、雙圳、耳口五個鄉鎮的三七〇個自然村中，有一一七村遷自福建，其中有六十九村於清代前期遷入，約占當地村莊總數的百分之二十。在該縣的中北部丘陵河谷地區，福建移民建村的情況則很少見。在貴溪以東鉛山縣的南部山區的武夷山、天柱山兩個鄉鎮中，建於乾隆及之前的自然村共有一〇二個，其中清代直接遷於福建的村莊就有四十三個，約占當地村莊總數的百分之四十二點二。在鉛山中北部的丘陵地帶，這一比例則與貴溪的南部山區相近，也約占百分之二十。這似乎說明隨著越往東，地勢越高，福建移民的比例也越高。

14　《贛州府志》卷七十《藝文》，同治十二年刊本。

15　曹鼎望：《諮詢地方利弊條陳》，《廣信府志》卷二《建置》，同治十二年刊本。

在鉛山縣東北面信河上游，又有玉山、上饒二縣。其中玉山縣的招民墾荒始於順治年間，當時曾「將召墾閩人另立一圖」，但是由於賦役繁重，「以致力窮，仍復逃去者有之」[16]。和江西西北部一樣，康熙中期以後，大規模的招民墾荒才得以展開。玉山縣招民開墾的重點是其北部的懷玉山區。雍正年間，懷玉山中僅有「佃人數十戶」[17]，整個山區「樹木叢雜，竹箐蒙密，時有麋鹿成群，游臥道旁；雉兔遍山，取之應手」。至乾隆初年，地方政府開山招墾，外來移民聞風而上，不久就「竹樹擴清，人煙稠密」[18]，風貌為之一變。

上饒及廣豐縣南部的銅塘山曾是江西東北地區封禁的重點。該山與浙江、福建二省毗連，方圓三百餘里。其中江西境內的山體約占十分之七，閩浙二省居十分之三。在乾隆年間懷玉山全面開禁後，要求銅塘山開禁的呼聲日益高漲。主張開禁一派認為開山可盡地利，主禁一派則認為開山必致禍亂。就在官方為此爭論不休的同時，移民已開始進入山中採樵私墾，並逐漸向禁山中心逼近，使得禁山有禁之名，無禁之實。外來移民的墾殖一再突破禁令，促使主張開禁的官員默認了這一事實，禁山便一步一步縮小。乾隆以後，開墾禁山的過程仍在繼續，嘉慶與道光年間不斷有民人入山；咸豐年間，又有許多百姓進入山中，躲避戰亂。二

16　《玉山縣誌》卷四《賦役志》，康熙二十年刊本。

17　《廣信府志》卷一《地理》，同治十二年刊本。

18　朱承煦輯：《懷玉山志‧土產》，乾隆四十年刊本。

百年間蠶食禁山的過程，就是人口逐漸移入的過程。這從自然村的建立年代也可以看得較為明白。

據一九八五年所編的《江西省上饒縣地名志》，在上饒縣南北山區的六個鄉鎮三九七個建於乾隆及乾隆以前的自然村中，清代遷入的移民村有八十七個，約占山區自然村總數的百分之二十二。在上饒縣中部的河谷丘陵地帶，清代移民村莊的比例約占當地自然村總數的百分之五十一。與貴溪縣相比，上饒、玉山二縣中部河谷地帶的移民數量顯然是相當多的。移民人口的這一分布狀況與三藩之亂密切相關。康熙二十一年（1682 年）《上饒縣誌》卷一稱：「康熙十三年甲寅，廣信府城守副將柯升……於四月二十四者挾標兵目反叛，奪城而出……信郡七邑俱為賊踞，百里之內，殺戮無數，斷絕人蹤，雞犬無聞，遭禍獨慘。」該書序言又稱：「甲寅之變，上饒罹禍最慘，廬舍民人，十亡八九，田業鞠為茂草。」

在上饒縣的各籍移民當中，以來自福建的移民最多，安徽次之，本省南豐縣又次之，浙江再次之。在上饒縣東北的玉山縣，閩南人所建村莊占全部閩籍村莊的百分之七十八點五，其餘 百分之二十一點五為閩北人所建。而在上饒縣西部的弋陽縣，上述比例則恰好相反。處於玉山、弋陽之間的上饒縣，二者的比例則相當。

茲將清代前期江西地區的移民遷入與分布圖示如圖 3-1。

二 土地開墾、「攤丁入地」與人口增長

順治與康熙前期，江西各地先有各種激烈的抗清活動，不久

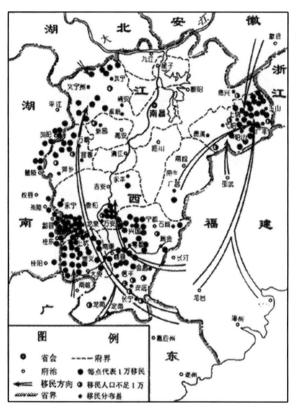

・清代前期江西地區的移民遷入與分布示意圖

又有金聲桓起兵反清復明，之後還有三藩之亂中的反覆爭戰，因而社會生產秩序的恢復極為緩慢。康熙中後期直至雍正一朝，社會政治、經濟、生活秩序漸趨穩定，江西的土地與人口數字也漸趨上升，社會生產生活最終走上正軌。清前期江西的土地開墾、「攤丁入地」的實行與人口增長這幾個方面，則可具體反映出這樣一個恢復、穩定、上升的基本過程。

1. 土地開墾

清代順治一朝及康熙前期，江西境內戰爭頻仍，官府尚無暇大力發展社會生產，許多田地更是墾而復荒。表 3-1 列舉了康熙四年（1665 年）至乾隆四十二年（1777 年）江西省歷年土地開墾的數字，反映了清前期江西土地開墾的一個基本態勢。

・表 3-1　清前期江西各地田地開墾面積

年份	州縣	墾荒面積	
		頃	畝
康熙四年	江西各屬	2835	
五年	南昌等府屬 33 州縣衛所	2835	45
六十一年	進賢等 7 縣	66	
雍正元年	南昌等 12 縣	52	
四年	南昌等 19 縣	170	
四年	進賢、南昌、吉安等 38 州縣衛所	498	
六年	寧州、新建等 34 州縣	119	
十年	南昌、新建等 17 縣	62	
十年	南昌、新建等 19 縣	55	
十一年	南昌等 13 縣	1500	
十一年	豐城等 22 縣	303	
十三年	南昌、新建等 30 州縣	199	63
	貴溪縣鉛山所老荒屯田	3	9
	寧州、分宜、萬載等 17 州縣	34	35
乾隆元年	南昌、新建、上高等 21 縣	60	64

年份	州縣	墾荒面積	
		頃	畝
	鉛山所並九江、贛州 2 衛田、地	33	17
二年	豐城、上高、泰和等 10 縣	28	
三年	豐城、進賢等 18 縣	22	13
四年	新建、豐城、吉水等 11 州縣	6	79
五年	新建、豐城、上高等 13 縣	6	14
六年	寧州、萍鄉、星子等 14 州縣	10	68
	廣昌縣開墾建昌所老荒田		26
七年	寧州、高安、上高等 11 州縣	10	164
	分宜縣、袁州衛開墾老荒屯田	2	21
八年	靖安、上高等 15 州縣	13	36
九年	南昌、進賢、新建等 10 縣	21	60
	贛縣開墾贛州衛老荒田		61
十年	萍鄉、萬載、泰和等 10 縣	6	86
十二年	蓮花、吉水、萬安等 8 廳縣	10	75
十四年	南昌、新建、南豐等 4 縣	4	
十五年	寧州、分宜、萬安等 10 州縣	23	22
十六年	德安縣深思湖、姚家協等處草地	12	17
十七年	樂安、安義、德安等 12 縣	63	55
十八年	上高、萍鄉、新喻等 13 縣	20	20

年份	州縣	墾荒面積	
		頃	畝
十九年	玉山、貴溪、都陽等 10 縣	5	75
二十一年	10 縣勸墾	47	48
二十五年	南昌等 13 縣	15	
二十五年	奉新、萍鄉、蓮花等 10 廳縣	3	56
二十六年	清江、蓮花、廬陵等 10 廳縣	11	24
二十六年	寧州、萬載、吉水等 14 州縣	20	64
二十九年	新喻、萬安、伍川等 10 縣	12	27
三十一年	清江、吉水、萬安等 5 縣	1	11
三十二年	伍川、崇仁、廣豐等 12 縣	17	36
三十三年	都陽、餘干、星子等 13 縣	2	27
三十六年	新建、萬載、新淦等 11 縣	15	1
三十七年	宜春、泰和、玉山等 6 縣	5	63
三十八年	新建、豐城、進賢等 29 州縣	36	96
四十二年	新建、奉新、分宜等 11 縣	17	29
四十五年	8 州縣	2	37
四十五年	靖安、廬陵、永豐等 9 縣	6	17
四十六年	南昌、新建、上高等 8 縣	5	20
四十六年	豐城、分宜、萍鄉等 11 縣	7	76
總計		10296	1757

資料來源:《清實錄》第 4-23 冊各頁。

說明:《清實錄》中江西省一年中間或有田地的多次報墾,如上表中雍正四年、十年、十一年,乾隆二十五年、二十六年、四十五年、四十六年。乾隆四十六年以後的墾荒面積情況,大致與乾隆前中期相同,基本維持在每年數頃或十數頃的規模,故不一一列出。

表 3-1 說明，清代順治、康熙時期江西全省的土地報墾似乎還未形成一定的制度，加上戰亂較多，此一時期的田地墾荒面積數量的情況還不是很清楚。雍正以後，江西全省幾乎每年都要向清廷上報墾荒面積。從具體數量來看，雍正一朝江西的墾田數量為二九九五餘頃，乾隆一朝四十六年中的墾田數僅為五八五頃，亦可見清代江西田地的大規模恢復與開墾，主要集中在康熙中後期至雍正朝，乾隆以後則是零星地展開。

　　明清兩代江西全省的賦稅田地面積，據嘉靖《江西通志》的記載，洪武、弘治、嘉靖三朝維持在三十九點八萬頃的水平，萬曆三十九年（1611 年）的《賦役全書》則記有四七七九一八頃。清代順治末為四十四萬餘頃，最高值為乾隆十八年（1753 年）的四十八點五萬頃。以後嘉慶十七年（1812 年）為四十七點二萬餘頃，咸豐元年（1851 年）減為四十六萬餘頃，光緒十三年（1887 年）則再增為四十七點三萬餘頃。從官方掌握的田地數量來看，清代江西的田地數量約比明代增加了六、七萬頃的規模。[19]

2.「攤丁入地」在江西的實施

　　明代賦役改中「一條鞭法」的實行，把歷來作為王朝徵調貢賦對象的人丁從同財產結合的形態中分離了出來，並由此產生了單純向人丁課徵的稅項。與此同時，經過「一條鞭法」的改革，

19　此處關於明清兩代江西全省田地面積的對比，參見許懷林《江西史稿》，江西高校出版社 1998 年版，第 541 頁。

丁額逐漸按田畝數或田賦稅額來折算，從而根本上改變了丁銀作為「對人稅」的性質，並逐漸衍變成為一種與人口脫鉤的計稅單位。[20] 又由於丁銀作為一項單獨的稅項來徵收，一旦編定並載入冊內，便成為一個相對獨立的項目，常常不能隨著土地的增減而改變丁額，從而產生了丁銀徵收在對人稅的形式與對地稅的內容之間的矛盾，並進一步引發了丁稅同田賦合併徵收的改革要求。[21]

康熙五十一年（1712 年）和五十二年，康熙帝一再申詔「續生人丁永不加賦」，將丁銀徵收額同反映官員政績的主要指標之一的丁額相脫節，從而使得丁銀徵收額能夠最終固定下來，最終為「攤丁入地」（丁銀真正同田賦合併徵收）的實施創造了決定性的條件。[22]

雍正五年（1727 年），江西的錢糧徵收，開始按照直隸、山東等省的模式，實行「攤丁入地」的改革，「將丁銀攤入地銀，其各衛所屯丁銀攤入屯糧」[23]。「凡地賦一兩，合攤丁銀一錢五釐六毫」。當時江西全省田地山塘四六一七六三頃餘，實徵銀一

---

20 關於明代「一條鞭法」改革使一個獨立的稅項「丁銀」得以出現的論述，請參見劉志偉《在國家與社會之間——明清廣東里甲賦役制度研究》，中山大學出版社 1997 年版，第 221-224 頁。

21 參見劉志偉《在國家與社會之間——明清廣東里甲賦役制度研究》，第 224 頁。

22 參見劉志偉《在國家與社會之間——明清廣東里甲賦役制度研究》，第 228 頁。

23 《清世宗憲皇帝實錄》卷五十四，《清實錄》第 7 冊，第 827 頁。

六九七一〇六兩餘，帶徵丁銀一八一八一九兩餘。[24]

雍正時期「攤丁入地」的實施，使得全國絕大多數地區丁口編審開始廢止。乾隆以後，人口數量的統計逐漸交由保甲制度來完成。至乾隆三十七年（1772 年），五年一度的丁口編審最終廢止。乾隆四十一年，包括江西在內的全國各省的人口統計，開始按照「男婦大小」（全體人口）的標準進行。

對於明代的匠籍制，清代宣布「除匠籍為民」，予以廢除。工匠交納的代役銀（「匠班銀」），也於康熙三十六年（1697 年）開始陸續併入田賦內徵收。江西全省帶徵的匠班銀為二〇七六三兩餘。[25]

3. 清前期江西人口的增長

在明白了明代「一條鞭法」改革以後至清代雍正年間「攤丁入畝」以前丁稅的性質，以及乾隆三十七年（1772 年）以後人口編審由丁口向統計全體人口的逐漸轉變以後，我們就可以對清代前期江西全省的各種人口數據進行基本的評判與分析。

梁方仲《中國歷代戶口、田地、田賦統計》一書中曾援引相關史料，記載江西全省在順治十八年（1661 年）、康熙二十四年（1685 年）、雍正二年（1724 年）三個年份的人丁數分別為 一九四五五八六、二一二六四〇七、二一七二五八七。顯然，這三個數據不是指江西全省的人口數，也不是指成年男丁數，而只是江

24　參見《江西通志》卷八十三《田賦一》，光緒七年刊本。
25　參見許懷林《江西史稿》，第 533 頁。

西全省的丁銀徵收中「丁」的統計數。同書又記載乾隆十四年（1749年）、乾隆三十二年兩個年份江西全省的人丁數分別為 八四二八二〇五、一一五四〇三六九，說明經過雍正年間的「攤丁入畝」，江西全省的丁口編審依然沒有全面廢止。而從雍正二年（1724年）至乾隆十八年（1753年）間的短短二十五年間，江西全省的人丁數量幾乎增長了四倍，也反映了「攤丁入畝」以後，江西全省的人丁統計標準發生了巨大的變化。由此亦可知，這種所謂的「增長」，並不是江西實際人口數量的真實增長，更不能反映此一時期江西人口的實際增長速度。

乾隆四十一年，清代人口數量的統計已經轉向了對全體人口的計算。《清朝文獻通考》卷十九《戶口》記載乾隆四十一年江西省人口總數為一六八四點九萬，光緒《江西通志》卷四十七《輿地略三・戶口》記載道光元年（1821年）江西省人口總數為二二九八點四萬。經過曹樹基的分析校訂，乾隆四十一年與道光元年（1821年）江西省的人口總數分別為一八七八點三萬與 二二三四點六萬。從乾隆四十一年到道光元年的四十五年間，江西人口的年平均增長率為四。[26]

第二節 ▶ 水利工程修建與糧食產品輸出

26　請參見曹樹基《中國人口史》第五卷《清時期》，第134-135頁。

一　清前期小型水利工程的廣泛修建

　　關於歷代水利志書對江西水利建設的記載及官方水利建設的興起，光緒《江西通志》卷六十四《山川略》文末曾這樣概括道：

　　井田壞自嬴秦，溝洫不修，旱潦無備，鄭渠、白渠之利，由是興焉。馬遷志河渠，班固志溝洫，往往詳於西北，略於東南。《新唐書‧地理志》間附韋堤、馬塘、李渠之屬，蓋當時賢刺史急民興利，非必盡由廊廟責成也。宋熙寧間，務修水土之政，府界及諸路有資灌溉者，多至一萬七百九十三處，為田三十六萬一千一百七十八頃有奇。而考《宋史‧河渠志》，由黃河、汴河遍及東南諸水，江南西路闕焉不載。明洪武二十七年，諭天下有司皆興水利，嗣後堤墻陂塘以次修復，郡志邑乘犁然具備。

　　上引文中為《新唐書‧地理志》所「間附」的「韋堤」、「馬塘」、「李渠」，是唐代江西境內水利建設的代表性工程。其中韋堤指的是唐憲宗元和三年（808 年）洪州刺史韋丹於洪州城內「設南塘斗門，築堤十二里」。馬塘在饒州府城東北四里，為唐刺史馬植所築。李渠為唐憲宗元和四年李將順守袁州時所建，是袁州最著名的水利工程。除此之外，唐代江西的著名水利工程還有撫州臨川縣的千金陂，南豐的九陂（凡九修而成，故名「九

陂」），饒州的邵父堤與祝君垎，南康府、九江府的陳令堤[27]、何公堤[28]、孫公堤[29]、甘棠湖[30]、秋水堤[31]與斷洪堤[32]。唐代江西這些水利工程的建設，更多的是由於地方官員個人的「急民興利」而起，而不併全與各級政府的大力提倡與督責有關。總起來看，上述唐代江西的水利工程當中，只有千金陂與南豐諸陂與農田灌溉直接相關；韋堤、馬塘及饒州、南康、九江三府各堤，則更多地是為了城市內部的水利規劃及城市自身的水患防範。袁州李渠雖然在引水入城之前起到了灌溉農田的作用，在宋代以後，李渠沿途所經更設立了渠長、陂戶、甲戶，但最初引水入城的一個初衷卻是因「州多火災」的緣故。後來李渠淤塞，袁州又「頻困於火」。宋代至道三年（997 年）王懿守袁州時，重新疏濬李渠，袁州州民甚至歌曰：「李渠塞，王君開，四城惠利絕火災」，亦可見李渠對袁州城的防火功用。

北宋熙寧變法期間，官方大興水利，各路所建農田灌溉水利工程，數量多至一〇七九三處。雖然《宋史》的編撰者對江西的水利建設情況多有缺漏，但宋代以後私家著述增多，流傳亦廣，加之後人追憶性文字的描述，使得我們對宋代江西水利建設情況依然能夠有一個大致的印象。明代建立以後，明太祖大力獎勸農

27　在都昌縣南一里，咸通元年（860 年）縣令陳杲築以捍水患。

28　在建昌縣南一里，會昌六年（846 年）攝令何易於築。

29　在建昌縣西二里，咸通三年（862 年)縣令孫永築。

30　在德化縣，唐長慶二年（822 年）江州刺史李渤築，長三千五百丈。

31　在德化縣，唐太和三年（829 年）刺史韋珩築。

32　在德化縣，唐會昌三年（843 年）刺史張又新築。

桑，興修水利，江西傳統的水利建設在明代也達到了最高峰。明代江西的水利建設的重大成就，不僅體現在對原先存在的水利工程的修復，更體現在眾多圩堤陂塘的創建。以下即就光緒《江西通志》卷六十二至卷六十四《水利》部分的記載，擇取江西各府縣歷代較為著名的水利工程七十四項，列表 3-2，以見傳統時期江西水利建設之大勢。

· 表 3-2　江西各縣著名水利工程創建時代及各代修建次數

水利工程	所在府縣	創建時代及各代修建次數							
		不明	唐以前	唐	五代	宋	元	明	清前期
東湖	南昌府		1	1		2		2	2
豫章溝	南昌府					4			4
章江堤	南昌府					1		2	
周公堤	南昌府							1	1
譙堤	南昌府							1	
萬公堤	南昌府							1	
少宰堤	南昌府	1							1
舒家當	南昌縣	1							1
豐城官當	豐城縣			1		8	2	23	30
長樂港堤	豐城縣							1	
穆湖等圩	豐城縣							1	

水利工程	所在府縣	創建時代及各代修建次數							
		不明	唐以前	唐	五代	宋	元	明	清前期
繩彎墙	豐城縣							1	
滕坊	豐城縣							1	
曲尺彎墙	豐城縣								1
羅溪堤	進賢縣							1	2
豐樂圩	進賢縣							1	1
喻方堤	高安縣							1	2
萬碩陂	高安縣								1
裡陂	上高縣							2	2
監水溝	上高縣								
李渠	袁州府			1		6		5	3
羅屯陂	分宜縣		1						1
鄭公陂	萍鄉縣					1			
敎陂	萍鄉縣							1	
破坑桐二堰	清江縣					1			
梅家舍堤	臨江府							10	2
蛇溪腦堤	臨江府							1	2
趙家園堤	清江縣							1	

水利工程	所在府縣	創建時代及各代修建次數							
		不明	唐以前	唐	五代	宋	元	明	清前期
白公堤	清江縣	1							2
中洲堤	新喻縣								1
白鷺洲	吉安府							1	
六閘	泰和縣					1			
搓灘陂	泰和縣				1				
破塘口磯	泰和縣							1	
王公堤	泰和縣							1	
雲亭皇濟渠	泰和縣							1	
劉家塘	吉水縣							1	
鷟公堤	吉水縣							2	
寅陂	安福縣					2		3	
大豐陂	龍泉縣					2			
梅陂	萬安縣					1			
千金陂	臨川縣			1		5		3	1
長沙、山家陂	臨川縣							1	1
蛇絲陂	新城縣							2	1
株林陂	新城縣							2	
九陂	南豐縣			1				1	
新安堤	玉山縣							2	

水利工程	所在府縣	創建時代及各代修建次數							
		不明	唐以前	唐	五代	宋	元	明	清前期
驚州堤	玉山縣							1	
汪屯陂	玉山縣							1	
東王圾石壩	玉山縣							1	
松石港堤	飛陽縣							2	2
石塘陳公堤	鉛山縣							1	
火田陂	鉛山縣							1	1
張公堤	興安、飛陽	1							1
東湖堤	都陽縣			1				1	
馬塘	饒州府			1					
祝君坽	都陽縣			1					
永濟陂	餘幹縣							1	
官陂、裡澗堰	安仁縣							1	
蕭侯富川陂	安仁縣							1	
東良陂	萬年縣							1	
紫陽堤	南康府					3		5	6
田公堤	南康府							1	6

水利工程	所在府縣	創建時代及各代修建次數							
		不明	唐以前	唐	五代	宋	元	明	清前期
菱花池	星子縣								5
陳令堤	都昌縣			1					
何公堤	建昌縣			1					
孫公堤	建昌縣			1					
蜜陂	安義縣							1	1
甘棠湖	九江府			1				5	
秋水堤	九江府			2					
封郭洲堤	九江府							2	多次
桑落洲堤	九江府							1	3
赤松閘	德化縣							1	1
豐登堰	瑞昌縣							1	

資料來源：光緒《江西通志》卷六十二至六十四。

據表 3-2，江西各府縣七十四項較為著名的水利工程當中，首建年代不明的有四項，唐以前二項，唐代十二項，五代一項，宋代九項，元代一項，明代四十一項，清代為四項。其中明代首建的水利工程約占百之五十五，其中更不乏一些大型的農田灌溉與保障工程。比如南昌府西南的茅園、楓樹兩圩，當章、貢、旴、汝四水之沖，明嘉靖年間（1522-1566 年）知府譙孟龍築堤保障民居五千餘家，田數萬畝，名曰「譙堤」。又如臨江府的清

·泰和縣羅溪鄉槎灘陂（泰和縣博物館提供）

江縣，明萬曆年間（1573-1620 年）知縣李徵儀修築趙家園堤，保護農田萬餘頃。吉安府泰和縣的雲亭阜濟渠，為明萬曆二十八年（1600 年）邑人郭元鴻募工開鑿，歷時三月，渠長六里，灌溉田地萬畝。

需要說明的是，表 3-2 所列明代首建的四十一項水利工程，尚不足以完全說明明代江西水利建設在整個歷史時期江西水利建設中的地位。在明代江西，還有為數更多的關乎一般民生的小型農田水利灌溉工程被不斷建立。有關此一部分的內容，本書明代卷已有相當的介紹，故在此不擬展開，只列舉一段反映明代南昌、新建二縣圩岸修建狀況的史料為例，以說明明代江西各地水利建設活動的頻繁與廣泛：

明永樂四年修新建石頭岡圩。弘治十二年，知府祝瀚修築南

昌圩岸六十有四，新建圩岸四十有一。嘉靖元年洪水決余家塘、雙坑二圩，修治三年乃底績。三十八年知府韓弼增修南昌烏土溪閘。萬曆十四年，知府范淶、南昌知縣何選、新建知縣佘夢鯉請發贖鍰築南昌圩一百三十有八，新建圩一百七十有四，並修石堤、石梘、石閘。三十五年新建知縣吳家謨修圩一百六十處。三十六年布政使陸長庚丁繼嗣盡蠲五所（港口所、趙圍所、樵舍、昌邑所、鄡子所）長河漁禁，普惠災民，不許豪占，凡官渡及浮辦官湖高塘淺水一切罷之。南昌知縣樊王家動倉谷修圩一百八十有五，石梘七十有六，石閘十。

明代江西農田水利建設的高峰，奠定了清代江西水利發展的基礎。但明後期至清初，由於戰亂等原因，許多水利工程年久失修。因而總體來看，清代前期江西水利建設的主要成就是重修許多被大水沖壞的圩堤，以及疏濬被淤塞的陂塘。比如瑞州府在順治十一年（1654 年）重修的萬碩，「蔭田數百餘頃」。臨江府在康熙二十年（1681 年）重修的白公堤，保護農田數萬畝。袁州府在清代曾四次疏濬著名的水利工程李渠，「農田藉以蔭灌者不可勝計」。以下依然徵引一段有關南昌、新建二縣清代圩岸重修狀況的史料以作補充說明：

康熙十六年新建知縣楊周憲修復潤澤圩，又修吳城石堤，長五十八丈，高二十五丈。二十年南昌知府諸保宥、知縣王養濂重修大有堤閘。乾隆七年巡撫陳宏謀築南昌螺螄港壩，八年又題請發帑修新建茅泗土合閘。道光二十三年，南昌諸生徐炳元倡修大

積甘谷、樂成等十三圩，跨南新兩縣南北長三十里，東西長十里，後又益以新建大有、磐石二圩，名集益圩。二十八年新建知縣崔登鰲、彭宗岱先後請發帑銀修補圩堤四十九所。

除了對原有水利工程的維修之外，清代江西各地也新修了一些圩堤，並開鑿了一些陂塘渠堰。如南昌府奉新縣的大型水利工程烏石陂和蒲陂，灌田均在萬餘畝。興安縣與弋陽縣交界處的白石壩，共保護農田三萬畝。至於護田或灌田千畝、百畝的水利工程則更多。[33]

清代贛江兩岸比較有代表性的水利工程建設，可以以豐城縣沿江堤岸的維修為代表。豐城縣沿江堤岸共計一百二十餘里，原係土堤。雍正十一年(1733 年)，江堤被江水衝決多處，官方乃「令民捐『歲修銀』一千五百餘兩，交官隨時修築」。之後官方又議修石堤，因民捐「歲修銀」不敷使用，巡撫謝旻又動用「鹽規銀」六千兩。但此次修築，功效不顯，之後堤岸「年年仍有續坍」[34]。乾隆二年（1737 年）、四年，豐城沿江各堤又各被水衝決數百丈，兩次維修共計耗銀八千餘兩。同時全縣紳民的「歲修銀」也被免除，官方議定均以「鹽規銀」代替。[35]乾隆十年，豐

---

33 參見陳文華、陳榮華主編《江西通史》，江西人民出版社 1999 年版，第 563 頁。

34 《清高宗純皇帝實錄》卷四十九，《清實錄》第 9 冊，第 839-840 頁。

35 《清高宗純皇帝實錄》卷五十、卷九十七，《清實錄》第 9 冊第 860 頁、第 10 冊第 466 頁。

城沿江土、石二堤復又被水衝決多處，豐城縣紳民乃「請將土堤仍照往例，悉聽里民分段認修」，「每段設立圩長董理，水落督夫修理，水長督夫巡防」。石堤維修，因「工大費繁」，依然「懇請歸官料理」。[36]

　　由於土堤極為脆弱，幾致年年需要維修，維修伕役的僉派方式也隨之發生了改變。乾隆十九年以前，「民修土堤，向系按甲出夫」。乾隆十九年，巡撫范時綬定下「按田均堤」的伕役僉派方式。「近圩低鄉，令均分承管，其餘高鄉有田之戶，概行免除」。乾隆二十二年，又以「有居高鄉而田坐低鄉，居低鄉而田坐高鄉者，難以區別」的原因，採取「夫從糧徵」的方式，將維修土堤的費用攤入「漕糧腳耗項下完繳」，由官方「按堤撥分，募夫修築」。[37]

　　豐城以北的南昌、南康、饒州、九江四府所屬各縣，其水利工程的維修，又有所不同。其中九江府沿江瑞昌、德化、湖口、彭澤四縣最主要的水利工程，是對長江堤岸的經常性維修。其他星子、德安、鄱陽、餘干等縣，由於瀕臨鄱陽湖，地勢低窪，境內常常形成與鄱陽湖相對應的各種小的水體（常以「某某池」命名）。這些小的水體平時有天然的溝渠與鄱陽湖相連，每到雨季，池、湖同時漲水，水位一高，池、湖即連成一片，即形成鄱

36　《清高宗純皇帝實錄》卷二百三十九，《清實錄》第 12 冊，第 75-76 頁。

37　《清高宗純皇帝實錄》卷五百四十，《清實錄》第 15 冊，第 822 頁。

陽湖區的洪水期。而到秋冬枯水季節，池、湖便形分離，池、湖之間相隔幾百米到幾千米甚至更遠不等，中間則是大片草洲、湖地甚至低丘。池中之水有兩個來源：一是上游來的溪水和降雨，二是每年（或隔若干年）鄱陽湖區一場洪水之後留在池裡的水。這樣，如何保證這些小型水體的排水暢通，以保護旁邊的圩堤和大量農田的安全，便成為瀕臨鄱陽湖諸縣水利建設中的頭等重要工程。在這方面，清代星子縣蓼花池的歷次疏濬就是一個典型。

從地理上看，蓼花池的東面是鄱陽湖，其最早的外洩孔道是「北岸之西故道」，即在蓼花池的東北方向，「為天成消洩尾閭」。而鄱陽湖邊的河沙隨著北風向西南方向落下，形成縱橫數公里的沙山。在同治縣誌《蓼花池圖》中，池邊即有地名為「泡沙墩」。事實上，清代地方官員治理蓼花池的關鍵，就在於如何克服越來越嚴重的飛沙淤塞池道問題。

康熙五十八年（1719 年），星子知縣毛德琦「捨故道而避高岡」，首次在蓼花池岸東邊另開新渠，然而「工長費短，池口淺狹，春夏水漲，仍若淹沒」[38]。雍正八年（1730 年）八月初，江西巡撫謝旻接南康府知府董文偉奏報稱：康熙五十八年的工程是「於北岸東邊土壤無沙之地另開新口，只緣居民無力，是以新開水面不寬，水底不深，水發時仍不能暢流入湖，至今被淹田地尚

38　以下關於蓼花池疏濬治理的材料，分別見《星子縣誌》卷二《山川・蓼花池》，同治十年刊本；《南康府志》卷六《水利・蓼花池》，同治十一年刊本。

·蓼花池邊被飛沙覆蓋的紅土田地（梁洪生攝）

有三千餘畝，請加開濬」。謝旻馬上指令鄱陽湖東岸的饒州府知府青阿前去勘察，並很快得到回覆：「總計蓼花池地方周圍約五十里，內有村莊八十七處，煙戶二千一百餘家，田一萬二千餘畝。一遇水發，即被淹浸。急宜開寬東口，以資暢洩。」青阿認為：（康熙末）「新開水口與舊口相去雖止一里有餘，而新口兩旁俱係土山高岡，土性堅實，並無浮沙，可無壅塞。又其地高於湖面，疏通之後，水發可以暢流，亦不致湖流倒入」。而且，「該地居民各願出力輸工，無庸發給工價。所需飯食物件，約費八百餘金即可竣事」。結果謝旻「請帑千餘，加意開廣」，冬天動工，次年春季竣工，取名「永利渠」。另外一個重要舉措是「購蔓荊百擔，遍種近地溝旁諸沙山，禁民採取。數年後荊藤滋曼，葛累聯絡，鮮飛沙填於溝道之患」。這是現存蓼花池周圍種植蔓荊子以綜合治沙的最早記載，「故數十年食其惠」。

此後「迄乾隆三十年間，（永利渠）兩岸飛沙漸積，池口仍就堙塞。鄉民設法疏濬，不久即淤。每遇淫潦，輒有水患」。而所以飛沙加劇的原因是「奸民貪小利，竊（蔓）荊子以賣，伐蔓根為薪。蔓稀沙揚，以致東口兩岸飛沙遇風即起，不待冬令水落池口，日逐淤塞，內水無從消洩」。「嘉慶二十一年泛漲逾冬，遷徙倍賦，民頗告病」。次年初，南康知府狄尚絅「倡捐廉銀，勸諭池邊業戶每畝捐錢二百文，大加疏濬。並置買田畝，發縣收租，每年得谷八十二石，變價交首事疏濬」[39]。在狄尚絅自己寫的《記》中，提到地方官「督同生員鄒葉麟等估工集費」。「始用土方挑挖，繼用滾江爬疏。水口深通，全池暢流，歲獲曾至萬餘石……紳衿所捐田畝，另勒於石」。由此可知兩點：一是周邊民眾是按「每畝捐錢二百文」來分攤開挖費用的，被提到的地方主事人姓鄒；另外還有紳衿捐田，但已不知其詳。二是這次疏濬之後，由知府捐銀提倡，建立了一個「以為善後之計」的基金。

此後十餘年間，蓼花池又出現了「沙淤日積」的現象。江西巡撫吳光悅乃奏請「於池口東北挑去淤沙，疏通溝道」，又於池水出口兩旁「起築避沙塹壩，添建閘板」，以抵擋兩旁飛沙，經署南康府事南昌府同知霍樹表勘測，統計約需工費銀四千兩。道光十二年（1832 年）正月，清廷諭令星子縣於原有「解存救生田租一項」內動用銀四千兩，「以為挑疏工費」。又「動支銀一

---

39 在「蓼花池」條敘述中，有一處提到狄尚絅「又捐廉置田七十畝，發縣收租，交池中殷富董事以為歲修之資」。

千四百兩，發交典商，按年一分生息，同前任南康知府狄尚絅原捐租谷，以為每年挑除新淤之用」。

清代前期江西官方對水利事業的重視，還表現在相關的制度建設與各級水利官員的先後設置方面。乾隆二十三年（1758年），江西巡撫阿思哈在一份奏摺中較為扼要地敘述了江西水利建設的特點，並奏請在道、府、直隸州一級設立相關的水利官員：

（江西）南（昌）、臨（江）、饒（州）、九（江）等府，濱臨江湖，全賴圩堤捍衛。其餘雖係山鄉，而溪河小港，灌溉攸資。除南昌府原兼水利銜外，其饒九、贛南、糧、驛四道，請概兼銜水利。至袁州、建昌、廣信、南康、九江、南安、贛州等府同知，瑞州、臨江、吉安、撫州、廣信、饒州、南康等府通判，直隸寧都州州判十五廳員，亦概兼水利銜，管理所屬河渠堤堰。每歲秋冬，令地方查勘淤塞汕缺處，報經管道廳修築。

乾隆四十四年，江西巡撫郝碩又援引江浙一帶各縣普遍設立主簿專司水利的成例，奏請在南昌、新建二縣各設主簿一員，管理二縣的圩堤水利。經吏部議復後也得到批准：

江西南昌等府，襟江帶湖，近水田廬全賴圩堤捍衛，而南昌、新建二縣為尤要。該處附省沖繁，地方官無暇親身督察。查江浙等省，俱設主簿一官，專司水利，而江省獨無。請將濱臨江湖，地當適中之南昌縣三江巡檢，新建縣吳城巡檢二缺，均改為

主簿。換給鈐記，仍駐原地，管理各屬圩堤並一切水利。官俸役食，悉仍其舊。

二　糧食生產與米穀輸出

江西歷來是糧食生產大省，其中又以稻穀的生產與輸出最為突出。清代江西水稻生產水平的提高，主要體現在雙季稻的栽種與推廣、水稻耕作技術的進步兩個方面。

1. 雙季稻的栽種與推廣

清代前期，江西各地的雙季稻種植還不普遍。《清實錄》曾記載：雍正五年（1727年），雍正帝始聞聽「江南、江西、湖廣、粵東數省，有一歲再熟之稻」[40]，可見在清代前期的雍正時期，包括江西在內的南方各地雙季稻的種植歷史還相當有限，更談不上普遍栽種。就江西而言，南部地區由於氣溫較高，首先得以推廣雙季稻。長寧（今尋烏）、會昌、瑞金、石城、上猶、南康、大庾、雩都等縣，以及吉安府的龍泉縣（今遂川縣）都有種植。乾隆《會昌縣誌・土物》記載：「會邑三十年以前田種翻稻者十之二，種麥者十之一，今則早稻之入不足以供，於是有水之田至秋盡種翻稻。」此處「翻稻」即指二季稻，在寧都、瑞金、石城一帶又被稱為「翻粳」。道光《寧都直隸州志》卷十二《土產志》則曰：「一歲可再熟，腴田方可種。」[41]

40　《清世宗憲皇帝實錄》卷五十四，《清實錄》第7冊，第813-814頁。
41　以上參見許懷林《江西史稿》，第543頁。

在西部山區，清代前期的水稻品種也基本上是一季稻。以後隨著閩廣移民的大量遷入，少數原種於閩廣而又適合江西山區栽種的水稻品種（比如「秈禾」）得以傳入，許多地方才改一季稻為雙季稻種植。乾隆《萍鄉縣誌》曰：「午建之月……秈禾始蒔。」嘉慶以後，秈禾又傳入萬載縣，「秈禾……嘉慶初來自閩廣，早禾耘畢就行間蒔之，刈去早禾乃糞而鋤理焉，性耐旱，近時藝者特多」。清代中期，秈禾已經傳入了撫州府轄縣。道光《宜黃縣誌》記載：「秈子禾，四月間於早禾行內插，俟早稻收割耘之，九月始獲。」

2. 水稻耕作技術的進步

明代江西以一季稻為主。至清代，江西已經因地制宜地推選多種形式的多熟制，比如水稻雙季連作，稻麥、稻油、稻豆、稻蕎復種制，水稻雙季間作以及稻豆間作制。乾隆年間，江西各地已普遍栽種雙季連作稻。《南城縣誌》記載說：「早稻收後再種。」《瑞金縣誌》載：「六月早稻登場，晚禾布種。」在清代中後期，贛南與贛東北還盛行雙季三熟制，「稻有早、中、晚三種。早稻，春種夏收；中稻，春種秋收；晚稻，於刈早稻後下種，十月始收。種雖有三，實二收而已」[42]。在一些山區或者光照、水源不足的地方，則普遍實行稻麥、稻油、稻豆、稻蕎兩熟制。「黃豆，黑豆於早稻刈後不宜兩番者種之」，「或於獲稻後種蕎麥、

苦麥，不欲虛地力也」。[43]

清代江西農業施肥技術也有所進步，已經開始用煙梗肥田與防治水稻蟲害。這項技術主要施行於種煙業極為繁盛的贛南安遠、瑞金等地。《安遠縣誌》曾說：「每秋間番稻插田，值秋陽蒸郁，多生蟲賊，食根食節。農人以煙骨捶碎，或以煙梗斷寸許，撮以根旁，蟲殺而槁者立蘇，兼能肥禾。」煙與薯芋同種，也能起到肥田和防治蟲害的作用。光緒《瑞金縣誌》就說：「（芋）二三月與煙同種，煙六月收，芋必八九月乃收，亦先後不妨，且煙田肥，故芋繁衍而味尤佳，鬆脆香滑。」[44]

3. 米穀輸出

明中葉以後，隨著江南三角洲經濟結構的轉型，中國南方水稻生產的基本格局已經由「蘇湖熟，天下足」轉變為「湖廣熟，天下足」。事實上，湖廣地區以外，江西省（當然還有四川、安徽）也是一個著名的「產米素饒之區」。在有清一代國家的漕糧供應，戰爭與災害時期的區域糧食協濟，乃至平常年份區域之間的糧食販運貿易當中，江西省的糧食生產與輸出都發揮了極為重要的作用。

江西外運糧食當中，數額最大的毫無疑問是被視為「天庚正供」的漕糧。關於清代前期江西省的漕糧額徵數量，康熙《大清會典》卷二十六記載為九四五四〇〇石。但由於荒歉短缺及坍廢

43　《廣信府志》卷一《物產》，同治十二年刊本。
44　以上參見陳文華、陳榮華主編《江西通史》，第 565-566 頁。

豁免等原因，漕糧的實際徵收量多有變動。比如乾隆十八年（1753 年），江西徵收的漕糧數額為「七十六萬餘石」[45]，約占漕糧額徵總數的百分之八十。嘉慶年間，江西每年漕糧副米按正米的 百分之五十三另徵，即所謂的「五三副米」，每年運正、副漕米共七十七萬餘石。至道光九年（1829 年），江西額徵正耗總計 七六九〇〇四點九三石。[46]

從相關史料來看，江西的漕糧除運送京師之外，也經常被沿途各省奏請截留，用作賑災、平糶等各種用途。比如康熙四十六年（1707 年），江蘇南北各地旱災，米價飛漲，清廷乃令漕運總督將湖廣、江西起運本年漕米內截留四十萬石（其中江西漕糧截留三十萬石），分撥江寧、蘇州、松江、常州、鎮江、揚州六府，減價平糶。[47]雍正元年（1723 年）五月，山東連年荒旱，百姓乏食，又令戶部將江西省漕糧截留二十萬石，交與山東巡撫，分貯府州縣地方，以作賑濟之用。[48]雍正八年山東濟南、兗州、東昌三府地方遭遇水災，復又截留湖廣、江西漕米三十萬石，轉運存貯。[49]

45　《清高宗純皇帝實錄》卷四百一十二，《清實錄》第 14 冊，第 393-394 頁。

46　參見光緒《戶部漕運全書》卷一《兌運額數》，第 4 頁，轉引自陳華《清代江西運漕及其負擔研究》，第 9 頁，江西師範大學碩士論文，2005 年 5 月，未刊稿。

47　參見《清聖祖仁皇帝實錄》卷二百三十二、卷二百三十三，《清實錄》第 6 冊，第 319、333 頁。

48　參見《清世宗憲皇帝實錄》卷七，《清實錄》第 7 冊，第 147 頁。

49　參見《清世宗憲皇帝實錄》卷一百三，《清實錄》第 8 冊，第 358-359 頁。

　　當然，江西及南方其他有漕各省的漕糧有時也會截留本省，特別是本省糧食歉收或遭遇水旱災害。雍正六年，江西省就有幾個縣份遭遇旱災，清廷擔心次年春天江西米價昂貴，乃令江西於該年起運漕糧內截留十萬石，以備來年平糶應急之用。[50]又如乾隆八年（1743 年）八月，清廷因京師糧倉充裕，而各省常平倉空虛，乃令江蘇、安徽、浙江、江西、湖北、湖南六省將次年應運京漕糧，各留十萬石於本省。[51]

　　漕糧之外，江西省常平倉儲糧的劃撥協濟與民間商人的糧食自由貿易，對於一些缺糧情況比較嚴重區域的糧食供給，發揮著極為重要的作用。比如對糧食需求量最大的江南地區（即蘇南的蘇州、松江、太倉一帶，以及浙北的杭、嘉、湖三府），「地窄人稠，即豐收之年，亦皆仰食於湖廣、江西等處」[52]。又如與贛東北毗鄰的安徽省徽州府，「山多田少，所出米穀，即豐年亦僅供數月民食，全賴江西、浙江等處販運接濟」[53]。於是徽州人「負祁水入鄱（昌江），以茗、漆、紙、木行江西，仰其米自給」[54]。再如清代贛南贛州、南安、寧都二府一州，則是閩西汀

50　參見《清世宗憲皇帝實錄》卷七十五，《清實錄》第 7 冊，第 1117 頁。

51　參見《清高宗純皇帝實錄》卷一百九十六，《清實錄》第 11 冊，第 524 頁。

52　《清高宗純皇帝實錄》卷八十二，《清實錄》第 10 冊，第 295-296 頁。

53　《清高宗純皇帝實錄》卷四百五十九，《清實錄》第 14 冊，第 970 頁。

54　《祁門縣誌》卷五《風俗》，康熙二十二年刊本。

州與廣東嘉應州、潮州三地糧食的供應地。福建汀州府地方，「山多田少，產谷不敷民食，江右人肩挑背負，以米易鹽，汀民賴以接濟」[55]。《長汀縣誌》記載：「歲只一熟，無兩收也，米穀豆麥出產無多，不敷需求，須籍寧（都）、瑞（金）挑運源源接濟。」同書又記載「惟糧仰給於江右之贛（州）、寧（都），而（上）杭、永（定）及潮（州）又往往資販於郡」[56]。《上杭縣誌》也記載：瑞金「米雖曰至（長）汀，而實籍（上）杭為之委，不則粟死於汀矣。故杭歲稔則商販以（瑞）金、（會）昌之粟下程鄉、大埔，江、廣流通，實為利藪」[57]。可見寧都、瑞金一帶的米糧運至福建長汀縣後，便由鄞江順流而下，過上杭、永定二縣，至廣東大埔縣，再進入韓江，轉銷潮州各地。贛州府會昌縣也是贛南糧食運銷閩粵的一個重要中轉站，「緣邑之東南與閩粵界聯，彼地稍稍不熟，即千百為群，背負肩挑，絡繹於湘鄉軍門嶺之間，所恃鄰村之有餘以補邑中之不足，故載米舟楫銜尾而至」[58]。此外，大庾嶺商道、長寧——梅縣、石城——寧化等傳統商道，也都是贛南糧食外銷閩粵的重要通道。[59]

55　卞寶弟：《閩嶠輶軒錄》卷二，轉引自許懷林《江西史稿》，第544頁。

56　《長汀縣誌》卷十八《實業志》、卷三十《風俗》，道光十年刊本。

57　陳於階：《郡司馬大竹沈公疏余賑荒碑》，《上杭縣誌》卷十《藝文》，道光九年刊本。

58　《會昌縣誌》卷十六《土物》，乾隆十六年刊本。

59　關於贛南糧食外銷閩粵的論述，參見李曉方《清代贛南菸草生產略論》，第33-34頁，江西師範大學碩士論文，2004年5月，未刊稿。

如果碰上戰爭與災害時期，江西米糧的區域協濟與採買外運，就顯得尤為重要。早在康熙十七年（1678年）四月三藩之亂尚未平息之時，清廷就曾「令撥江西銀十萬兩，安徽銀十五萬兩，由江西採買米穀，運送廣東」，充作軍糧。後以江西地方甫經戰亂，米穀生產有限，乃令所撥安徽銀十五萬兩於江南附近購買，陸續運至江西，再轉運廣東。[60] 又如康熙三十八年，江蘇揚州、淮安大水，清廷令江西巡撫馬如龍「速運米十萬石至揚州、淮安……或煮粥，或賑濟」[61]。雍正四年（1726年）六月，以福建春夏雨水較多，米價昂貴，令「將江西存倉之谷，碾米十五萬石」，運至福建賑濟。[62]

江西米糧的重要性在乾隆三、四兩年的區域協濟當中顯露無遺。乾隆三年（1738年），閩浙總督專管福建事務郝玉麟提到福建「環山瀕海，田少人多，所產米糧，不敷民食」，加之頭一年收成欠佳，希望援引雍正四年成例，令江西動撥常平倉谷二十萬石。[63] 不料同年安徽、江蘇兩地均遭旱災，浙江省也有歉收之處；加之蘇南、浙北五府一州，「每歲產米不敷數月口糧，全賴商販接濟」，所以四省各委派幹員，攜款前往江西購買米糧，乾隆三年「自夏至秋，兩江、閩、浙委員採辦賑濟穀石，會集來

60　參見《清聖祖仁皇帝實錄》卷七十三，《清實錄》第 4 冊，第 936 頁。

61　《清聖祖仁皇帝實錄》卷一百九十四，《清實錄》第 5 冊，第 1051 頁。

62　《清世宗憲皇帝實錄》卷四十五，《清實錄》第 7 冊，第 683 頁。

63　《清高宗純皇帝實錄》卷六十九，《清實錄》第 10 冊，第 109 頁。

江」，以致江西「一時未能應付，米價因之日昂」[64]。該年安徽、江蘇在動用藩庫官銀五十萬兩進行官方採買之外，兩江總督那蘇圖又奏請咨明江西巡撫，希望直接於江西常平倉內碾米十萬石，運赴江南。[65]十二月，兵部侍郎吳應棻又奏請將江西、湖南撥運福建的三十萬石稻穀當中，改撥二十萬石，截留兩江。[66]同時，大學士嵇曾筠也上言，江南遭旱，大量截買運往浙江的米糧，以致浙江米價居高不下，奏請動支浙江地丁銀 3 萬兩，再委員赴江西採買。[67]與此同時，閩浙總督郝玉麟也奏請將福建省委員前往江西、湖北已經購買的四萬餘石糧食，移濟浙江。[68]

據乾隆六年七月署江西巡撫包括奏稱，「江西常平倉於乾隆三、四兩年，先後撥運閩省，並碾米協濟江南，共五十一萬八千八百一十八石」[69]。說明乾隆三、四兩年江西米糧的外運數額，約占當時江西全省常平倉「額穀」的百分之三十二點三。[70]這其中還不包括民間糧食的販運輸出數量。乾隆七年江西巡撫陳宏謀

64　《清高宗純皇帝實錄》卷七十七，《清實錄》第 10 冊，第 219 頁。

65　參見《清高宗純皇帝實錄》卷七十九，《清實錄》第 10 冊，第 249-250 頁。

66　參見《清高宗純皇帝實錄》卷八十二，《清實錄》，第 295-296 頁。

67　參見《清高宗純皇帝實錄》卷八十二，《清實錄》，第 295-296 頁。

68　參見《清高宗純皇帝實錄》卷八十二，《清實錄》，第 295-296 頁。

69　《清高宗純皇帝實錄》卷一百四十六，《清實錄》第 10 冊，第 1104 頁。

70　江西全省常平倉的「額穀」總量，據乾隆十年九月江西巡撫塞楞額所奏，為「一百六十萬六千石」。見《清高宗純皇帝實錄》卷二百五十，《清實錄》第 12 冊，第 216-220 頁。

在一份奏摺中提到，經過乾隆三、四兩年的大規模糧食外運，以及乾隆六年的平糶增撥及借給賑濟，乾隆七年江西全省常平倉所存的稻穀，曾一度僅剩下六十二萬餘石，還不到定額的一半。[71]

以後，江西境內不斷有米糧的大規模外運的事例。比如乾隆八年三月，江西就曾撥倉穀四十萬石，碾米二十萬石，運往揚州賑災。乾隆十三年六月，又碾米十萬石運送江蘇，作平糶之用。乾隆二十七年，浙江糧食歉收，又撥穀二十萬石，碾米十萬石協濟。乾隆五十年，湖北、安徽等省遭災，江西的常平倉米糧協濟及湖北、安徽兩省米商從江西販運的糧食，總共達到一百餘萬石。其中湖北省商販運糧的船員就有一千三百餘隻，販運的米穀約有數十萬石。[72]

第三節 ▶ 江西山區的墾殖與利用

清前期閩廣移民進入江西及江西省內人口遷徙的最主要趨勢，是向上述各府州縣的山區進發、墾殖和定居，從而掀起清代江西山區墾殖的高潮。以下即以清代地方文獻史料和已有研究為基礎，就各種經濟作物的栽培與蕃薯、玉米的種植等，分別論述

---

71 參見《清高宗純皇帝實錄》卷一百七十五，《清實錄》第 11 冊，第 257-258 頁。

72 參見《清高宗純皇帝實錄》卷一百八十六、卷三百一十六、卷六百七十三、卷一千二百三十八，《清實錄》第 11 冊第 401-402 頁、第 13 冊第 195 頁、第 17 冊第 528-529 頁、第 24 冊第 655-659 頁。

之。

一 各種經濟作物的栽培

1. 藍靛

　　江西南部山區藍靛業的興起和發展，可以追溯到明代。嘉靖初年周用曾指出，來自江西中部地區的流民「搬運谷石，砍伐竹木及種靛栽杉、燒炭鋸板等項，所在有之」[73]。據史料查考，吉泰盆地種植藍靛，可溯至明代中期，「成化末年，有自福汀販賣藍子至者，於是洲居之民，皆得而種之，不數年，藍靛之出與汀州無異，商販亦皆集焉」[74]。又有記載說：「江西萬羊山，跨連湖廣、福建、廣東之地，舊稱盜藪，而各省商民亦常流聚其間，皆以種藍為業。」[75]文獻中所稱的「各省商民」，實以閩省商民為主。由此可知，汀州籍人在將藍靛種植傳入江西中部的前後，也將這一新作物的種植傳入贛州府轄區。至明代後期，這一地區已經成為重要的藍靛產區。贛州「城南人種藍作靛，西北大賈歲一至泛舟而下，州人頗食其利」[76]。至清代康熙年間，「虔惟耕山者種此，而贛縣山谷間尤多」[77]。康熙時興國縣「土滿人稀，□北□□□□閩流寓耕之，種藍種苧亦多」[78]。至道光或稍前，

73　《西江志》卷一百四十六《藝文》，康熙五十九年刊本。
74　《泰和縣誌》卷二《土產》，光緒五年刊本，引弘治志。
75　《明穆宗實錄》卷二十六。
76　《贛州府志》卷三《輿地誌三・土產》，天啟元年刊本。
77　《贛州府志》卷三《物產》，康熙五十二年刊本。
78　《興國縣誌》卷二《土產》，康熙二十二年刊本。

「邑產除(茶)油、煙（草)外，藍利頗饒」[79]，可見藍靛業已成為興國客家移民的一大產業。

明末至清代，汀州移民還將藍靛的種植區擴大到江西西北和東北部山區。乾隆《寧州志》卷二稱：「金雞洞，洞在州治西南七十里，武鄉二十七都之大幽山，源深谷邃……邇年以來，有閩廣棚民在內種靛及燒炭、舂香，蓋棚十餘所。」此地以當今政區劃分，已屬銅鼓縣地。與之相鄰的新昌縣，「天啟間，福建流離種山者，自願立棚開墾，插藍認租」[80]。因未見有新昌縣的閩籍流人被驅逐的記載，所以估計明代後期閩人發展起來的植藍業在清代仍在繼續，只是規模不大。

懷玉山開禁後，藍靛也得到廣泛的種植。「地成片段者栽藍，其零星畸衰者各植雜豆菸草、蘿蔔等物」[81]。與之相鄰的浙江南部諸縣，移民種植藍靛的規模更大，使之成為當地山上主要的經濟作物。

2. 甘蔗

福建沿海是甘蔗的傳統產地，以漳、泉二府最為著名。明代中葉，漳、泉一帶的甘蔗（當時又稱「糖蔗」）種植業相當發達，至萬曆間，漳州乃至閩南一帶甘蔗種植滿山遍野。大約與此同時，隨著閩籍移民進入江西南部及其活動的加強，這一地區的

79　《興國縣誌》卷十二《物產》，道光四年刊本。
80　《新昌縣誌》卷八《戎政志》，同治十一年刊本。
81　朱承煦輯：《懷玉山志・土產》。

甘蔗種植業也迅速發展起來。

在贛州府屬的幾個大盆地中，雩都縣是明代福建汀州人遷入最多的地區，可能在明代後期，雩都的甘蔗種植就有一定的規模。康熙元年（1662 年）《雩都縣誌》卷一《物產》裡描寫道：「瀕江數處，一望深青，種之者皆閩人；乘載而去者，皆西北、江南巨商大賈。計其交易，每鄉裏鏹不下萬金。」從時間上分析，這一甘蔗產區可能形成於明代後期或明代末年。至清代初年，已有相當大的規模。

清代隨著閩廣移民的大規模遷入，江西南部的甘蔗產區有進一步擴大的趨勢。其中南康縣的甘蔗產區是康熙年間發展起來的，康熙四十九年《南康縣誌》卷三《輿地誌》稱：「南康近產糖蔗，歲煎糖可若干萬石……糖蔗悉系閩人質土耕種……且客商貿易，往往受閩人騙害，訐訟不已，皆由裡人利其重租不肯易業。」閩人的身分是佃耕者。到乾隆時，南康縣的糖蔗生產進一步擴大，糖蔗及紅糖在縣誌《物產》中的地位上升，所謂「豆麥之收微，不如二物（按：指糖蔗與花生）之出廣也」，可見經濟作物已經取代了傳統的旱糧作物。以後情況進一步發生變化，「嘉道以來，種植繁多，埒於禾稼，核其歲入，幾與閩廣爭利矣」。在利潤的驅使下，南康縣的甘蔗種植面積不斷擴大，種植地方，最初「總在高阜，水不常得，或沙土不受水之地」，而發展到「終及膏腴」[82]，開始與水稻爭地了。乾隆《贛州府志》卷

82　《南康縣誌》卷一《土產》，同治十一年刊本。

第三章・閩廣移民的進入與清前期江西農業經濟的發展

255

二《物產》記載:「甘蔗,贛州各邑皆產,而贛縣、雩都、信豐最多⋯⋯西北巨商,舟載交易,其利數倍。」

在章水上游的大庾縣,甘蔗的種植也頗具規模。乾隆時,大庾「上下十五隘,最大雙坑裡,東西隔一溪,經互數十里⋯⋯種蔗不種麥,儆尤處處是」[83]。加上南康和大庾,乾隆年間的江西南部,已形成一個面積達數百平方公里的甘蔗種植區。清代中期以後,甘蔗的生產向北沿貢江支流的梅江延伸至寧都縣,「州治下鄉多種以熬糖,農家出糖多者可賣數百金」[84]。

廣信府也有福建移民種植甘蔗,康熙年間的上饒縣,「砂糖,以蔗漿煎成,多閩人種」[85]。但由於甘蔗是一種亞熱帶作物,需要充足的光照與積溫,所以這裡的甘蔗產糖率低。比如康熙年間的鉛山縣,「閩人來鉛植蔗,冬月取汁煎成,亦不甚佳」[86]。所以廣信府的甘蔗種植始終未能大規模地推廣。

3. 菸草

菸草是哥倫布發現新大陸後傳入中國的物種,萬曆年間先傳至福建的漳州和泉州,崇禎初年傳到龍岩一帶。傳入汀西的時間,據康熙十三年《石城縣誌》記載,「三十年來始得其種並製作法」,應當在崇禎末年。

83　餘光壁《勘災道中詩》,《大庾縣誌》卷十三《藝文志五》,民國 8 年刊本。
84　《寧都直隸州志》卷十二《土產》,道光四年刊本。
85　《上饒縣誌》卷二《地理・物產》,乾隆四十九年刊本。
86　《鉛山縣誌》卷三《食貨・物產》,康熙二十二年刊本。

就石城和瑞金兩縣比較而言，瑞金的煙葉生產發展得特別迅速。大批來自福建漳州、泉州兩地的閩人在瑞金以植煙為生。有記載說：「自閩人流寓於瑞，以蒔煙為生，往往徒手起家，驟擁雄貲。土著之人，貪目前之近利，忘久遠之大害，於是貰田於人，或傚尤而又甚」，以致於該縣「連阡累陌，煙占其半」，「或稱膏腴之畝，半為煙土，半為稻場」，「緣鄉比戶往往以種煙為務」；煙熟季節，「四方收煙之商及剉煙者，動盈萬人，聚食於彈丸之邑，坐耗粟米。生之者寡，食之者眾，以至米價騰沸」。僅以煙廠工人計，「至城郭鄉村開剉煙廠不下數百處，每廠五六十人，皆自閩粵來」[87]，合計可達數萬人之多。僅此即可見瑞金菸草業的規模。

自康熙年間起，菸草種植業從東向西推進至整個江西南部。康熙《贛州府志》卷六十三記載為：「近多閩廣僑戶，栽煙牟利，頗奪南畝之膏。」雍正《江西通志》則記贛州府「各縣皆種，而瑞金尤甚」。具體說來，如安遠，「小民棄本業騖之」[88]；龍南的煙葉十分普遍，「栽為之戶，取葉中柔者為煙」[89]；寧都縣，「州治及石城所出尚不能瑞金之多……然州治多種山煙」[90]；興國縣「種煙甚廣，以縣北五里亭所產為最」[91]，五里亭恰恰是

87　《瑞金縣誌》卷四《物產》，康熙四十九年刊本。
88　《安遠縣誌》卷一《輿地誌・土產》，乾隆十六年刊本。
89　《龍南縣誌》卷二《物產》，道光六年刊本。
90　《寧都直隸州志》卷十二《土產》，道光四年刊本。
91　《興國縣誌》卷十二《物產》，道光四年刊本。

閩粵移民居住最集中的區域。又如雩都縣,「惟北鄉銀坑、橋頭者佳,近縣惟赤砂、盤郭、屋寮三處頗能及之」[92];再如大庾縣,「種穀之田半為種煙之地」[93],種植面積相當之大。由此可見,由於閩廣移民的活動,這一煙葉產區與毗鄰的閩粵煙產地連成一片,成為南方重要的菸草產區的一個組成部分。

相對而言,雖然閩廣移民也曾試圖將菸草的種植傳入江西西北地區,但並未獲得很大的發展。在修水縣的桃坪鄉,有一命名為「煙篷下」的自然村,因為何姓祖先在康熙年間從廣東遷入時植煙為生而得名。此外則不見有其他的記載。

廣信府的情況則頗為不同。廣豐縣的煙葉最負盛名,「浦(城)出名煙而葉實藉於(廣)豐」[94],廣豐實際上成了福建浦城名煙的一個原料產地。上饒縣植煙稍遲於廣豐,有記載說:「煙,向惟盛於廣豐,今山農亦有種者。」[95]菸草加工業也隨之發展起來。清代中期,玉山縣煙廠已有相當大的規模,「夫淡巴菰之名,著於永豐,其製之精巧,則色香臭味莫與玉比,日傭數千人以治其事,而聲價馳大江南北」[96],形成很大規模的手工工場。廠主也多來自福建,「閩人之來玉者,率業此起家」[97]。

4. 苧麻

92　《雩都縣誌》卷十二《土產志》,道光六年刊本。
93　《大庾縣誌》卷四《物產》,乾隆十三年刊本。
94　《廣信府志》卷二《地理‧物產》,乾隆四十八年刊本。
95　《上饒縣誌》卷十二《土產》,道光六年刊本。
96　《玉山縣誌》卷十二《土產志》,道光三年刊本。
97　《玉山縣誌》卷一《地理志‧物產》,同治十二年刊本。

明清時期，是江西夏布業的興盛階段，苧麻種植與織造夏布相互為用，普遍發展起來。其中江西南部諸縣，多種植苧麻。寧都州「風俗不論貧富，無不緝麻之婦女。乃山居雖亦種苧，而出產無多」。所謂「緝麻」，即用手指撕碎麻皮，使成較細之長條，再逐條挼接起來，即為「績」。「緝績」就是手工剖析麻纖維使成麻絲，繞紮成束腰圓球，供織夏布，或拿到市場上出售。「敏者一日可得績三四兩，鈍者亦可得一兩以上」[98]。

　　苧麻在江西西北山區也多有種植。順治初年，袁州郡守施閏章在其詩中說：「閩海多流人，江甸多荒田……種蔗復種苧，地利餘金錢。」[99]又說：「山陂鬱鬱多白苧，問誰種者閩與楚……剝麻如山召估客，一金坐致十石黍。」[100]估客即麻商，亦可見苧麻是這一地區主要的商品性作物。萬曆末年隨流民遷入而興起的苧麻業，在清康熙十八年以後隨著閩籍移民的被驅逐而衰落。時人指出，宜春「迄今種麻之棚，荊棘成林，種麻之丁，一足烏有。流民斷不可以復招，士民不諳於耕山，此麻棚已廢，萬難復興者也」[101]。

　　由於驅棚政策的影響，再次進入的移民很少重新進入宜春縣北部，而是向萬載及其北部諸縣遷移。儘管如此，萬載縣的苧麻

98　《寧都州志》卷二十《土產》，道光四年刊本。以上引自許懷林《江西史稿》，第 549 頁。
99　施閏章：《施愚山先生全集‧詩集》卷八《流人篇》。
100 施閏章：《施愚山先生全集‧詩集》卷十九《麻棚謠》。
101 《宜春縣誌》卷十《田賦》，道光三年刊本。

生產，也沒有能夠恢復到明代末年的水平。以上文所述萬載縣西北部的天井塌地方，明代是麻、靛產區，但在康熙二十二年的《萬載縣誌·物產》中的「苧麻」條下，竟注有「今無」二字，可見在閩人被逐以後苧麻業衰落的程度。總體而言，雖然雍正、乾隆以後宜春、萬載諸縣的苧麻種植有所恢復，但數十萬流民從事商品麻、靛生產的情況已不復重現了。與此同時，毗鄰的湖南省瀏陽一帶的抗清棚民未遭驅逐，他們受招墾殖，苧麻業得以繼續。嘉慶《醴陵縣誌》稱：「苧麻，山民以種麻為本業」，可見苧麻生產的中心已轉移至瀏陽、醴陵一帶。

苧麻也是廣信府移民的主要經濟物。康熙年間，「鉛山多流民藝麻，棋布山谷」[102]。他們應是「至鉛開墾」的「閩人」[103]。玉山縣的記載是，「閩建來玉多以種苧為生」[104]。「閩」指福建，「建」指本省建昌府，實指南豐移民。在廣豐縣東北部的大南鄉，地名志的資料顯示，清初來自南豐的移民以種麻為生，搭棚棲息，冬回原籍，春來廣豐，以後逐漸定居。在上饒縣北部山區的蘇橋鄉，居民大都是福建和江西南豐人，開始來種麻山，爾後逐漸遷入定居。至乾隆年間，廣信府的苧麻生產已頗具規模。

5. 其他經濟作物

花生是江西南部重要的經濟作物之一，是從粵北經南康縣傳

---

102 《瑞金縣誌》卷二《物產》，乾隆十八年刊本。
103 《寧都直隸州志》卷十二《土產》，道光四年刊本。
104 《龍南縣誌》卷二《物產》，道光六年刊本。

入這一地區的。康熙年間，南康縣「落花生，種宜瘠土……二物（花生與蔗糖）行遠而利薄」[105]。乾隆初年有記載說：「向皆南雄與南安產也，近來瑞之浮四人多種之，生殖繁茂，一畝可收二三石，田不烘而自肥，本少而利多。」[106]後又傳入寧都，「州治近來種植者亦多」[107]。龍南縣此時也開始種植，「邑境西沙所種，勝於他處，稱西河花生，販運亦廣」[108]。

花業也是贛州府的重要經濟作物。有記載說：「蘭花出閩中者為最，其次莫如贛，種類不一，四季皆花，為江淮所重。舟載下流者甚多，贛人以與獲利。」[109]在瑞金，「近有以種蘭為業者，每盎約值一金」，蘭花多用以製煙，「閩人曝其花粉之入煙，名蘭花煙」[110]。除蘭花外，還有「茶花、茉莉皆產自粵，贛人與蕙蘭並種以資生計」，「茉莉花贛產最盛，有專業者，圃中以千萬計。舟載以達江淮，歲食其利」[111]，也應當是粵籍移民活動的結果。

二　番薯、玉米的種植

根據各種地方文獻的查考，江西南部地區少有種玉米充當糧

105　《贛州府志》卷二《物產》，乾隆四十七年刊本。
106　《瑞金縣誌》卷二《物產》，乾隆十八年刊本。
107　《贛州府志》卷二《物產》，乾隆四十七年刊本。
108　《龍泉縣誌》卷十三《風物》，乾隆二十七年刊本。
109　《萬載縣誌》卷十二《土產》，同治十一年刊本。
110　《瑞金縣誌》卷二《物產》，乾隆十八年刊本。
111　《寧都直隸州志》卷十二《土產》，道光四年刊本。

食作物的習慣，所種代糧者，僅為蕃薯一項。康熙《石城縣誌・物產》的記載，蕃薯是閩籍移民從福建引種的。在東南部的瑞金、安遠、龍南等地都有較大面積的種植。在大庾縣，乾隆年間因大量種植經濟作物引起糧食緊張，始有人種植蕃薯，「但未得其法」，縣令餘光璧遂「出示告以種法」，但收效似乎不大。只有在吉安府的龍泉縣，乾隆年間「山中種植更廣，可充糧食」[112]。到清代中後期，蕃薯成為江西南部山區廣泛種植的重要農作物。

江西其他地區蕃薯與玉米的種植情況略有不同。其中贛西地區的蕃薯也是由福建移民傳入。在萬載縣，蕃薯「乾隆初來自閩廣，土人種之以代飯」[113]。在江西東北的貴溪縣，「先無此，近年得閩種，種者始多」，「有昔無而今盛者。蕃薯，出西洋，閩粵人來此耕山者，攜其泛海所得苗種之，日漸繁多，色黃味甘，食之療飢，可以備荒，歷今三十多年矣」[114]。據此推算，傳入的時間當在乾隆初年。

江西西北地區的玉米大規模種植見於北部山區，即湖北移民區。乾隆年間的武寧縣山區，「玉蘆種自蜀來，近有楚人沿山種獲，其實如豆，春熟治飯，亦可釀酒」[115]。楚籍移民耕山時，「火耕旱種，百鋤並出」，「掘盡山頭枯樹根」，「打鼓高陵種玉

---

112 《龍南縣誌》卷二《物產》，道光六年刊本。
113 《贛州府志》卷二《物產》，乾隆四十七年刊本。
114 《瑞金縣誌》卷二《物產》，乾隆十八年刊本。
115 《贛州府志》卷二《物產》，乾隆四十七年刊本。

蘆」，且種於山地之陡坡，「鴉鋤掘盡崖根上，絕壑時聞墜石聲」，由此而造成北部山區大面積的水土流失。記載說：「自楚來墾山者萬餘戶，嶁巇密嶂，盡為所據，焚樹掘根，山已童禿。」[116]「棚民墾山，深者至五六尺，土疏而種植十倍，然大雨時行，溪流湮淤，十餘年後，沃土無存，地力亦竭，今太平山、大源洞、果子洞諸處山形骨立，非數十年休息不能下種」[117]，足見水土流失的嚴重。

　　玉米也傳入了廣信府。乾隆《廣信府志》云：「近更有所謂苞粟者，又名珍珠果，蒸食可充飢，亦可為餅餌，土人於山上種之，獲利甚豐。」在玉山縣，「種於山者曰苞粟，山民半年糧也」[118]。與江西西北山區不同，玉山縣北部山區的玉米種植，多採取林糧間作的方式：第一年在山坡上伐樹，燒荒，下種，收穫後墾山；次年在玉米地上植杉苗，仍種玉米於其間；三年間種油桐於杉林間，仍於其中種玉米；第四、五年，桐子樹分杈結子，不種玉米；兩三年後，伐桐樹，杉木也基本成林；若干年後，又周而復始。墾山的方式也很特殊，多採用「戴帽穿靴」法，即山頭樹木不伐，山腳植被保留，據稱此法可以較好地保持水土。江西東北部山區的水土流失不似贛西北那樣嚴重，原因可能即在於此。

116 《龍泉縣誌》卷十三《風物》，乾隆二十七年刊本。
117 《武寧縣誌》卷十《風俗》，乾隆五十一年刊本。
118 《玉山縣誌》卷十一《地理志・物產》，同治十二年刊本。

第四節 ▶ 林業與漁業的發展

一 經濟林木的廣泛種植

清代江西境內的經濟林木，主要有油茶、桐、漆、杉、竹等。南安府境內，「利之溥者，竹木外，有茶、桐、柏三木之脂」[119]。乾隆《贛州府志》卷二《物產》則這樣記載：「茶、桐二油惟贛產佳，每歲賈人販之他省，不可勝計。故兩關之舟載運者絡繹不絕，土人一大出產。」康熙《石城縣誌・物產》也記載：「贛田少山多，向皆荒榛叢樾，近年閩人賃土耕鋤，石邑下水頗多。初開墾時，桐子、茶子二樹並植，桐子一年即榮，三年茶樹長茂，則伐桐樹。」這一帶油茶的種植與菸草加工業頗有關係。如瑞金，「又製熟煙，必得茶油為用，瑞故產油之地，故漳泉之人麋至駢集，開設煙廠」[120]。根據近人的調查，瑞金縣的油茶老區有二，一分布於西部丘陵地區，一分布於東南山區。前者是清末發展起來的，後者則為上文提及的閩廣移民集聚區。[121]

在興國縣，「興之山阜向植杉木，安徽客販多採焉，木去地存，閩粵流民僑居，賃土遍種茶子……吳中尤爭購焉」[122]。至道光年間，「若茶不結實，則為歉歲」[123]，由此可見油茶生產在興

---

119 《南安府志》卷二《物產》，同治七年刊本。
120 《瑞金縣誌》卷二《物產》，乾隆十八年刊本。
121 佚名輯：宣統《江西農工商礦紀畧・瑞金縣》。
122 《興國縣誌》卷三《物產》，乾隆十六年刊本。
123 《興國縣誌》卷十二《物產》，道光四年刊本。

國山區經濟中的地位。油茶業也是龍泉縣（今遂川縣）閩廣移民的主要產業。有詩為證：「油寮水碓杉皮篷，篷下提油婦趨翁。今年木梓賤如土，六月六日天無風。賃土開荒客籍繁，年年棚下長兒孫。辛勤滿葉倉箱詠，閩廣湖湘共一村。」[124]在江西南部乃至中部各縣的調查表明，直到今天，其油茶林的分布仍與閩廣移民的分布大體吻合。

在袁州府屬縣份，油茶栽培的歷史較長。正德《袁州府志·土產》已經指出：「茶子樹，冬花，子可作油」，只可惜無栽培方面的記載。江西西北的武寧縣油茶種植時間較晚，到康熙方志中始見記載。道光以後，對各縣油茶種植的記載豐富起來。如萬載縣，茶油「摘茶樹核榨之，出二、三、四區，商販皆聚橚樹潭」[125]。在靖安縣，道光初期的記載是：「邑人近爭種茶子……榨其仁以取油，計一邑所產，歲取值逾十萬緡。」[126]由此看來，上述諸縣的油茶經濟林似乎是在嘉慶、道光年間形成的。

廣信府的油茶、油桐、漆樹等經濟林木，也是閩省及其他省籍移民墾殖的項目。乾隆《廣信府志·物產》稱：「桐子、木子樹皆可為油，上饒、興安所出，較旺他邑。閩人種山者多資為生計。漆……種來自閩，七邑皆出，品視袁州稍劣。」清前期這一地區的經濟林規模很大，其產品成交動輒以萬斤計。如「玉山俞

---

124 杜一鴻：《龍泉竹枝詞》，《龍泉縣誌》卷十三《風物》，乾隆二十七年刊本。

125 《萬載縣土著志·物產》，道光二十九年刊本。

126 《靖安縣誌》卷三《食貨志·物產》，道光五年刊本。

敬德……嘗儲皮油（即桐油）萬斤，商某求售，議價六百金」[127]。又如記載「貨無他奇，惟茶油、菜油與時低昂」[128]，已經是完全商品化的林產品。

油茶、桐、漆之外，江西各府縣還有著極為豐富的木、竹資源。吉安府龍泉縣就是一個著名的杉木產區。同治《龍泉縣誌》記載：「龍（泉）故多荒棘，康熙間，閩粵窮民知吾泉有山可種，漸以隻身入境，求主佃山，約以栽插杉苗，俟成林時，得價而均之。」可知此時的人工栽杉，亦與閩廣移民的山區開墾直接相關。

江西南部的造紙業發展極為普遍，南安府、贛州府及寧都州都有。崇義縣土紙生產自乾隆發展至道光，進入興旺時期，紙棚有七〇〇多個，產品以磨頭紙為優，是外銷的大宗商品。寧都的塅坊、西甲、樹溪、小布等村，竹山遍野，農民「皆伐初生未成竹之苗作紙」。興國縣出產竹紙、連四紙、綿紙、草紙等，竹紙潔白細嫩，連四紙白而長大，都是文化用紙。[129]

在袁州府屬山區，氣候溫和，雨量充沛，竹林資源極為豐富，從而為各種土紙的生產提供了條件。閩廣移民遷入後，土紙生產得到了很快的發展。其中萬載縣的土紙生產，以西部山區為中心，是閩廣移民賴以為生的主要生產項目。清代前期，時人描

---

127 《廣信府志》卷九《人物》，同治十二年刊本。
128 《玉山縣誌》卷十二《土產志》，道光三年刊本。
129 轉引自許懷林《江西史稿》，第 557 頁。

述道：「棚柵聯絡百十里，僑民資竹紙以生」，其山場佃自土著，「歲賦主息十之一」[130]，租額甚低。乾隆《袁州府志》也記載萬載所產的表芯紙，「視他土為良」，「通行南北，商賈皆驟」。

寧州的紙業中心在銅鼓，與萬載縣西北部的紙產區連成一片。道光《義寧州志》記載：「有火紙、花箋紙、表芯紙、疏紙、穀皮紙、土棉紙、硬殼紙，出武鄉。火紙、花箋、表芯，各槽歲出萬肩。」武鄉即後來之銅鼓。銅鼓紙業又以排埠鄉為最。而排埠鄉又是銅鼓外來移民最集中的地方。奉新縣的紙產區在其西部山區，也是移民聚集區。道光五年《奉新縣誌》稱：「奉新火紙之利，遠通江淮。」

在廣信府的鉛山縣，紙業生產也是福建移民的主要產業。該縣「四山之民，多煮竹焉」[131]，「食其力者十之三四焉」[132]，從事紙業生產的人口幾已達到全縣人口的三分之一，說明鉛山的土著也捲入紙業的生產。又有記載說，康熙年間，鉛山縣僅南部石塘一地，「槽戶不下三十餘槽，各槽幫工不下一二千人」[133]。閩廣移民之外，也有來自本省的流動人口進入鉛山從事造紙業。嘉慶《東鄉縣誌・風土》中說東鄉人「謀生之方不一，書肆遍天下，而造瓷器於饒州，造紙於鉛山尤多。鉛山，故岩邑，而紙廠

---

130 李榮升：《鄧公嶺經行記》，《李厚岡集》卷十四，清嘉慶二十年刊本。
131 《鉛山縣誌》卷八《雜誌》，康熙二十二年刊本。
132 《廣信府志》卷二《地理・風俗》，乾隆四十八年刊本。
133 陳九韶：《封禁條議》，《廣信府志》卷九《職官志・關隘・封禁附》，康熙二十二年刊本。

為亡命淵藪，烏合者動以千計，主者患焉。然為役苦，非壯有力者不勝」。直到民國年間，東鄉人仍是鉛山紙業工人的主體之一，只不過他們春來夏歸，秋至冬返，並未在鉛山定居，這是他們與外省移民的不同之處。

二 漁政管理與漁業生產[134]

江西北部九江、南昌、南康、饒州四府地方，湖泊眾多，歷來是漁業經濟較為發達的地區。其中鄱陽湖面積廣大，延袤數百里，之外又有各種中小湖泊及深潭陂池等水體散布在廣闊的鄱陽湖平原上，構成江西漁業經濟的主要載體。而這些中小湖泊多為河流改道、裁彎取直等原因形成的「河成湖」，水深一般較淺，營養度較高，故適宜魚類生長，也使得這一地區的漁業經濟較為發達。以下即從漁政管理與漁業生產兩個方面進行論述。

1. 漁政管理

(1) 河泊所的創設與廢置變遷

作為漁稅徵收機構——河泊所的設置，早在元代便已有之。但在全國範圍內系統地設置，則自明初始。明朝建立後，曾詔令於全國各地水域包括沿海地區普遍設置河泊所，建立和完善了一整套嚴密的漁政制度。洪武十四年（1381 年）至十六年間，中

---

134 學界對於中國內陸區域淡水漁業經濟的專題實證研究，少有涉及。此處對於清代江西漁業狀況的相關描述，系參考尹玲玲《明清長江中下游漁業經濟研究》（齊魯書社 2004 年版）一書中的相關部分的敘述。

央差派有司下到各地方丈量水域、核定面積並編定漁課課額。據萬曆《大明會典》卷三十六所載，河泊所的設置遍及北直隸、南直隸、浙江、江西、湖廣、福建、廣東、廣西、四川、雲南共個十個省區六十二個府州。但明初設置河泊所時，對其水域面積、徵課數額應達規模並沒有一個確定的標準，故河泊所設置過多過濫。一些河泊所徵課太少，或者漁利很少而所定課額過高，有司官吏申奏漁課難以完足。在此情形下，朝廷陸續詔令裁革課額過少之河泊所。徵課太低的河泊所省併入他所收管，或由府州縣稅課局等有司帶管。比如正統四年（1439年）五月，「革江西九江府德化縣沙池、高頭湖桑落州二河泊所，並其歲課於小池小江河泊所」[135]。又如正德十三年（1518年）十一月，地方官奏「江西彭澤縣黃土港河泊所宜革，並其課程於仰天池河泊所」[136]。總體來講，明代正統至天順年間為裁革徵課過少之河泊所的一個集中時期。其後直至正德前期河泊所設置較為穩定，正德末年情形則已發生改變。嘉靖、隆慶、萬曆三朝為一長時段的河泊所裁革時期，且裁革頻率日益加快，裁革態勢一直持續。時至萬曆十五年（1587年）《大明會典》纂修時，全國已只剩個一〇三個河泊所。以後又陸續裁汰，至清康熙二十二年（1683年），全國僅剩下二十一個河泊所。[137]

---

135 《明英宗實錄》卷五十五。
136 《明武宗實錄》卷一百六十八。
137 以上參見尹玲玲《明清長江中下游漁業經濟研究》，第300-306頁。

(2) 漁課的種類與名目

明清時期官方朝廷對內陸水域及沿海地區所徵的漁稅種類有人丁稅、漁課鈔、漁船稅、漁鹽稅、魚苗稅、蘆課等。以漁鹽稅為例，江西九江府湖口縣明洪武年間曾設有逆沙夾河泊所徵收漁課，其後雖河泊所已裁革，但課額仍存。據嘉慶《湖口縣誌》卷五《食貨志》所載，其漁課、湖課均附於鹽課條下，估計其中部分課額即為應繳納之漁鹽稅。官府還在各魚苗出產地設立的專門的魚苗稅。同治《九江府志》卷七《地理志古蹟》記載，元代至大年間（1308-1311 年）即在德安縣南三進四十步設有魚苗倉。明代則設有專門機構魚苗廠，在嘉靖《九江府志》卷九《職官志・公署》中，魚苗廠作為公署與各河泊所並列。清同治年九江府德化縣有魚苗稅正課銀七十六兩、水腳銀一點六兩。**138**

各類漁課又細分成多種漁稅名目，包括正課銀、扛解銀、水腳銀、耗羨銀等。有的細目是隨著時間的發展而逐漸加增的。一般在前期稅制之初，稅目少、稅制簡單、稅額低；後期則稅目多、稅制複雜、稅額高。前期以正課銀為主，扛解、水腳、耗羨等數額較小，占魚稅總數的比重較低；後期則後者亦增至較大比重。**139**

(3) 漁業人戶與戶籍管理

明代前期，長江中下游地區包括江漢平原、洞庭湖平原、鄱

---

138 參見《德化縣誌》卷十五《食貨志・田賦》，同治十一年刊本。
139 以上參見尹玲玲《明清長江中下游漁業經濟研究》，第 322-327 頁。

陽湖平原、蘇皖沿江平原以及長江三角洲上均有數量眾多的大小湖泊，河湖水系密集。這些水域周圍聚居著大量專門以打魚為生的漁民。因而早在明初，政府便對各地水域專門從事漁業生產的漁民進行定籍，成立了專門的漁戶戶籍。漁戶戶籍與軍戶、匠戶等戶籍一樣，屬於世襲性質，且相對於其他戶來說屬於賤民。

明初所籍定的漁戶遍及當時政區所轄各地有漁利之水域，包括內陸淡水水域及沿海海域。內陸淡水水域的漁戶主要分布在長江中下游地區的江河湖泊，其中尤以湖廣的兩湖平原、江西的鄱陽湖平原、安徽的沿江平原及太湖流域為最多。比如江西省南康府府境內有錢家湖，「去縣西南五里，以居者姓名」；郭家湖「去縣二十里，兩岸多郭姓」，顯然是以湖兩岸居民姓氏命名，這些居民亦極有可能是以打魚為生的漁戶。比如安義縣，就有「九姓漁戶」被寧王驅協參與謀反一事，以致朝廷下令對這些漁戶進行編審，也從一個側面反映了南康府各縣的漁戶人口絕不在少數。[140]明中後期，隨著河湖的淤廢、課稅的增加，漁戶逃絕流亡，漁民人口急遽減少，有清一代更是如此。

漁戶的管理也有同民戶里甲相似的一套制度，設有網首、小甲等。漁民以船為家，四時放棹於煙波風浪之中，在沉重的課稅負擔下最易於遷徙逃亡；據湖為盜、劫掠行旅的現象也時有發生，不利於官府稅收及管理。因此，對漁戶進行牌甲編審以便管理即成為較可行的辦法。如江西南昌「府東境七里瀧，有漁舟數

140 轉引自尹玲玲《明清長江中下游漁業經濟研究》，第 125 頁。

百艇，時剽行旅」，邑人萬觀「編十舟為一甲，令畫地巡警，不匝月，盜屏跡」[141]。明代中葉，江西南康府安義縣還發生過寧王驅協九姓漁戶助其造反之案。有鑒於此，官府即對漁戶進行嚴格而周密的牌甲編審，王守仁《行江西按察司編審九姓漁戶牌》曾記載：

拘集（安義縣）楊子橋等九姓漁戶到官，從公查審，要見戶記若干、丁計若干，已報在官若干、未報在官若干，各駕大小漁船若干，原在某處地方打魚生理。著定年貌、籍貫，編成牌甲；每十名為一牌，內僉眾年畏服一名為小甲；地方多寡，每五牌或六牌為一甲，內僉眾年信服一名為總甲。責令不時管束戒諭，仍地原駕船梢粉飾方尺，官為開寫姓名年甲籍貫住址及注定打魚所在，用鐵打字號火烙印記，開造印信手冊在官……仍即通行南昌等一十三府及各州縣一體查處編立牌甲，嚴加禁約施行、造冊繳報查考。

由上可知，其編審內容極為詳細。統計項目有漁戶戶數、漁丁人口、漁船大小及數量，從事漁業生產的水域。登記漁民人口的年齡、籍貫、相貌，然後將所登記的漁民編成牌甲。與里甲編審基本相同，每十名漁丁編為一牌，從中選出一名大家都信服的人為該牌的小甲。每五牌或六牌編為一甲，根據各個地方漁戶數

---

141 《明史》卷二百八十一《萬觀傳》，中華書局 1974 年版。

量的多少而定，從中選出一名眾人都信任並服從其管理的為總甲。責令各小甲及總甲約束管理好轄下的漁戶，在各自原駕駛的漁船船尾粉刷出一尺見方，其上註明戶主的姓名、年齡、籍貫、屬何牌甲、漁船住泊處及在何處水域打魚，並用專門的鐵鑄模件在上面烙出特定的記號。另外再根據以上各項開具詳細的印證憑信，編成手冊，作為官府稽查的憑據。從調查統計到登記註冊到編審管理的一系列程序都十分嚴密，可見其編審制度之嚴謹。基於此，通令江西全省包括南昌等十三個府及其各個州縣都按照這一編審制度編立牌甲，嚴令各級組織加以很好地施行，造成冊籍級級上報，以便隨時查考。雖然如此，漁戶逃徙流亡的現象仍十分嚴重，江西南昌府五河泊所所轄漁戶從明代初年到萬曆年間「雖漁戶冊籍如故，而歲久便逃絕影射，莫可勝言」。九江府湖口縣逆沙夾河泊所洪武間有額戶一八四家，後僅存五十餘家，消耗幾達三分之二，漁民歲苦於補絕。[142]

有清一代，對各地漁戶仿照保甲法進行編審者多有記載。如江西鄱陽縣居於湖濱，為盜賊所出沒。清道光二十五年（1845年）安徽石埭人沈衍慶調任鄱陽知縣，「編漁戶，仿保甲法行之，屢獲劇盜」[143]。漁戶牌甲或保甲中選出的牌長、保長、甲長或稱網首、催首、業甲、小甲等，其職任除協同官方管理漁民

142 參見《湖口縣誌》卷五《食貨志‧食鹽》，嘉慶二十四年刊本。
143 《清史稿》卷四百九十一《沈衍慶傳》，中華書局 1977 年版。

外，主要即負責徵收各自所轄漁戶應繳納的漁業稅貢。[144]

2. 漁業生產

明代前期，鄱陽湖地區聚集有大量專門從事漁業的漁戶，官府也在一些漁民集中的地區設有數量較多的河泊所進行漁業稅的徵收。由於各河泊所所轄湖池水域漁利甚豐，故所徵的漁課稅額也十分可觀。河泊所的公署大多設在水濱的市場邊，對漁船徵收漁稅，「公庭依水市，官稅在漁船」[145]。所謂「水市」，可能就是以魚類貿易為主的魚市。

九江府明初共設有九個河泊所，其中德化縣五個，瑞昌縣一個，湖口縣一個，彭澤縣二個。到正統年間，明廷以漁課徵收數額規定河泊所的存留。成化以後，湖區水災逐漸頻繁與嚴重，沿江一帶的彭澤縣小孤山、湖口縣上鐘山、德化縣封郭洲羅公池連續發生岸崩，九江府緊鄰長江以南，湖泊接受泥沙淤積首當其衝，故最先淤淺、淤廢。九江府的漁利也因之大為減少。所以九江府河泊所數量的裁革也最為劇烈，從明前期的九所降為明後期的三所。入清至乾隆以前，各河泊所雖已大多裁革，但其河泊所官仍然保留，管理額徵漁課之事。到乾隆年間專管漁課的河泊所官也被裁撤，比如德化縣，「乾隆四年（1739 年）裁汰河泊所官，課歸本府同知管理……」，每年漁課的徵收解發縣庫，入於

---

144 以上參見尹玲玲《明清長江中下游漁業經濟研究》，第 360-367 頁。
145 《南昌府志》卷六《地理志‧市鎮》，同治十二年刊本。

地丁項下銷算。[146]漁課課額大體照舊，只是均已折收銀兩。與明代前期相比，九江府地區的漁業經濟雖然有所衰落，但仍具有相當規模。其漁業分布狀況基本與明代相似，即以德化縣最為發達，瑞昌、彭澤二縣次之，湖口又次之。

德化縣有鶴問湖、官湖、甘棠湖、小池湖、沙池湖、桑落湖等六個面積較大的湖泊，各湖均有漁利，清同治年間的漁課正銀總數達八〇〇兩以上。漁課原系河泊所經徵，乾隆四年裁汰河泊所官後，漁課歸九江府同知管理。六湖當中又以鶴問湖漁課數額最高，達二五五點五八兩，占全縣比例的百分之三十有餘。[147]除以上六湖歲徵漁課外，德化縣還有魚苗正課銀七五點九兩、水腳銀一點六三兩，系由九江府管理徵收，其中正課銀解送司庫、水腳銀發送縣庫。瑞昌縣清代徵收漁課的水體仍同於明代，包括赤湖裏湖、長江水尾、黃土塘、下巢湖四所水體。自清代前期至清代後期，瑞昌縣的漁課額基本保持一致，如雍正年間和同治年間的數額均為無閏年徵銀二九三點六二兩，閏年加徵二十七點〇二兩，只是至後期採取歸併劃一總以地丁一條編徵的方式。四所水體之中，以原設有河泊所的赤湖裏湖水體徵課最高，每年達到二四〇餘兩，占總課額的百分之七十五以上。[148]彭澤縣清代徵課的水體包括仰天池與黃土塘兩處，歲徵漁課共計二七六點二六

146 參見《德化縣誌》卷十五《食貨志・田賦》，同治十一年刊本。
147 參見《德化縣誌》卷十五《食貨志・田賦》，同治十一年刊本。
148 參見《瑞昌縣誌》卷二《田賦》，雍正四年刊本。

兩。湖口縣的漁戶數量，明嘉靖年間已較洪武時期減少三分之二以上，漁民苦於補絕，加上鰣魚、螃蟹等各種名目的額外之徵，更增其苦。崇禎六年（1633 年），湖口知縣劉延漢曾申請裁革逃絕課額並勒石刻碑於縣治之前，但其實施狀況如何，則不得而知。雍正九年（1731 年），湖口縣又有奉文帶徵南康府楊林河泊所之湖課。[149]

有清一代，九江地區湖心沙洲的淤漲一直不斷，水體漸次萎縮，於是民人在新淤出的湖洲灘地上種植耕墾，時因利益分配問題造成爭端而訴諸官府，前期未稅之洲灘也轉為後期按畝徵租之熟地。同治十一年《德安縣誌》卷五《食貨志・田賦》「湖課」條下就記載：乾隆五年左、胡、熊三姓構訟，奉斷湖洲歸官，共徵租銀六二九點四兩。

南昌府的漁業主要集中在南昌、新建二縣，明初共設港口、昌邑、鄡子、趙家圍、樵舍等五個河泊所。其中樵舍河泊所屬於南昌本府管轄，昌邑河泊所屬於新建縣管轄，其他三所則歸南昌縣。明代前期，南昌府河泊所的漁課主要以課米的形式徵收，後期則改為主要以鈔銀。萬曆年間，南昌府五個河泊所的漁課課額共計一八八一兩（閏年），[150]而此一時期的商稅不過五〇一兩，[151]前者約為後者的三點五倍，由此亦可見漁業經濟的重要地位。清

---

149 參見《湖口縣誌》卷三《食貨志・起運》，同治十三年刊本。
150 參見《南昌府志》卷九《典制類・漁課》，萬曆十六年刊本。
151 參見《江西省大志》卷一《賦書》，萬曆二十五年刊本。

代乾隆後期，南昌府尚有額徵漁課銀共一六六二兩，閏年加徵一四一兩，其徵課水域「坐落南昌、新建、進賢三邑，名分五所，花戶五千有奇。管業河湖地名，有數戶共管一處，亦有一戶兼管數處，所完漁課自一、二釐至四、五兩、十兩不等」[152]。其中港口所為南昌、新建二縣共轄，鄱子所轄屬進賢縣，其餘三所均轄屬於新建縣。各河泊所歲徵額數「從無升科，亦無荒缺。每年奏銷時全數起解藩庫。此項課銀從前系同知經理，後設所書二十一人赴鄉徵收。雍正五年署府吳守查出所書侵蝕，詳請革除所書，歸於府署，設櫃經理，其花戶徵冊亦始於是年編造」[153]。從萬曆與乾隆兩個時期南昌府漁課額數對比來看，從明至清，南昌府的漁業生產尚能基本維持原狀，沒有明顯的下降趨勢。

南康府轄星子、都昌、建昌、安義四縣，明初共設兩個河泊所，其中一個較早即予裁革；另一所即為楊林河泊所，屬於南康府管轄。從正德《南康府志》卷五的相關記載來看，府屬四縣其他水體的漁課徵收總和，也遠遠不及楊林河泊所一所的數額。至清雍正九年（1731 年），楊林河泊所奉文予以裁革，其漁課由九江府湖口縣帶徵。有閏月年份額徵正銀及水腳銀七十五點二四五兩，無閏月年份額徵正腳銀七十點二一兩，同地丁銀一體徵解，其耗羨銀兩照數批解南康府，後奉文解交藩庫。[154]至清同治年

152 《南昌府志》卷十三《民賦》，乾隆五十四年刊本。
153 《南昌府志》卷十三《民賦》，乾隆五十四年刊本。
154 參見《星子縣誌》卷三《建置志上·公廨》，同治十年刊本。

・鄱陽湖邊鸕鶿捕魚船（梁洪生攝）

間，都昌縣尚有數量頗為可觀的漁課，其湖課額徵正銀二一九點一一兩，遇有閏月年份加徵十五點七六兩，每年隨同地丁銀奏銷報解。[155]

饒州府全境在明初只設有柴棚河泊所一所，隸屬於本府。從洪武二十四年（1391 年）饒州府各類課稅記載來看，[156]饒州府徵收的漁課鈔全為柴棚河泊所辦納，其數量只略低於「商稅門攤契稅鈔」，而遠高於其他房賃、窯冶等各類課鈔總和，占總課稅額的百分之三十七，可以大致反映漁業經濟在其經濟結構中的地

155 參見《都昌縣誌》卷五《食貨志・雜稅》，同治十一年刊本。
156 參見《饒州府志》卷一《稅課》，正德六年刊本。

位。明代中後期，柴棚河泊所管轄的水域部分淤廢成田。有史料記載為：「嘉靖三十七年（1558 年），議准饒州府屬額收課，柴棚局河泊所長港田另召人戶承佃納課，仍於舊額銀加徵二倍，以三分之一徵解送淮府，其二分並全額課銀貯饒州府庫聽用。」由此可知，柴棚河泊所所轄水域或有部分淤積成長港田一類的洲地，召人戶承佃耕墾，其課額為原來租額的三倍。[157]

此外，江西九江處於鄱陽湖與長江的交匯之地，是天然的魚類繁殖產卵場地，因而自古以來便是長江中下游地區最大的魚苗生產基地和販運集散地。[158]南宋寧宗嘉泰年間（1201-1204 年）編修的《紹興府志》就曾說，紹興、諸暨以南大片地區的大戶人家，都從當時的江州（即今九江）魚苗販子中買苗種鑿池養魚。早在元代至大年間（1308-1311 年），德安縣南曾設有「魚苗倉」。明代的九江府又設有專門機構——魚苗廠以徵收魚苗稅。在德化縣湓浦門外龍開河渡口，魚苗廠作為公署，與各河泊所並列。魚苗廠西有大量居民聚居成「魚苗廠巷」，又稱「魚苗街」，路通湓浦港，估計大多以魚苗孵化及貿易為業。明人有詩為證：「聞君鑿池種魚子，遠注潯陽一泓水。春風昨夜化靈苗，中有十萬橫波尾。」此處的「潯陽一泓水」，是指長江流經九江府北部的一段，又稱「潯陽江」，由此亦可見當時魚苗孵化的規模與數

157 參見尹玲玲《明清長江中下游漁業經濟研究》第 128 頁。
158 以下參見尹玲玲《明清長江中下游漁業經濟研究》第 129-130 頁，又見尹玲玲《明清長江中下游地區魚苗生產與販運》，《史學月刊》2002年第 10 期。

量。

九江一帶魚苗孵化規模很大，於是產生了專門以捕撈魚苗為生的漁民群體——「澇戶」。明代的陸深《儼山外集》就曾經說道：

今人家池塘所蓄魚，其種皆出九江，謂之魚苗，或曰魚秧，南至閩廣，北越淮泗，東至於海，無別種也。蓋江湖交匯之間，所蘊所鍾。每歲於三月初旬，挹取於水。其細如發，養之舟中，漸次長成。亦有盈縮，其利甚廣。九江設廠以課之，洪武十四年，欽差總旗王道兒等至府編簽漁人，謂之「澇戶」。

據此可知，江西九江一帶有一獨特的漁民群體，他們專門以捕撈採集並培育魚苗為生。明洪武十四年，朝廷官府專門派欽差總旗王道兒等人前往九江府編定簽發這一漁民群體，並把他們稱為「澇戶」，意為專門於江湖中以撈取魚苗為生的人戶。每年三月上旬，澇戶們於江湖交匯之水流捕撈魚苗。魚秧剛上水時，細如髮絲，澇戶們即於舟中培育。「南至閩廣，北越淮泗，東至於海」，講的正是這一時期九江魚苗的長途販運情況，及其在當時各地淡水養殖業中的重要地位。這一情況，入清以後依然不改，同治《湖州府志》卷三十三《輿地略・物產下》就有如下記載：「魚苗出九江，曰『魚秧』，春間以舟由蘇（州）、常（州）出長江往販，謂之『魚秧船』。」

第四章 ——
清前期江西城鎮與農村市
場的發展及商貿格局

自康熙朝開始，隨著國內形勢的逐漸穩定，加之政府採取招墾等一系列措施，江西社會經濟開始緩慢恢復，商品交換日趨活躍，促進了城鎮和農村市場的繁榮。清前期江西城鎮的發展，首先體現在以南昌、九江為代表的中心城市對戰亂破壞的修復和建設，其城市發展進入一個新的歷史階段。除了繼續擁有行政和軍事等功能外，這些中心城市在一定程度上還具有商品中轉碼頭的作用，經濟、文化的功能也日益增強。其次是出現了一批專業化較強的市鎮，其中以號稱「四大鎮」的樟樹鎮、河口鎮、景德鎮和吳城鎮最具特色。它們不僅具有繁盛的商業貿易和較高程度的專業化生產能力，還對周邊地區形成很強的經濟輻射，並在全國市場流通體系中占據重要一席。與此同時，隨著越來越多的農產品進入交易領域，江西農村市場出現了繁榮景象，墟鎮數量日益增加，商業化程度不斷提高，集期逐漸頻繁，農村市場網絡得以形成並逐步完善，不同層級和類型的市場在商品流通過程中相互聯繫，形成一個有機的市場體系，促進了江西經濟與外部世界的交流與互通。至清中葉，江西農業種植更為專門化，農產品大量商品化，全國範圍內的區域性生產分工和商品交換發展到一個新水平，江西形成以傳統的糧食、苧麻及夏布、煙葉、木材等大宗農副產品與周邊省份換取緊缺的棉花（棉布）和食鹽的基本商貿格局。

隨著農村市場商品流動頻率的提高，市鎮人口的流動加快，人口構成日益複雜，加之市鎮多處要衝，因而成為地方官府加強管理的重點。清前期江西農村墟市的管理機構，主要由官方的進駐機構、牙行和牙人及鄉族組織構成，市場管理體制呈現更為多

元的趨勢。這一特徵，既是清前期江西商品經濟發展的必然產物，又是地方政治結構變化的結果。在這個管理體系中，民間文化往往也具有重要功能。許多廟會與地方墟市互為一體，承擔墟市管理職責的既不是宗族，也不是行會，而是圍繞某個神靈而形成的會社組織。一些神廟活動被人們用來維護市場秩序。

第一節 ▶ 中心城市的發展

一 南昌城的建設與經濟的擴張

清前期的南昌城，不僅是全省的軍事和政治中心，也是一省的文化和教育中心，同時還具有相當高的經濟職能。因此，南昌城市的發展，主要表現在城垣的修建、人口的增長、城市貿易的繁榮以及教育的復興等方面。

1. 城垣的修建與城內建築的增加

南昌城自築建以來，歷史上經歷了多次修復。至明代，戍守南昌的朱文正再次改建南昌城，將西城牆內移三十步，廢去五座城門，同時挖掘、疏通護城河，以利於城市防守。改建後的南昌城有廣潤、德勝、章江、順化、惠民、進賢、永和等七座城門，城周十四里，成為一座較為完備的古城。清前期南昌城在承襲上述格局的基礎上，對城垣進行了多次修整。順治十五年(1658年)，江西巡撫張朝璘疏請捐修城垣。康熙四年（1665 年），江西巡撫董衛國再次重修了南昌城城垣。康熙十八年，章江門外發生大火，三百餘戶居民的房屋被燒燬，為此新建知縣楊周憲以

「商賈輻輳、商鋪逼近官街」為由，令各商鋪退出兩三尺，設置火巷以防火災。康熙五十三年和康熙六十一年，又分別重建了德勝門和廣潤門。雍正七年（1729 年），江西布政使李蘭重建了章江門城樓。雍正十三年，新建知縣邸蘭標修理了該縣所屬的城垣。乾隆七年（1742 年），廣潤門城樓又被毀，巡撫陳宏謀、布政使彭家屏清查城中各商鋪所占街道，並擴修火巷以備火災。乾隆十九年，南昌縣所屬城垣因廣潤門城樓被焚，對發生坍損的城牆進行了一次較大規模的修理。乾隆二十四年，又在此基礎上做了小範圍的黏補。新建縣則先後在乾隆二十四和乾隆二十六兩年對所屬的城牆做了修理。至乾隆四十六年，江西巡撫郝碩動用公項銀一萬四千八百餘兩，令署南昌知縣龔珠、新建知縣邱堂分領，對所屬城垣做再次修補。經過多次修整，南昌城城周達兩千六百六十丈，約十四里餘。[1]

南昌城作為江西全省的政治中心和南昌府治、縣治所在地，集中了撫院、布政使、按察使、學政等各級官員的衙署。其中巡撫部院署「在南昌縣地方，東西大街中，明寧府子城內前宮遺址也」；按察使司署在撫院東，即宋漕台院元廉訪使故址；撫標中軍署在南昌縣地方按察司署後大街；提督學政署在南昌縣地方按察司署東，即舊副使道署；南瑞總兵署在南昌縣地方廣潤門內萬壽宮西北；鎮標中軍署位於南昌縣地方惠民門倉巷口等等。清順治九年（1652 年），江西巡撫蔡士英對撫院進行了重修。嘉慶九

1　參見《南昌府志》卷九《建置志之城池》，同治九年版。

年（1804年），巡撫張城基奏准將南瑞總兵署移駐九江，原南瑞總兵署改稱為南昌城守協副將署。[2]

除了衙署建築外，南昌城內還建有數量眾多、規模龐大的壇廟、寺觀、園林等建築群。其中壇廟主要有進賢門外的先農壇、神祇壇，德勝門外的社稷壇和厲壇，棉花市府學大成坊左的關帝廟，府治東南的省城隍廟，百花洲東湖書院之右的劉猛將軍廟，以及天后宮、順濟廟、黃澤廟、澹台祠、章江廟、龍沙廟、劉城廟等數十所廟壇；寺廟、宮觀這些建築，進賢門附近有總持寺、九蓮寺、應天寺、望仙寺，順化門附近有延慶寺、菩提寺、觀音寺、佛頭塔寺等等。[3]

清前期，隨著南昌城內的湖津得到進一步的整治，南昌城形成了一個較為完善的排水體系。東湖也成為南昌城內著名的風景區，其沿岸的亭榭樓閣日漸增多，其中較著名的有望江亭、涵虛閣、東湖亭、褒賢閣、東園等等。康熙二十五年（1686年），江西巡撫安世鼎重修東湖南洲的講武亭，並在亭旁建了一座寺廟。康熙二十七年，又將此寺廟改修為亭榭，並新建了一座直通講武亭的石橋——百花橋。康熙四十三年，又將講武亭移建於南洲尾的假山上，後更名為「冠鼇亭」。乾隆十二年（1747年），巡撫岳浚重修該亭，並刻「百花洲」三字於大青石上，亭榭題名為「水木清華之館」。此後，歷任江西巡撫又多次組織民力修整，

2　參見《南昌府志》卷十《建置志之官署》，同治九年版。
3　參見《南昌府志》卷十三《典祀之祠廟、寺觀》，同治九年版。

並在附近的空地上先後建築起諸多樓閣和遊廊，使百花洲便成為南昌城內居民遊覽的勝地。[4]

清前期南昌城還新建了養濟堂、養濟院、育嬰堂等一系列公共設施。早在康熙年間，在進賢門外修建了育嬰堂。堂內有乳婦六十名，額外八名。其每年的經費除省庫發給的津貼銀六〇〇兩外，還在南昌縣徵收田租，發給乳婦銀一四〇兩、米二六〇石。雍正二年（1724 年），又在進賢門外歐家井設立了養濟堂。該堂有房屋一四二間，收容老人四〇〇餘名。乾隆年間，該堂又於街西增建房屋五十間，收容人數增加百名。另外，在南昌城進賢門外塔下寺後面，還建有養濟院。該院收容孤貧二一九名。除以上所述之外，還有其他大大小小數所普濟堂、育嬰堂分布於南昌市內。[5]

2. 人口的增長與經濟的擴張

明清易代之際，南昌城一度成為清軍與反清力量交鋒的中心。戰亂中，城內大量居民紛紛外遷，所謂「邑人避居他去者，不啻萬計」。尤其是金聲桓盤踞南昌城時所採取的「凡年十五以上及有病未與告反及誣宦閫者輒殺之」的政策，以及清軍攻占南昌之後的屠城，使南昌城內的人口數量迅速下降。至清康熙時期，隨著戰亂的平定，南昌城內的居民方陸續增加。雖然因各種原因，我們無法得知南昌城內人口的具體數目，但無論是從全省

4　參見《江西通志》卷一百一十四《勝蹟略之署宅》，光緒七年版。
5　參見《南昌府志》卷十二《建置志之坊表》，同治九年版。

範圍來看，還是就南昌一府而言，人口的快速增長已是不爭的事實。據統計，從順治十年（1653年）到咸豐元年（1851年），江西全省人口增加了十二點六倍，由一九四萬餘增至二四五一萬餘。從清康熙二十一年至咸豐元年，南昌府八（州）縣人口從二三五〇五六四人增至四七四三四五四人，淨增二三九二八九〇人。[6]而南昌城作為省、府、縣三級行政中心和區域市場中心，更是吸引了為數眾多不同階層的人口。

隨著人口的增加，南昌城市的經濟也日漸繁盛。無論是手工業和商業，還是港口運輸都呈現一派上升的勢頭。清前期南昌城的手工業主要有刻書業和土布的生產。順治年間，官刻書業發展較快，刻印了《本草綱目》、《滕王閣集》及《重編滕王閣詩文彙集》等。康熙年間，民間刻書業也有了一定的發展。康熙二十六年，新建人陳玫刊刻了其祖陳弘緒的《陳士業先生全集》。至於土布的生產，是南昌城一項較為傳統的手工業。有史料記載，在南昌地區「鄉村百里無不紡織布之家，勤者男女更代而織，雞鳴始止。旬日可得布十匹，贏利足兩貫餘。耕之所獲不逮於織。耕以足食，織以致餘」[7]。由此可見，南昌土布生產的興盛。由於此種布具有堅韌強固、耐洗滌、硬挺平直、透風避暑、光深潔白、不黏體等特點，被人們視為夏季服裝的至上之品，稱為「夏

6　參見許懷林《江西通史》，江西高校出版社1998年版，第537頁；張敏《清代南昌城市經濟發展與轉型研究》，四川大學碩士學位論文，2007年，第8頁。

7　《南昌縣誌》卷五十六《風土誌》，民國24年版。

布」。清前期南昌城的夏布生意十分興旺，設布店經營者有二十餘家，大都集中於翹布街。此外，南昌城內的手工生產，還是錫箔業和鐵器製造等行業。城內的趙公廟前街，由於集中了諸多鐵鋪作坊，故又被稱為「鐵街」。

　　清前期的南昌城，還是全省土產、百貨的集散和轉運中心市場，形成了幾大貿易區。城內的進賢門一帶，為官商經陸路往來南昌的重要通道，是當時的鬧市區。據稱，當時政府為防止鬧市區內人多物雜引起火災，還在繩金塔下鑄大鐵鼎貯水備滅火之用；瀕臨章江的廣潤門和惠民門，則是土產和百貨屯集、批發、轉運之地，所謂「百貨轉運經省城者，皆於此屯發」。故而這一帶常常是商船櫛比，車如流水，人們摩肩接踵，貿易十分繁盛。城內的大商號多集中在蓼洲街、直衝巷、河街一帶。城裡最繁華的街道，則數洗馬池和中西大街。塘塍上、帶子巷、磨子巷、棉花市、合同巷是百貨業彙集之地，經營各式各樣從外地流入江西市場的商品。金銀珠寶都集中在翠華街。文化用品如紙墨文具和書籍等則在書院街和戊子牌一帶。永和門、順化門附近，成為郊鄉農民來城集市的地方。

　　隨著南昌城市商業的發展，以行幫和牙行為代表的商業組織也相應發展起來。大量南來北往的客商，以各自地域組成不同行幫組織，如廣東幫、河南幫、上海幫、寧波幫、浙江和杭州幫、揚州幫、福建幫、湖南幫、徽幫等。其中以徽幫在南昌城內的勢力最大，各行各業都有大戶。如綢布業的新盛、大隆，南貨業的信茂、怡大興，錢莊業的元升恆、鹽業的朱家，等等。除了外省行幫外，江西省內也有靖安、吉安、建昌等各地行幫聚集於南

昌。這些來自省內外的行幫,都在南昌城內設有聯繫鄉誼、交流商情的會館。城內的牙行主要分布在沿江路、水果街、米市街、棉花街、油行街、豬市街一帶。有蔬菜、生豬、耕牛、禽蛋、水產、水果、米穀、棉花、紗布、食油、茅竹、木材、煤炭、柴炭等十四個行業。

清前期的南昌城,也是江西全省糧食運銷的集散中心。每年全省各地的漕糧都在南昌完成集並任務,由贛江入鄱陽湖,而後轉道長江下游,經淮揚運河,逾黃河,入臨清運河轉北運河、白河,沿途經過安慶、揚州、淮安、臨清、天津等港口,最後到達目的地通州港,共二二〇〇多公里。漕糧起運之前,列隊布陣,吹號鳴鑼,盛況空前。清雍正時任江西督糧道道台的高銳,記載了當時南昌港出運漕糧的盛況:「每當起運之時,通省漕船七百餘艘,後至於章門(今南昌港章江門碼頭),徵書告集,刻日起行,笳吹既發,鉦號無停,棹夫奏功,帆力齊舉,聯檣接艫。按部列次,以整以暇,晨夕應時。蓋自章門以入於湖。由湖口出大江,順流東下,以達於淮,逶迤二千餘里。」[8]除漕糧之外,江西省內大量的生豬、木材以及其他農副產品,也通過南昌港口運銷上海、杭州、廣州、漢口、南京等地;外來的紗布、食鹽與各類雜貨,亦經南昌轉運到全省各地。不過,由於此時江西貿易的繁榮,主要得益於過境貿易。而這一貿易的南北兩點又為吳城和贛州所占據,樟樹則居於兩點之中,因此,直至九江開埠之前,

南昌在全省市場體系的地位，並未與其在政治上相對稱，其對江西廣大城鄉經濟的輻射力尚未充分展現出來。

此外，清前期南昌城的教育也經歷了一個逐漸復興的過程。明代以來，南昌城的教育有府學、縣學、社學等各級組織。明末清初，這些教育組織因戰亂一度趨於衰敗。但是，從順治朝（1644-1661 年）後期開始，在官紳的共同努力下，這些教育機構大多得到恢復。同時，為了培養科舉人才，南昌城內的官紳還對書院進行了大規模的整修，並對考棚進行了重建，從而使南昌府的科舉事業達到了一個新的高度，取代吉安府成為江西十三府中科舉考試最為成功的府郡。

二 九江關的設置與城市的繁榮

九江城自隋朝開始就一直是江西地方行政中心之一。尤其是明清兩代，九江城不僅是府治之地，且地位比其他府治更為重要。明洪武九年（1376 年），江西全省十三府又分為南瑞、九江、湖東、湖西、嶺北等五道，其中九江道轄饒州、南康、九江三府，道治在德化縣（即九江）。清代，廣饒南九道（即廣信府、饒州府、南康府、九江府）之治所亦駐在九江。這不僅使九江地方行政中心的地位更加鞏固，而且也使九江行政中心的調控功能幾乎擴展到了整個贛北地區。

九江不僅是行政中心，也是軍事中心。它扼長江中下游交接之處，控江西贛江、都陽湖水系入長江之交，具有重要的戰略地位。由魏晉至宋元，歷代政府就分別設有都督、節度使、招討使、鎮守使等類軍事長官，總攬本地區之軍民事務。明代，鑒於

「九江據省上流，牽制沿江州郡且與南康密邇，巨湖吞浸，實保境要害重關」的特殊位勢，中央政府在九江設立直隸九江衛，作為當時全國政治中心——南京的重要藩輔之一，進一步強化了九江的軍事角色。清代，九江城內設置了察院都府、兵備按察司、九江道、巡按署、推官署、通判署、檢校廳、直隸九江衛署、道標中軍廳、九衛南署司、九衛北司、操江廳、九江遞運所、司獄司、指揮署、千戶署、衛經歷、衛知事、衛鎮署、所署、百戶署、總旗署、倉大使等軍事機構。[9]

徵收關稅也是九江城在清前期所扮演的角色之一。九江關始設於明代景泰元年（1450 年），由戶部委官監收，關署建在府城西門外溢浦坊，成為全國八大鈔關中唯一設在長江上的鈔關。其徵收船稅的範圍包括自長江中上游經九江至安慶以下各地的船隻、自長江中上游經九江轉入江西內河的船隻、自長江下游上溯九江前往湖廣川蜀的船隻，以及自江西內河出江經九江前往長江中上游各地的船隻。清雍正年間，政府為最大限度徵收關稅，又在距湖口四十里處的大姑塘設立九江關分關，與九江關口共轄口岸十處。清代康熙、雍正年間，九江關關稅定額為十五點三萬餘兩，乾隆初年增至三十二萬餘兩，嘉慶年間再增至五十三點九萬兩。其實徵稅額，乾隆初年多在三十萬到四十萬兩；乾隆末年為最高「每年徵收稅銀約六十餘萬兩」，最多達七十餘萬兩；嘉道

9   參見陳曉鳴《中心與邊緣：九江近代轉型的雙重變奏》，上海師範大學博士學位論文，2004 年。

年間則多在五十萬到六十萬兩之間，成為清代長江各關中稅收最高的權關。[10]在由九江經銷的各項產品中，又以茶葉、瓷器、糧食、食鹽幾項最為大宗。此外，浙江的絲綢、兩廣的雜貨，進入到南北市場，都要經過九江，九江成為長江沿岸最為重要的商品流通樞紐之一。

九江關的設立，對九江城市的社會經濟發展產生較大影響。一是形成了商埠。早在明嘉靖時期，九江城周邊就出現了小江市、楊家穴市、女兒港市等商業市鎮。至清前期，這些商業市鎮與九江城的關係日益密切，形成了以九江為中心的市場網絡。二是人口的增加。九江商埠形成後，吸引了大量的人口。明天啟三年（1623 年），縣治同在九江城內的德化縣登記的人口數為二〇九五。至清乾隆三年（1738 年），這一數字增至二〇五九九。道光元年（1821 年），再增至三一一二四二。三是城市規模的擴大。明嘉靖年間，九江府城內有五條大街、八條巷子，而府城外已有了三條大街和二十條巷子。這三條大街與大部分巷子均在鈔關附近的城西。到萬曆年間，葛寅亮開東作門，「商舟南北經渡」此地，東作門「亦開三街」，於是「城東列肆不減城西」。至清前期，九江城市規模進一步擴大，街道由明代的八條，擴展到十九條。四是港口的碼頭得到一定程度的發展。清前期，九江港的木帆船停靠碼頭已經有數處：龍開河口，在九江府

10　參見許檀《清代前期的九江關及其商品流通》，《歷史檔案》1999 年第 1 期。

城西一里餘。該港口兩岸有石砌護岸，能避風浪，是九江港木帆船停靠的主要碼頭；溢浦港，在城西半里，西通龍開河，北通長江；濂溪港，在城南十五里，與龍開河相通，亦是木帆船停靠的一個重要停泊點；小江港，一名官牌夾，位於九江府城西五里許，有河匯於長江，水漲龍坑、赤湖等處，舟楫上下，皆泊於此；女兒港，在城東，臨鄱陽湖，與大孤山相對，一港委曲，可泊舟楫。又陸通府城，四時貿易無異。嘉慶時期，官方又對龍開碼頭進行了加固修整，進一步方便了來往的商旅，也為九江城市經濟的發展奠定了堅實的基礎。**11**

總之，清前期南昌、九江等中心城市都有較大的發展，其功能也更為多元化，既是行政、軍事要地，又是省內眾多物品集散的碼頭。但是，必須指出的是，在一口通商時代，這兩座中心城市的發展仍然有限，其軍事與行政功能大於經濟的功能。只是到九江開埠後，它們的發展才步入到一個快速時期。九江成為江西第一處直面西方列強的通商口岸，租界、洋行和西方文化等開始緩慢地揳入城市生活，並通過九江傳至江西內地。九江城不僅成為江西的貿易中心，同時也是以上海、漢口為中心的長江流域市場網絡組合的中介口岸。而南昌城除了行政地位不變外，還成為江西區域市場的中心和中西各種事物匯聚的焦點，並在各種因素作用下，開始了向近代城市轉型。

11　參見陳曉鳴《中心與邊緣：九江近代轉型的雙重變奏》，上海師範大學博士學位論文，2004 年。

第二節 ▶ 四大商鎮的專業化導向及其市場輻射

一 樟樹鎮的藥材加工和集市貿易

樟樹鎮，隸屬臨江府清江縣，介於豐城、新淦兩縣之間，隋朝開皇年間建鎮，又名清江鎮。明代，地方政府曾在鎮上設立巡檢署，清乾隆間裁撤，改駐臨江府通判。明清時期樟樹鎮行政等級的提高，得益於其規制的不斷擴大與經濟的日益繁榮。

樟樹鎮經濟的發展，與藥材的加工貿易密不可分。早在唐宋時期，樟樹就成為以藥材貿易為主的墟市，在中國的東南地區漸有影響。明代以後，樟樹的藥業得到進一步發展，市鎮經濟日趨繁榮。明正德年間，樟樹鎮成為全國三十三個重要稅課城鎮之一。至成化年間，隨著贛江與袁水交匯於樟樹鎮，當地的藥業加工貿易更趨活躍，許多外地商人紛至沓來，「集於樟鎮，遂有『藥碼頭』之號」，樟樹成為全國性的藥材貿易集散地。明萬曆時期，樟樹鎮已是「煙火數萬家，江廣百貨往來與南北藥材所聚，足稱雄鎮」。[12]

明末清初，樟樹的藥材貿易一度消退。至清康乾時期，樟樹鎮再度步入繁盛發展階段，「商民樂業，貨物充盈」，「山水環繞，舟車輻輳，為川廣南北藥物所總匯，與吳城、景德稱江西三大鎮」，「雖通都大邑，無以復過」。時人在一首詩中，這樣描述

12　王士性著、周振鶴點校：《廣志繹》卷四《江南諸省》，中華書局 2006 年版，第 279 頁。

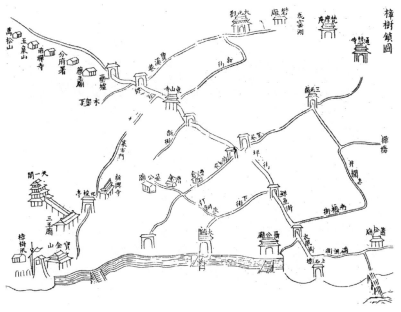

· 樟樹鎮圖（載於乾隆四十五年修《清江縣誌》）

樟樹鎮藥市的繁盛景象：「水市章江岸，由來藥物賒。叢珍來百粵，異產集三巴。鮑靚應頻過，韓康或此家。何須乞勾漏，即此問丹砂。」[13]清道光年間，四川的附片、河南的地黃、湖北的茯苓、安徽的棗皮、浙江的白朮、福建的澤瀉、廣東的陳皮、湖南的雄黃，紛紛總匯樟樹炮製轉運，樟樹碼頭出現終年千帆林立，茶樓酒館座無虛席之景象，許多外地的藥業商人時常在鎮上逗留三五月之久。

・樟樹鎮三皇宮（藥王殿）（李平亮提供）

　　樟樹不僅是全國各地藥材彙集之地，還是藥材加工製作的中心。樟樹藥材製作有一套完整的加工炮炙技術體系，分為分選、潔淨、切製和炮炙等過程。切製，指的是根據藥材形態和質地，加工成片、段、塊、絲等各種式樣的咀片。樟樹的咀片類型不一，有圓片、斜片、肚片等十三種之多。切製藥材後，接下來就是進行乾燥處理，而潤、燥則又是乾燥處理的關鍵步驟，它直接影響到咀片的質量。一直以來，樟樹藥界都有「七分潤工，三分切工」、「潤藥是師傅，切藥是徒弟」的說法。炮炙又分水製、火製和水火共製三種。火製之法分炒、煨、炮、鍛、烘、燎，主要用以使質地堅硬的藥材鬆脆；水製法包括洗、淘、泡、潤、漂、飛等，目的是消除藥材毒性，或降低藥材刺激性。直到今

天，仍有「藥不到樟樹不齊，藥不過樟樹不靈」的俗語。[14]

隨著樟樹成為南國藥材集散加工中心，當地及其周邊數縣從事藥材貿易的人數迅速增加。在樟樹鎮，眾多藥行林立，所謂「四十八家藥材行，還有三家賣硫黃」。藥行，是樟樹藥商早期經營方式之一，其特點是所需資金不多，主要靠為四方藥商代購、代銷、代運、代存，從中抽取佣金作為維持費用。起初，許多藥行都是以供販運藥材的客商寄存貨物之所——貨棧的形式出現，後來隨著藥業貿易的發展，貨棧逐漸演變成具有牙行性質的藥行。在眾多著名的藥行中，現今可考的有康熙年間創建的大源行，乾隆年間興起的福太行、鄒仁德的草藥行、正興茯苓行、慶隆行、德春行、金義生行等。這些藥行大多不僅為販運藥材的客商提供中介服務，而且自己也經營批發業務，有的甚至在外地設立專莊或寄莊收購藥材。如慶隆藥行包攬了南昌、廣豐、黎川三縣的全部藥材購銷，金義生行則同撫州府各縣建立起長期的承銷關係。[15]

在長期從事藥材貿易的過程中，樟樹藥商逐漸形成了自己的幫系——「藥幫」。明後期是樟樹藥商外出經營的第一個高潮，清康乾時期樟樹藥商外出形成第二個高潮。樟樹鎮及其附近鄉村的大批藥商進入到兩湖、四川以及省內各地，「民勉貿遷，恆徒

14　參見江西省清江縣誌編纂委員會編《清江縣誌》第十一編《藥都藥業》，上海古籍出版社 1989 版，第 190-191 頁。

15　參見江西省清江縣誌編纂委員會編《清江縣誌》第十一編《藥都藥業》，第 193-194 頁。

步數千里，吳、粵、滇、黔、楚、蜀無不至焉」**16**。大約到道光年間，樟樹藥商正式形成藥幫，與京幫、川幫並列為全國三大藥幫。由於此時樟樹藥幫除樟樹人外，還包括臨江府清江、新淦、新喻、峽江和南昌府豐城縣的藥商，因此樟樹藥幫在外又被稱為「江西幫」或「臨江幫」，省內則統稱「樟樹幫」或「南臨幫」。省外的樟樹幫以湖南湘潭、湖北漢口、四川重慶為中心據點，分別向全國各地輻射伸展，構成了全國規模的樟樹藥業網。湖南是樟樹藥幫最早涉足的地區之一，當地傳有「無湖南不成糧子（兵），無樟樹不成口岸」的俗語。許多有影響的藥店，都是樟樹藥商創辦的。如長沙的陳厚裕、鄢福興，常德的聶振茂、吉春堂，津市的聶隆盛，湖鄉的聶順興，等等。尤其是湘潭的十二總藥行，在乾隆二年（1737年）取得牙紀行帖，成為湘潭第一所正式藥材行，專為客商代理買賣，逐漸成為「樟幫」之總匯；在湖北的漢口，樟樹藥商在道光朝以前就已經包攬了藥棧和藥行，成為當地最有影響的幫口之一；在通城縣，樟樹藥商早在康熙、乾隆年間就陸續創辦了關全順、彭士成、鐘興發等藥店；四川也是樟樹藥商較為集中地區之一，在川陝藥材集中之地的重慶，樟樹藥商進出此地，重慶遂成為樟樹藥業的又一基地。著名的德記、茂記、同茂長、德茂康等藥號，就曾分別在四川的中壩鎮、板橋行、大寧廠、群坊等地包山種植黨參、川芎、當歸、附片等

16　《清江縣誌》卷二《風俗》，同治九年版。

藥材。[17]

　　省內樟樹幫以南昌、吉安、贛州為中心，幾乎占領了全省的藥材市場。清初，樟樹店下鄉一甘姓藥商已在新淦、吉安、泰和、遂川、贛州等地開設了多家藥鋪；另一張姓藥商則順贛江而下，在樂平、鄱陽一帶經營，其在樂平的張致和藥店至今已有三百多年的歷史。乾隆時期，樟樹東鄉人聶榮在南昌開設了全福堂。道光時期，店下鄉人黃金懷先是在省城南昌中大街開設了黃慶昌飲片店，後又於道光十五年（1835年）在府學前街開設黃慶仁棧。時至今日，黃慶仁藥棧在全國的藥品交易市場中，仍然占有相當的份額。

　　樟樹鎮既是藥業加工貿易專業市鎮，也是其他商貨流通中心。自明中後期始，樟樹鎮就是「江廣百貨往來與南北藥材所聚」，成為外省商貨進入江西的樞紐。進入清代後，外省輸入江西的貨物先是彙集於此，然後再通過贛江、袁江、鄱陽湖等水道分銷省內各府。五口通商後，樟樹鎮又成為外洋進入中國內陸市場的重要一環。清末江西官員傅春官在一篇概述江西商務歷史的文章中，曾這樣追述了清咸豐朝以前樟樹鎮商業盛況，及其在全國市場體系中的中樞位置：

　　（江西）市鎮除景德鎮外，以臨江府之樟樹鎮、南昌府之吳

17　參見江西省清江縣誌編纂委員會編《清江縣誌》第十一編《藥都藥業》，第 202-205 頁。

城鎮為最盛。樟樹居吉安、南昌之中，東連撫州、建昌，西通瑞州、臨江、袁州……故貨之由廣東來者，至樟樹而會集，由吳城而出口；貨之由湘、鄂、皖、吳入江者，至吳城而薈存，至樟樹而分銷。四省通衢，兩埠為之樞紐。迨道光二十五年，五口通商，洋貨輸入，彼時江輪未興，江西之販買洋貨者固仰給廣東，若河南襄陽，湖北漢口、荊州，凡江漢之需用洋貨海味者，均無不仰給廣東，其輸出輸入之道，多取徑江西。故內銷之貨以樟樹為中心點，外銷之貨以吳城為極點。……樟樹吳城帆檣蔽江，人貨輻輳，幾於日夜不絕。故咸豐以前，江西商務可謂極盛時代。惟彼時省會，轉視兩埠弗若焉。[18]

樟樹鎮不僅是外省貨物輸入江西的重要通道，還承擔著將周邊以及當地農村各種農副產品向外運銷的功能。如贛州、南安、撫州、吉安等府所產的木材，大多順贛江而下經樟樹運往江南；袁州府地區的漆、苧麻、夏布等農副產品則多經袁江東下經樟樹外銷。此外，樟樹當地出產的青礬、紅礬也通過樟樹銷往江浙和閩皖地區。[19]

18　傅春官：《江西商務説略》，《江西官報》光緒三十二年第 27 期。
19　參見許檀《明清時期江西的商業城鎮》，《中國經濟史研究》1998 年
　　第 3 期。

二　陶瓷業與景德鎮的繁盛

景德鎮古稱新平，隸屬饒州府浮梁縣，是一所以生產陶瓷為主的專業市鎮。早在宋代，景德鎮的瓷器就已聞名於世。宋真宗景德年間，朝廷遣官在鎮上建立御窯，監造進貢瓷器，新平因而改稱景德鎮。在經歷了元代的發展後，明代的景德鎮將商業和手工業合為一體，成為一個發達的工商業城市。至明中期，景德鎮的城市範圍逐漸擴大，陶瓷生產規模也進一步擴大，出現了「列市受廛，延袤十三里，煙火逾十萬家，陶戶與市肆當十之七八」、「天下窯器所聚，其民繁富，甲於一省」的盛況。明萬曆時期，景德鎮儼然成為一個繁忙的瓷業生產的專業市鎮。時人王世懋在《二酉委譚》中記載：「萬杵之聲殷地，火光燭天，夜令人不能寢。」進入清代後，景德鎮的瓷業經濟在經歷短暫的停滯後，再度得到迅速發展，其城市繁榮程度從當時一位法國傳教士的信中可窺一斑。他寫道：「按一般的說法，此鎮有一百萬人，每日消耗一萬多擔米和一千多頭豬⋯⋯到了夜晚，它好像是火焰包圍著的一座巨城，也像一座有許多煙囪的大火爐。」[20]至道光年間，景德鎮瓷業生產已是「民窯二三百區，終歲煙火相望」[21]。

景德鎮的製陶有官窯和民窯之分。宋、元、明三代，中央政

20　沈興敬主編：《江西內河航運史》，人民交通出版社 1991 年版，第 89 頁。

21　《浮梁縣誌》卷八《食貨陶政》，道光十二年版。

府都在景德鎮設立御窯廠，派員監督，燒造送京。清初，政府承襲了前朝的御窯管理體制，但至乾隆年間，官窯廠的管理在制度上有了重大變化。中央政府不再置官監督，而是由地方官員監造督運。有關清代景德鎮官窯管理體制的這一沿革，《景德鎮陶錄》有較為詳細的記載：

明洪武二年，就鎮之珠山設御窯廠，置官監督，燒造解京。國朝因之沿舊名。……國朝建廠造陶，始於順治十一年。……（康熙）十九年九月始奉燒造御器，差廣儲司郎中徐廷弼、主事李延禧來鎮，駐廠監督。……陶成之器，每歲照限解京。……乾隆初，協理仍內務人員。八年，改屬九江關使總管其內務，協理如故。五十一年，裁去駐廠協理官，命榷九江關使總理歲巡視，以駐鎮饒州同知、景德巡檢司，共監造督運。**22**

由於御窯所製造的產品大多為皇室所用，因而對產品的質量有著相當嚴格的要求。在官方投入大量資金的前提下，御窯廠生產的瓷器不僅數量眾多，且在工藝上也達了一個新的高度。如史料稱：「康熙之窯震古爍今，咸出於此。每年進御瓷器，不下數萬件，雇工三百餘人。」「陶器則有缸、盂、尊、瓶、罐、碗碟、鐘盞之類，而飾以茉藜龍雲雷鳥獸魚水花草，或描或錐，或雕

22　藍浦：《景德鎮陶錄》卷一《圖說》；卷二《國朝御窯廠恭紀》，嘉慶二十年版。

花，或玲瓏，諸巧無不具備。」[23]

除御窯廠之外，景德鎮還有為數眾多的民窯。民窯的開辦者，既有商人，也有手工工匠。在民窯從事生產的工人，本地人極少，多為外鄉和客籍之人。如時人鄭遠桂在《陶陽竹枝詞》就稱：「鎮坯房皆矮屋，工作多都、鄱並客籍人，本地近少業窯者。」但是，從另外的史料來看，民窯雇工之中都、鄱二大幫的形成，大致經歷了一個由樂平人到鄱陽人，再至都昌人、鄱陽人並列的演變過程。如《景德鎮陶錄》記載：

· 乾隆六年唐英督造的青花纏枝蓮紋花斛（李平亮提供）

滿窯一行，另有店居。凡窯戶值滿窯日，則召之，至滿畢歸店。主顧有定，不得亂召。俗傳先是樂平人業此，後摯鄱陽人為徒。此康熙初事。其後鄱邑人又摯都昌人為徒，而都邑工漸盛。鄱邑工所滿者反遜之。今則鎮分二幫，共計滿窯店三十二間，各有首領，俗稱為「滿窯頭」。凡都、鄱二幫，滿柴槎窯，皆分地

23　向焞：《景德鎮陶業紀要》下篇，第 8 頁。參見彭澤益《中國近代手工業史料》第 1 卷，中華書局 1962 年版，第 110 頁。

界。[24]

　　搭燒是清代景德鎮製瓷業中一種常見的現象，它不僅存在於民窯與民窯之間，也存在於官窯與民窯間。據史料記載：「自有明以來，惟饒州之景德鎮獨以窯著。在明代以中官涖其事，往往例外苛索，赴勞役者多不得值，民以為病。我國家則慎簡朝官，給緡與市肆等，且加厚焉，民樂趨之，仰給於窯者日數千人，窯戶率以此致富」，「今則廠器盡搭民窯，照數給值，無役派賠累也」。官搭民窯的出現，反映出官窯、民窯之間的關係已經由行政支配向單純的經濟關係轉化。[25]

　　清前期景德鎮陶瓷業的繁榮，不僅反映在官民關係的變化上，而且還體現在專業化分工和製作技術水平上。據龔鉽在《景德鎮陶歌》中記述，當時景德鎮陶瓷生產的經營模式為數十種，「陶有窯、有戶、有工、有彩工、有作、有家、有花式，凡皆數十行人」。至道光時期，景德鎮製作陶瓷的工場有碓廠（白土廠）、坯房（坯作）、匣廠（匣砵廠）等；燒陶之窯，計有燒柴窯、燒槎窯、包青窯、大器窯、小器窯；燒窯之戶則分為燒窯戶、搭坯窯戶、燒圖窯戶、柴窯戶、槎窯戶。其中各窯內有把莊頭（燒夫），又分緊頭工、溜頭工、溝火工等。

24　藍浦：《景德鎮陶錄》卷四《陶務方略》，嘉慶二十年版。
25　參見梁淼泰《明清景德鎮城市經濟研究》，江西人民出版社 2004 年版，第 136-143 頁。

嚴格而細密的分工，帶動了其他相關行業的發展。《景德鎮陶錄》即稱：「自鎮有陶，而凡餦金、縷銀、琢石、髹漆、螺甸、竹木、孢蠡諸作，今無不以陶為之，或字或畫，仿嵌維肖。」同時，圍繞著製瓷生產和運輸，許多服務專業戶也紛紛出現，通計有柴戶、槎戶、匣戶、磚戶、白土戶、青料戶、篾戶、木匠戶、桶匠戶、鐵匠戶、修模戶、盤車戶、打籃戶、煉灰戶、鏃刀戶等。[26]

　　清前期景德鎮陶瓷業的興盛，還體現在瓷器的式樣和色彩等技術方面。在樣式上，有官古式、上古式、中古式、釉古式、小古式、常古式、子式、法式、梨式、爐式、撇式、宮式、冒式、鍋式、宋式、蘭竹式、白器式、盉式、蓋式、湖窯式、古式、三級式、折邊式、花桶式、大琢式、宣德民器式、匙托式、正德民器式、套器式、雕鑲小器式；在色彩上「琢器多卵色，圓類瑩素如銀，皆兼青彩」[27]。在技術上，此時景德鎮的陶瓷製作更是超越了前代。如《景德鎮陶錄》記載：

　　脫胎器薄起於永窯，永窯尚厚，今俗呼半脫胎。另有如竹紙薄者一式，俗以真脫胎別之。此種真脫胎起自成窯暨隆萬時之民窯，但隆萬尚蛋皮式，止一色純白者。不似今多畫青花，其淨白

26　參見藍浦《景德鎮陶錄》卷三《陶務條目》，嘉慶二十年版。
27　藍浦：《景德鎮陶錄》卷五《景德鎮歷代窯考》，嘉慶二十年版。

· 製瓷原料「高嶺土」（梁洪生攝）

尤澆美過之也。**28**

　　隨著景德鎮成為專業製瓷中心，許多外地工人紛紛聚集於此，謀取生計。如《景德鎮陶錄》卷八引謝旻《外紀》就稱：「景德，江右一巨鎮也，隸於浮。業制陶器，利濟天下。四方遠近，挾其技能以食力者，莫不趨之如鶩。」而道光《浮梁縣誌》則記載：「景德一鎮，僻處浮梁……緣瓷產其地，商販畢集，民窯二三百區，終歲煙火相望，工匠人夫不下數十餘萬，靡不借瓷資生。」與此同時，全國各地的商人紛至沓來，雲集此地，所謂「諸方貨物，為陶器而集；各省工賈，為陶器而來」，景德鎮成

28　藍浦：《景德鎮陶錄》卷四《陶務方略》，嘉慶二十年版。

為「十八省碼頭」。外地客商在從事瓷器貿易時，往往在鎮內設立瓷行，專門從事瓷器採購運輸業務。在販運瓷器的各地客商中，徽商是一個最具實力的群體。他們藉助雄厚的資本，不僅支配著瓷器商品的銷售，有的還介入到具體的生產過程中。[29]

大量流動人口和商業資本的湧入，進一步繁榮了景德鎮的陶瓷市場，導致景德鎮規模不斷擴大，出現商戶連綿十幾里的繁盛景象。如道光《浮梁縣誌》記載：

昌江之南有鎮，曰陶陽，距城二十里，而俗與邑相異。列市受廛延袤十三里許，煙火逾十萬家，陶戶與市肆當十之七八，土著居民十之二三。凡食貨之所需求無不便，五方借陶以利者甚眾。

在景德鎮港區，既有出口瓷器裝船的碼頭，又有為裝運湖田窯瓷器的專用碼頭。各碼頭停靠著來自各河的船隻，河濱沿岸則是「陶舍」。鎮內的鄱陽、浮梁、祁門、都昌四大船幫，則各自代船戶承攬商貨。

景德鎮每年出產的瓷器，除小部分進入省內各地行銷外，大部分都由長途運銷國內外。北到燕北，南到越南，西到四川，東到海邊，乃至海外。[30]其進出口運輸體系，主要由昌江及其支流

29　參見梁淼泰《明清景德鎮城市經濟研究》，第 322-326 頁。
30　參見沈興敬主編《江西內河航運史》，第 101 頁。

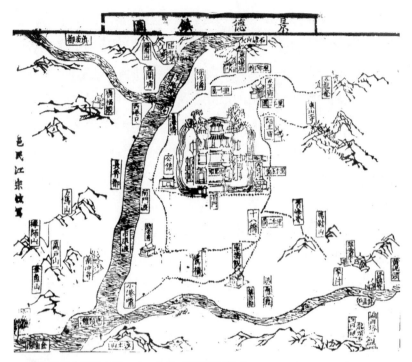

・景德鎮圖（載於康熙二十一年修《浮梁縣誌》）

構成。其中昌江上游和西河分別是裝運祁門瓷土、茶葉和浮梁、鄱陽的薪柴，東河、南河則分別是瓷器原料釉果、瓷土的運輸路線，昌江下游是瓷器外運出口的主要通道。此外，景德鎮瓷器還通過鄱陽港由昌江進入到長江水運系統，具體分四路：一路由鄱陽經鄱陽湖西北，過都昌、星子、湖口入長江；一是由鄱陽取道信江流域；一是由鄱陽湖至南昌入贛江；一是由鄱陽進入樂安河直達萬年、樂平婺源等地。上述運輸體系，使浮梁及其周邊數縣與景德鎮相互間的經濟聯繫更加密切，成為景德鎮城市經濟的有機部分：鄱陽、樂平、餘干、萬年、余江成為景德鎮糧食主要供

應地；婺源、祁門不僅為景德鎮瓷業提供技術、原料和資金，且兩縣的茶葉也都是集於景德鎮專輸出口；浮梁農村以景德鎮為依託，向上述周邊地區及更大的市場體系輸出米穀等產品，從而構成了以景德鎮為中心的地區經濟。[31]

三　河口鎮的茶葉轉運與紙張產銷

河口鎮，古稱沙灣市，隸屬饒州府鉛山縣，位於信江和鉛山河合流處，古又名河口。自明中葉起，河口鎮依託便利的交通條件，成為南北商貨集散轉運中心：

其貨自四方來者，東南福建則延平之鐵，大田之生布，崇安之閩筍，福州之黑白砂糖，建寧之扇，漳海之荔枝、龍眼；海外之胡椒、蘇木；廣東之錫、之紅銅、之漆器、之銅器。西北則廣信之菜油，浙江之湖絲、綾紬，鄱陽之干魚、紙錢灰，湖廣之羅田布、沙湖魚，嘉興西塘布，蘇州青、松江青、南京青、瓜州青、蕪湖青、連青、紅綠布，松江大梭布、小中梭布；湖廣孝感布，臨江布，福青生布，安海生布，吉陽布，粗麻布，書坊生布，安海生布，大刷竟，小刷竟，葛布；金溪生布，棉紗，淨花，籽花，棉帶，褐子花，布被面，黃絲，絲線，紗羅，各色絲布，杭絹，綿綢，彭劉緞，衢福絹。此皆商船往來貨物之重

31　參見梁淼泰《明清景德鎮城市經濟研究》，第 329-476 頁。

・河口鎮圖（載於同治十年修《鉛山縣誌》）

者。[32]

　　明末清初的社會動亂，使河口鎮的商業一度趨於衰落，但自乾隆年間，隨著社會穩定和經濟的復甦，河口鎮重又展現出一派繁榮景象，「貨聚八閩川廣，語雜兩浙淮揚，舟楫夜泊，繞岸儘是燈輝，爨煙晨炊遍布，疑同霧布，斯鎮勝事實鉛巨觀」[33]。嘉慶（1796-1820 年）、道光（1821-1850 年）兩朝，河口鎮的商業更趨興盛，外地商人紛紛在鎮上商業區建立起會館，作為常年居

32　《鉛書》卷一《食貨書之聚貨》，萬曆四十六年版。
33　《鉛山縣誌》卷一《地輿志》，乾隆八年版。

住、貿易之所。到一八五〇年，一位西方人已將河口鎮視為「中國內地最重要的市鎮之一」。

在河口鎮轉運的各種商品中，紙張、茶葉占有大量份額，這也使河口成為專業的茶葉和紙張生產貿易中心。廣信府是重要的茶葉產地之一，其境內的上饒、玉山、廣豐、鉛山所產之茶，素以「河紅玉綠」著稱。以上數縣出產的茶葉大多先集中於河口鎮，然後沿鄱陽湖南岸之瑞洪，再運往吳城鎮分銷。武夷山茶區和安徽茶區所產的茶葉外運路線中，作為轉運集散地的河口鎮也占據相當重要的位置。如西人 Robert Fortune 寫道：「在玉山及河口鎮一帶，即是武夷山的北面，栽種著大量茶樹並製造著大量茶葉，以供外銷。上萬英畝的土地都種著茶樹，而且大部分的土地顯然是最近幾年內開墾和栽種起來的。這個地區和武夷山南面地區所制的茶葉，都是先運至河口，然後轉往一個輸出口岸的。所謂夔寧茶或寧州茶，是更西邊靠近鄱陽湖的一個地區所產，也是由水路河口運往上海」，「一旦中國真正對外人開放通商，英國商人能夠到自選採購紅茶時，他們大概會選擇河口作為據點，從這個據點可以去武夷山和寧州，也可以去徽州的綠茶區」。[34]衷幹《茶市雜詠》對武夷山茶葉的外銷情況也有記載：

清初茶業均係西客經營，由江西轉河南運銷關外。西客者，

34　參見姚賢鎬《中國近代對外貿易史資料》第三冊，中華書局 1962 年版，第 1538 頁。

山西商人也。每家資本約二三十萬至百萬，貨物往還絡繹不絕。首春客至，由行東赴河口歡迎，到地將款及所購茶單，點交行東，恣所為不問。茶事畢，始結算別去。[35]

閩茶和徽茶的外運，亦大都先運抵河口鎮，再沿信江往西，折入贛江，南下大庾嶺，過梅嶺關，由南雄沿北江至廣州，交與十三行之行商出口海外。這條傳統商路約需五十至六十天，主要依憑江西發達的水道，並僱用苦力翻山越嶺。清嘉慶二十二年（1817 年）禁止茶葉海運之後，外銷茶葉一律從內陸轉至廣州，河口鎮作為外銷茶葉中轉站的地位更加凸顯，浙江、安徽、江西、福建等地的茶葉匯聚河口鎮分揀、轉運。此後，隨著上海關為通商口岸，河口鎮的茶葉運銷終點發生轉移。集中在河口鎮的茶葉溯流而上，東至玉山，再抵常山，然後沿錢塘江直下杭州，經運河輸往上海。另外，武夷山紅茶運至上海的路線也以河口為中轉點，其線路大致如下：崇安縣至河口鎮，陸路全程二八〇里，需時六天；河口鎮至玉山，水路全程一八〇里，需時四天；玉山至常山，陸路全程一〇〇里，需時三天；常山至杭州府，水路全程八〇〇里，需時六天；杭州府至上海，水路全程五〇〇里，需時五天。這條近代商路長約一八六〇里，只需二十四天。如果把換船及天氣不好等考慮在內，全程則需二十八天。便利的

---

35 彭澤益：《中國近代手工業史料》第 1 卷，中華書局 1962 年版，第304 頁。

交通運輸條件，使河口茶市盛極一時，鎮內茶莊遍布，每年經由廣州、上海等通商口岸輸出的茶葉達十萬箱以上。[36]

明清時期，廣信府是江西著名的紙張產地之一，其中「鉛山之紙，精潔遜閩中，然業之者眾，小民藉以食其力十之三四焉」[37]。這一良好的經濟環境，使河口與石塘鎮成為最為發達的造紙業市鎮之一。石塘鎮其地多宜於竹，水極清冽，紙貨所出，商賈往來販賣，俗尚頗涉華麗。石塘鎮的工匠善於製作表紙，至乾隆年間，在當地造紙工場內部，有著明確的分工。「每一槽四人，扶頭一人，舂碓一人，檢料一人，焙乾一人，每日出紙八把」。河口鎮的工匠則以製造連史紙著稱。據稱，連史紙生產週期長，生產工序複雜。從砍竹到出成品費時一年左右，需經漚、蒸、漂、舂、抄、焙等七十二道工序。抄紙時，一般紙工人兩名，焙紙一人，打料一人，雜工一人，分工甚是明確。[38]

由於廣信府屬玉山縣所產紙張質地好，因而吸引了外省各地的商人前來採購。據同治《廣信府志》記載：「郡中出產多而行遠者莫如紙。上饒、廣豐、弋陽、貴溪皆產紙，其名則蠶細、毛邊、花箋、方高，俱不甚佳。向惟玉山玉版紙擅名……今業之者日眾，可資貧民生計，然率少土著。富商大賈挾貲而來者，大率

36　參見劉石吉《明清時代江西墟市與市鎮的發展》，台灣「中央研究院」第二次中國近代經濟史會議論文，1989 年。

37　《廣信府志》卷一《物產》，同治十二年版。

38　參見鉛山縣誌編纂委員會編《鉛山縣誌》卷十《工業》，南海出版公司 1990 年版，第 215-216 頁。

・河口鎮古街（李平亮提供）

徽、閩之人，西北亦間有。」[39]這些運往外地銷售的紙張，往往先於河口集中，然後途經玉山、常山，最後進入到上海、蘇州等地發售。

四　清初最終形成的轉運口岸吳城鎮

吳城鎮瀕臨鄱陽湖，東西只有四五華里長，南北不過兩華里寬，形狀很像一支牛角的上半段。其地初名吳山，屬漢代海昏縣地。三國時東吳大將太史慈於此築城駐軍，故而得名「吳

39　《廣信府志》卷一《物產》，同治十二年版。

城」[40]，宋明以來均屬新建縣地。吳城又稱「兩水夾流」之地，
贛江與修江在此會合後注入鄱陽湖。贛江自南向北，水面寬闊，
常年通航，向南一八〇里水路可抵省城南昌。唐末五代以後，鄱
陽湖區加速南擴，原來一些沼澤區都連成水面，更利於航行，吳
城即為由長江入贛江水系的門戶和重要埠岸，所以唐宋以後南下
北上的官員騷客等詠唱吳城的詩文甚多。修河自西而來，是贛西
北山區農副產品和手工製品輸出的重要水道。從明弘治朝開始，
官府還在吳城設置兌糧水次，有專倉屯運寧州、武寧、奉新、靖
安四縣的漕糧，[41]加強了吳城與這些地區的經濟聯繫。此外，出
於稽私和兵防的需要，吳城還設置了巡檢司和驛站。不過，直到
萬曆十年（1582年）的記載中，吳城只是個「不下五七百煙……
依然賈舶官艦，絡繹不絕」的行船埠岸。[42]在官修的明代方志
中，找不到一個正式建制的「吳城鎮」。在大量過客的詩文中只
稱之為「吳城山」或「吳城驛」。在明人王士性《廣志繹》和其
他地理書中，後人所謂「江西四大商鎮」中唯獨不見有吳城鎮，
說明直到明後期吳城規模有限，且無獨特的手工業產品聞名於
世。

　　清康熙朝以後，吳城鎮才最終繁盛起來，「五方雜處，千家

40　李吉甫：《元和郡縣圖志》，中華書局2005年版，第607頁。

41　參見張朝璘《請查吳城水次廢基疏》，《新建縣誌》卷六十八《藝文》，
　　道光二十九年版。

42　參見鄒元標《望湖亭記》，《新建縣誌》卷六十八《藝文》，道光二十九
　　年版。

煙火」[43]，已有「西江巨鎮」[44]之稱。「毗於南浙閩粵，大江之所出荊襄會焉，故諸州之宦遊互市者相踵」[45]。「其去來帆檣，如梭走錦，眩人目睫」[46]。鎮市內「商賈輻輳，煙火繁而圍闠叢。市廛縈疊，幾無隙地」[47]。吳城在清前期所以有長足的發展，主要得到外部和內部兩個條件的支持：外部條件是乾隆朝最終實行一口通商制度，迫使國內市場的大量商貨必須經過大庾嶺商道南下廣州，吳城鎮遂成必經之路，其經濟發展得到空前的刺激；內部條件則是依託於周邊不斷擴大的農墾區，瀕湖諸縣圍湖墾田增加耕地面積，生產更多的農產品，源源輸入吳城，同時又買走在吳城轉銷的手工業產品。隨著鎮市人口的不斷增加，官府的行政管理也在不斷加強。乾隆三十一年（1766 年），將原屬南康府分管的軍捕廳改歸南昌府直轄，並改為同知署。乾隆四十四年，新建縣又在吳城設立主簿署，從行政機構設置的等級上說，吳城鎮已足可與新建縣城相頡頏，成為縣境北端的又一個中心。就清代江西整個市場體系和商運網絡而言，更重要的意義在於它標誌著

43　魏雙鳳：《重修望湖亭記》，《新建縣誌》卷七十九《藝文》，同治十二年版。

44　楊周憲：《吳城石堤記》，《新建縣誌》卷六十八《藝文》，道光二十九年版。

45　李光坡：《義建江西吳城八閩會館碑記》，參見梁洪生《吳城商鎮及其早期商會》，《中國經濟史研究》1995 年第 1 期。

46　張朝璘：《請查吳城水次廢基疏》，《新建縣誌》卷六十八《藝文》，道光二十九年版。

47　葉一棟：《重修望湖亭記》，《新建縣誌》卷七十九《藝文》，同治十二年版。

· 清初吳城鎮圖（載於同治十年修《新建縣誌》）

吳城從此成為有特別行政級別的「鎮」，最終確立了作為江西四大商鎮之一的重要商運口岸地位。[48]所以到乾隆五十四年修纂《南昌府志》時，才將吳城鎮與樟樹鎮相提並論：

> 江右食貨充盈，省會為最，次則如臨郡之樟鎮，南郡之吳

48 參見梁洪生《吳城商鎮及其早期商會》，《中國經濟史研究》1995 年第 1 期；梁洪生《吳城神廟系統與行業控制——兼論鄉族勢力控制商鎮的條件問題》，刊《經營文化——中國社會單元的管理與運作》，香港教育圖書公司 1999 年版；梁洪生《傳統商鎮主神崇拜的嬗變及其意義轉換——江西吳城鎮聶公崇拜的研究》，刊《民間信仰與社會空間》，福建人民出版社 2003 年版。

鎮，皆百貨輻集，而郡之西城殆與相埒。[49]

　　暢達的水路交通，使得來自四面八方的商貨齊集吳城，所謂「毗於南浙閩粵，大江之所出荊襄會焉，故諸州之宦遊互市者相踵」[50]。該鎮轉運的商品，遠銷廣東、福建、山西、河南各地。有史料記載說：

　　江西土產米穀雜糧，南邊所出，大略相同。所有瓷器、葛布、夏布、棉花、表芯紙、花尖紙、錫箔、磨盤紙、草紙、木炭、蘭花、茶油、桐油、皮油、苧麻、樟木、杉木、紅麴、生薑、茶油、竹子、蘆席、柑子、甘蔗、紅白糖、茶葉、花豬、火腿、山粉、即粉、豆粉、豆豉、棕箱、筍子、雨傘、煙葉、竹木漆器、藥材等類，各處運省城並吳城發販。[51]

　　這各種各類的產品，堆放吳城鎮河岸，等待銷往全國各地，因而有「裝不盡的吳城，卸不完的漢口」之稱譽。直至清末，商務部派駐吳城的官員傅春官在一篇文章中，仍然這樣追述吳城在江西省內及全國商業轉運貿易網的情形：

49　《南昌府志》卷三《風俗》，乾隆五十四年版。
50　李光坡：《義建江西吳城八閩會館碑記》，參見梁洪生《吳城商鎮及其早期商會》，《中國經濟史研究》1995 年第 1 期。
51　參見沈興敬主編《江西內河航運史》，第 98 頁。

（江西）市鎮除景德鎮外，以臨江府之樟樹鎮、南昌府之吳城鎮為最盛。……吳城瀕江而瞰湖，上百八十里至南昌，下百八十里至湖口。凡商船之由南昌而下，由湖口而上，道路所經，無大埠頭，吳城適當其衝。故貨之由廣東來者，至樟樹而會集，由吳城而出口；貨之由湘、鄂、皖、吳入江者，至吳城而薈存，至樟樹而分銷。四省通衢，兩埠為之樞紐。迨道光二十五年，五口通商，洋貨輸入，彼時江輪未興，江西之販買洋貨者固仰給廣東，若河南襄陽，湖北漢口、荊州，凡江漢之需用洋貨海味者，均無不仰給廣東，其輸出輸入之道，多取徑江西。故內銷之貨以樟樹為中心點，外銷之貨以吳城為極點。加以漕折未改，歲運糧米出江，每值糧船起運，樟樹、吳城帆檣蔽江，人貨輻輳，幾於日夜不絕。故咸豐以前，江西商務可謂極盛時代。[52]

在吳城鎮轉運的各種商品中，以木材、茶葉為大宗。江西是著名的木材產地，全省木材的外運，大多都由各縣產地放運於吳城，在此重新編扎，經鄱陽湖進入長江，直下南京。在南京卸編小排後，運入全國性的木材集散地——常州。由於在常州出售的木材大多來自江西，以致人們將常州出售的木材統稱「西木」。由於吳城鎮常年彙集大量的木材，因而出現了多家木材牙行，代前來採購木材的商人辦理扎排業務。其最大的一家「公成木」

52　傅春官：《江西商務説略》，《江西官報》光緒三十二年第 27 期。

號，每年成交杉木出江外運約有二萬碼兩。[53]吳城鎮轉運的茶葉，主要有修水上游的義寧州出產的紅茶和信江流域廣信府的茶。義寧州紅茶的外銷路線，必須沿修水東下，至吳城集中。廣信府的茶則首先聚集於河口，再沿信江運送至位於鄱陽湖流域的餘干縣的瑞洪，最後才越湖至吳城。各地茶葉在吳城集中後，經九江轉口至漢口、上海，銷往國內外。除了茶葉、木材這兩宗商品外，紙張也是吳城鎮轉運的一大貨物。在九江開埠前，江西各地出產的紙張的外銷，往往先是運送至吳城集中，再由民船運至九江，然後沿江而下抵鎮江，最後溯運河北上，達天津而分銷於北方各省。至一八六〇年前後，吳城鎮內已擁有六十餘家紙行。[54]

隨著轉運貿易日趨發達，吳城鎮的規模也逐漸擴大，常住人口和外來人口亦日益增多，出現了空前繁榮的局面。清乾隆時期，由於鎮中人口大量增長，方志已將吳城與省城南昌相提並論，稱其「米粟半恃外郡」[55]。至嘉道年間，吳城鎮內常住人口達七萬餘，流動人口兩萬多。這些商業人口和日常居民生活在不同的區域，導致吳城鎮形成「六坊八碼頭，九壋十八巷」的社區格局。時至今日，當地仍然傳唱民謠：「嘉慶到道光，家家喝蜜糖。十八年洪水沒上阪，狗都不吃紅米飯。」全盛時期的吳城

---

53 參見沈興敬主編《江西內河航運史》，第 98 頁。

54 參見劉石吉《明清時期江西墟市與市鎮的發展》，台灣「中央研究院」第二次中國近代經濟史會議論文，1989 年。

55 《南昌府志》卷二《風俗》，乾隆五十四年版。

鎮，內有近千家商鋪，經營著來自各地的百貨、布匹、南雜、糧
食、竹木、茶葉、苧麻等商品，出現了「商賈輻輳，煙火繁而圖
叢。市廛縈疊，幾無隙地」的景象。

　　清前期吳城鎮的繁盛，還表現在鎮內神廟的重建和為數眾多
的會館上。嘉慶十一年（1806 年），合鎮紳商集資萬金，重建了
毀於乾隆時期的萬壽宮。道光二十年（1840 年），因正殿中梁墜
落，紳商「復捐金萬餘修葺，以余貲造逍遙別館。自是氣象巍
皇，與鐵柱、玉隆二宮相垺」[56]。萬壽宮在嘉道時期的兩次重
修，不僅是其作為大型經濟市鎮的文化象徵，也是商鎮繁榮、鎮
商經濟實力強的表現，並充分展現了吳城商鎮對於周邊地區的經
濟輻射力。[57]吳城商鎮經濟的繁榮，以及大量各地商人的存在，
直接導致了吳城鎮內會館的並立爭雄。據傳，吳城鎮內的會館最
多時達四十八所，但據學者的考察和研究，能找到直接證據的大
概有二十幾所。這些會館有的是外來客商創建，有的為本省商人
所建。外省會館有徽州、山西、全楚、廣東、福建、潮汕、浙
寧、麻城等。在這近十所外省會館中，勢力最大的為全楚會館，
以致人數占多數的江西籍商人為與之抗衡，建立了祭祀許遜的萬
壽宮。而在本省商人所建的十多個會館中，就有吉安府商人建造
的吉安會館。根據現存的資料記載，吉安商人於嘉慶二十年

56　《新建縣誌》卷七十《寺觀》，同治十年版。
57　參見梁洪生《吳城商鎮及其早期商會》，《中國經濟史研究》1995 年
　　第 1 期。

・吳城鎮老街的吉安會館牆面（李平亮提供）

（1815 年）開始重修會館，並在原來的基址上擴大了面積，購買了庫房，增建了戲台。至道光七年（1827 年）全部完工時，共花費銀二二五三四兩。由於資料所限，我們無法準確描述重建了吉安會館的規模，但現今遺存下來的立於主街一側的門首和面牆，還是能夠折射出吳城鎮的昔日繁華。

總之，由於農村經濟的商品化、手工業的發達以及便捷的水陸交通運輸，加之農村經濟區域生產的專門化，促成了江西四大商鎮的崛起與繁榮。這些各自以周邊的腹地為依託的市鎮，不僅有著繁盛的商業貿易和較高程度的專業化生產能力，還對周邊地區形成很強的經濟輻射，成為專業的超級市鎮，承擔起江西省內各縣農產品的集散地或手工產品的專業生產基地的功能，將江西的商業貿易納入到全國商業網絡，甚至延伸至海外。四大商鎮在

· 吳城鎮殘存福建商人會館「天后宮」界址刻石（梁洪生攝）

清前期的歷史與發展過程，反映了當時江西在全國經濟生活中占有重要的地位。

第三節 ▶ 農村市場的繁榮

一 農村墟鎮數量增長及其內涵

中國農村的墟市產生於唐宋兩代，成熟於明清兩朝。明清時代農村的墟市，大多稱「墟」，也稱「市」或「集」，在少數地區則稱「亥」。如光緒《龍南縣誌》稱：「商賈貨物輻輳之處，

古謂之務，今謂之集，又謂之墟，墟亦市也。」[58]而《雩都縣誌》的修纂者亦是「合市與墟而並列之」[59]。明末清初的戰亂，使得農村的墟市遭受到極大的破壞。許多墟市或被廢，或衰落。如新昌縣（今宜豐縣）等七個宋代建立的市鎮至清初俱廢；十三個元代市鎮則「廢者過半」；二十一個明代市鎮雖貿易不廢，但已是由盛轉衰。[60]又據《湖口縣誌》記載，該縣石磯、文橋、流芳等原本較興盛的墟鎮均遭到不同程度的破壞。如石磯鎮在「順治二年後迭遭兵火，居民差少」；文橋、流芳二市則是「初商賈輻輳，順治三年，毀於都昌土賊」[61]。鉛山縣的石塘市在經歷戰亂後，亦大為衰退，今不如昔：「石塘市，縣東南三十里，其地多宜於竹，水極清冽……宋為屯田鎮，自兵燹後，人民蕩析，邇來雖復舊業，然十室九空，僅存其名耳。」當然，也有的市鎮會因商路的改變而變得蕭條，即使是河口這種超級市鎮也難以倖免。對於上述種種情況，康熙二十二年《鉛山縣誌》有如下記載和評述：

　　沙灣市，縣西三十里，即河口，當信河、鉛山二水交會之沖，汭口九陽石之上。舟楫輳泊，商賈往來，貨物貯聚，隱然為縣西之保障也。舊為八閩孔道，商賈貿遷，絡繹不絕，今路由仙

58　《龍南縣誌》卷二《坊鄉》，光緒二年版，民國 25 年翻印本。
59　《雩都縣誌》卷一《街市》，同治十三年版。
60　參見《新昌縣誌》卷一《輿地之市鎮》，乾隆五十七年版。
61　《湖口縣誌》卷二《鎮市》，嘉慶二十三年版。

霞，市廛蕭條，大非昔日矣。傳曰：時地盛衰豈不以數哉？石塘、河口二鎮也。石塘以造紙為業，河口為入閩孔道，賈客貿遷，貨物鋪陳，昔之市鎮頗豐，而近少替矣。石塘自明季飢民為亂，流亡者眾。迨後復遭甲寅閩變，地方悉已為蹂躪，所云「從行見空巷」是也。……河口原恃閩貨為生涯，近因取道仙霞，遂分河口，今來者皆肩挑小販與撥淺小舠。歇店有人而牙行掣肘，鋪舍有名而貿易無實。一值公務，如取船採買之屬不至，雇貼數百金、牽連數百家不止。又閩中遷民去住不測，每難防範。嗚呼！二鎮盛衰之理大概見矣！[62]

　　從清康熙至道光時期，江西農村的墟市處於一個恢復和發展的階段，不僅許多原先停廢的墟市重新開集，且湧現出大量新的集市。如石城縣的灞口等十四個墟場，乾隆以前的縣誌中記載為「以上俱廢」，而乾隆年間修纂的縣誌中則稱「今興復甚多」。另外，乾隆年間該縣還新增了小松墟等十個墟場。《定南廳志》中對該縣（廳）墟市的歷史變遷更是有如下詳細記述：「建縣之初，未有墟市。……萬曆十三年，下歷司巡檢虞廷用呈詳本縣設立下歷墟，以一四七日為期。十六年，大石堡鄉民呈請設立鵝公墟，以二五八日為期；伯洪堡鄉民呈請設立天花墟，以三六九日為期。後兵燹頻仍，三墟尋廢。國朝順治九年，縣令祝添壽查令

復行，鄉民稱便。」[63]至道光五年（1825 年），該縣的墟市已由三個增加到二十個，增長了近六倍。

清前期江西農村墟鎮的發展，不僅表現在數量上的增長，還體現在每個墟鎮覆蓋的空間範圍和人口的密度上。據學者研究，隨著墟鎮數量的增加，每個墟鎮覆蓋的範圍也相應縮小，但覆蓋的人口數卻大有增多。清代江西墟市覆蓋的空間範圍為明代的一半，覆蓋的人口數為明代的兩倍。[64]這一切，既為城鄉及農村的商品活動提供了便利，又使墟市商品的交換量增大，從而進一步促進了市場的繁榮。如同治《雩都縣誌》稱：「諸村各堡之墟，其逢墟期而交換其財物以相為購售者，人數多至不可以千計，少亦不下數百。」足見該縣農村墟市的繁盛。

為數眾多的市鎮的出現，不僅與清代江西農村商品交換日益頻繁密不可分，還與這些市鎮所處的地理位置有關。在水陸交通便利之所，往往能成為市鎮產生的最佳場所。在饒州府屬數縣的墟市，大多與其陸路交通的便利相關。如地方誌記載：[65]

（鄱陽縣）四十里市，在義仁鄉，郡城北道之沖，有公館；太陽埠市，在和南鄉四十九都，東路通達；石門鎮，在廣進鄉，去縣西北一百八十里。宋元時有馬驛，今設巡檢司；故縣鎮，在

63　《定南廳志》卷一《墟市》，道光五年版。

64　參見方志遠《明清湘鄂贛地區的人口流動與商品經濟》，人民出版社2001 年版，第 489-493 頁。

65　《饒州府志》卷四《坊都》，康熙二十二年版。

新興鄉，去縣東六十里。以上俱有民住，貿易□□□，故縣四十里棚密，尤成闤闠云。

（餘干縣）古步市，在萬春鄉，東路通達；黃垎步鎮，在孝誠鄉，東南通達；梅港市，在安樂鄉，南路通達；婁步市，在習泰鄉，南路通達；江家埠茶市、龍窟市，俱在德化南鄉，南路通達；棠梨市、瑞洪市，俱在洪崖鄉，北路通達。

（樂平縣）吳口市，在長城鄉，居縣；石埠市，在樂安鄉，東路通達；沙源市，在銅出鄉，東路通達；眾步市，在永善鄉，南路通達；三溪口市，在靜理鄉，西北通達；桐林市，在金山鄉；明口市，在金山鄉；九墩市，在金山鄉；杭橋市，在永善鄉；大睦市，在永豐鄉；湖圍中，在永善鄉；萬山市，在懷義鄉；鳩塔市，在靜理鄉；勇山市，在萬全鄉；永靖鎮，在永豐鄉；嘉興鎮，在靜理鄉。

（德興縣）海口市，在南部鄉，北路通達；龍溪市，在盡節鄉，西北通達。

（安仁縣）石港市，在榮祿鄉，東路通達；張家灘市，在榮祿鄉，東路通達；東溪市，在榮祿鄉，東南通達；田埠市，在崇德鄉，南路通達。

在眾多瀕湖鄰河而形成的墟鎮中，有萬年縣的石鎮市和珠舊

市。這兩市均「臨泊河，通樂平」。此外，南康府都昌縣內的市鎮也多是臨河而立。據同治《南康府志》記載：

> 山田市，在治東三十三都，即今大沙橋，水通鄱湖；王家市，在治北東七十五里，水舊通後港河；土塘市，在治東七十里十四都，水通鄱湖，地居一縣之勝；三汊港市，在治東五十里五都，水通柴棚；西洋橋市，在治北八十里湖口界，南通後港，北通彭澤；徐家埠市，在治北東六十里，水通左蠡。南峰街，在治東九十里十都，瀕湖，近饒州；蒒溪市，在治東八十里十都，瀕湖；傅家橋市，在治北四十里桃源鄉，水通湖；徐珏橋市，在治北六十里白鳳鄉，水通土目屏風；汪家敦市，在治東北三十里三十都，水通白廟湖。[66]

墟市的繁榮，為商人從事長期貿易提供了可能，許多墟市出現了為數眾多的店鋪。如貴溪縣上清鎮，「山饒竹木之利，店鋪數百家，商業貿易，最稱繁榮」；廣豐縣洋口墟，「行鋪千餘家，二五八日為墟期，客商販運之所」；玉山縣三里街、七里街，在「縣西門外，水陸碼頭，行鋪千餘家」；上饒縣的應家市有「店鋪百餘家」。而在萍鄉縣，其十九個市鎮分別擁有數十家或數百家的商民數，具體情況如下表4-1：[67]

66　《南康府志》卷五《建置之市鎮》，同治十一年版。
67　《萍鄉縣誌》卷二《建置之裡市》，嘉慶十六年版。

市鎮名	距縣裡數	商業情況
蘆溪市	在縣東距城五十里	商旅輻輳如縣市。
上栗市	在縣北距城八十里	街半里，商民三百餘家。
宣風市	在縣東距城七十里	街三里，商民四百餘家。
湘東市	在縣西距城三十里	街二里，陸水通舟，商民四百餘家。
新店市	在縣東距城八十里	街一里，商民百餘家。
茅店市	在縣東距城九十里	街一里，商民百餘家。
烏龍橋市	在縣南距城二十里	商民四十餘家。
南坑市	在縣南距城三十里	街半里，商民四十餘家。
桐田市	在縣西距城十五里	街半里，商民四十餘家。
麻山市	在縣西距城二十里	街半里，商民四十餘家。
劉公廟市	在縣西距城三十里	街一里，商民二百餘家。
蠟樹下市	在縣西距城三十里	街半里，商民一百餘家。
草市	在縣西距城九十里	街半里，商民五十餘家。
彭家橋市	在縣北距城二十里	街半里，商民六十餘家。
赤山橋市	在縣北距城三十五里	街一里，商民二百餘家。
青溪市	在縣北距城三十五里	街半里，商民百餘家。
小覘市	在縣北距城五十里	街半里，商民八十餘家。
均江市	在縣北距城七十里	街半里，商民五十餘家。
湖塘市	在縣北距城八十里	街半里，商民八十餘家。
桐木市	在縣北距城一百里	街一里，商民一百餘家。

資料來源：《萍鄉縣誌》卷二《建置之里市》，嘉慶十六年版。

清嘉道之際，江西地區農村墟鎮發展的另一表現，是專業化集市的興起。除前述四大商鎮外，江西還出現了許多各具特色的專業墟市。根據各墟市流通商品的種類，這些專業墟市可歸為以下九大類：[68]

（一）專門用於附近鄉民交換米穀的糧食貿易專業市鎮。如廣信府廣豐縣的五都墟，「一四七日為墟期，鄉民聚集，貿易用米麥」；弋陽縣的七公圳，「商民三百餘家，米穀互易」；大橋市，「商民千餘家，米穀互易」。也有以豆類為主的專業墟市。如南康府建昌縣的津市，「上距白槎，下距縣城，各二十里，鄰邑德安，往往販豆來市，故市場以豆為盛」[69]。此外，屬於糧食貿易專業市鎮的還有南昌府南昌縣的市汊鎮，袁州府萍鄉縣的瀘溪市，南康府建昌縣的白槎市、柞林鎮和小河市，以及臨江府新淦縣迎春門外墟、賓陽門外墟。

（二）木材貿易專業市鎮。江西木材貿易專業市鎮除吳城、樟樹兩巨鎮外，還有：南昌府武寧縣的瓜源口市，每年成交的木材數以萬計；[70]廣信府貴溪縣的上清鎮，「山饒竹木之利，店鋪數百家。商民貿易，最稱繁盛」；興安縣姜里村，「店鋪三百餘家，產竹木紙張，商民貿易」[71]。南康府都昌縣的徐家埠，「木

68　參見任放《明清長江中游市鎮經濟研究》，武漢大學出版社 2003 年版。

69　《建昌鄉土志》，實業志之商業，光緒三十二年版。

70　參見《武寧縣誌》卷三十《藝文》，同治九年版。

71　《廣信府志》卷一《地理之鄉都》，乾隆四十八年版。

行較夥，商賈如林」；高家埠，「在治北東五十里，徐家埠之南，木行亦多」[72]。贛州府上猶縣，「有竹木之產，鄉市皆得其利」[73]。

（三）經濟作物產品與礦產品集散地。如乾隆《廣信府志》記載，上饒縣上瀘阪，「近山產竹，槽戶製紙頗為近利，客商販運，行戶二百餘家」；廣豐縣洋口墟，「產煙葉、菜油，行鋪千餘家，二五八日為墟期，各商販運聚集之所」；鉛山縣湖坊市，「其山產煤，窯民頗雜，又饒紙利，行鋪二百餘家」；興安縣葛源街，「店鋪四百餘家，產米穀、葛粉、桐油」。

（四）牲畜與漁業貿易專業市鎮。這類有南昌府南昌縣的荏港市、三江口市，瑞州府上高縣的東門市，新昌縣的棠浦、花橋二市，臨江府清江縣的洋湖、水市，新淦縣的桑村，新喻之東門、姚墟、熊家山，贛州府雩都縣的銀坑墟，石城縣的高田墟，信豐縣的大阿墟，上猶縣的油田墟。在這類專業市鎮中，牛市也是一個分布頗為普遍的專業市場。如新昌縣的牛墟，「每年八月之際，就西城外河干為市集，鄉民以牲犢來者蹄萬計，必販鬻數日乃已」[74]。上高縣的路口墟也是一個較大的牛馬交易市場。據史料記載，清乾隆年間該市場曾「聚商二三萬，牛馬別群，如芸如荼，耕人頗資其便」[75]。此外，在贛南山區也分布著不少的耕

72　《南康府志》卷五《建置之市鎮》，同治十一年版。
73　《上猶縣誌》卷五《風俗》，康熙三十六年版。
74　《鹽乘》卷八《訟獄志》，民國6年版。
75　李榮陛：《路口趁墟記》，《李厚崗集》卷十四，清嘉慶刊本。

牛交易市場。如雩都縣的銀坑墟、石城縣的高田墟、信豐縣的大阿墟、上猶縣的油田墟等，均是有一定規模的牲畜專業市場。其中高田墟市的牛馬崗會，地處閩贛交界要沖，其牛馬交易遠近聞名，最盛時曾有來自七省數十縣的商人雲集其地。

（五）陶瓷業市鎮。這類市鎮主要有饒州府浮梁縣景德鎮、湖田市，樂平縣的永靖鎮、嘉興鎮；袁州府萍鄉縣的上埠市，萬載縣的白水、源頭、沖章、源青、背坑；吉安府萬安縣的窯頭市、廬陵縣的永和鎮。

（六）茶葉和造紙業市鎮。茶葉市鎮主要有南昌府新建縣的吳城鎮以及廣信府鉛山縣的河口鎮。造紙業市鎮有贛州府石城縣的橫江墟、興國縣的竹管洞墟；袁州府萬載縣的大橋市、盧家州市、高村市、高槽市、謝陂市；廣信府上饒縣的上饒阪市，鉛山縣的陳坊市、湖坊市、石塘鎮，興安縣的姜里村。

（七）紡織業市鎮。該類市鎮有贛州府寧都州的會同集、固原集、橫溪集、軍山集，興國縣的前坑墟；臨江府清江縣的永泰市，新淦縣的城第墟；吉安府廬陵縣的富田市；袁州府萬載縣的樀樹潭、周陂橋，分宜縣的桑林墟；饒州府餘干縣的盤田墟；撫州府宜黃縣的棠陰市。

（八）藥材和雜貨貿易專業市鎮。該類墟鎮除樟樹鎮外，還有袁州府萬載縣的樀樹潭鎮和大橋市，南康府都昌縣的周溪市，南昌府武寧縣的瓜源口市，廣信府廣豐縣的五都墟、泮口墟，贛州府興國縣的茶口灣市、五里亭市。

（九）煤業及其他專業市鎮，這類市鎮有廣信府上饒縣的應

家口市，袁州府萍鄉縣的安源特別市和上栗市。[76]

二 農村市場網絡與「鄉腳」

在清前期江西農村墟鎮增長和發展過程中，眾多的墟鎮分處於不同層級，在各種商業活動中承擔著不同的角色。這些墟鎮互為一體，構成了江西農村的市場網絡。

在江西眾多市鎮中，有的墟鎮憑藉其特有產品，成為省際貿易的場所。這一點，以一些專業性的夏布墟市最為典型。據《興國縣誌》記載：「績苧絲織之成布，曰夏布，土俗呼為『春布』。一機長至十餘丈，短布亦八九丈。衣錦鄉、寶城鄉各墟市皆賣夏布。夏秋間每值集期，土人及四方商賈雲集交易，其精者潔白細密，建寧福生遠不及焉。」[77]另外，在建昌府的廣昌縣，一些墟鎮也是外省客商採購夏布重要產所之一。直至清末，一份調查資料仍然說道：「（廣昌縣）婦女均以績麻為事，所紡夏布，每年約二萬餘錠，運銷山東、山西、河南、福建等省，價值約三萬餘金。」[78]同樣，在盛產夏布的萬載縣境內的大橋、潭埠、金樹等市鎮，皆有布行多家，成為湘鄂客商採辦夏布的商業網點。

除這些專業市鎮外，一些地處水陸要沖的市鎮亦能發展為跨省區的大市場。如廣信府玉山縣的三里街、七里街，在「縣西之

76　參見任放《明清長江中游市鎮經濟研究》，第 165-230 頁。

77　《興國縣誌》卷十二《特產》，道光四年版。

78　傅春官：《江西省農工商礦紀略》，建昌府建昌縣之商務，光緒三十四年版。

外，為一水陸碼頭，行鋪千餘家，江浙閩粵仕商往來如織」[79]。在江西南部山區，一些農村墟市因其得天獨厚的地理位置和不可替代的商品交易地位，成為地區性的貿易中心。如地處上猶江下游、位於南康縣境內的唐江墟，就憑藉水運優勢，至清初逐漸成為江西南部最為重要的商品交易中心，享有「小贛州」的稱譽。閩、粵、贛三省九縣近四十個鄉鎮的農副產品，均以該墟市為集散地。上猶縣的營前墟，也是本縣及周邊縣鎮農副產品的集散地，鄰近數縣的商販雲集此地，將商品銷往湘粵等地，成為僅次於唐江的第二大商品交易中心。會昌縣的筠門嶺墟，雖形成於明萬曆年間，但因地衝閩、粵、贛三省之衢，入清後迅速上升為江西南部第三大商品交易中心，市場營銷規模甚至超過了縣城，成為贛、閩、粵商品對流必經的集散地。[80]

位於中心市場下一層級的是中間市場。這種市場在商品和勞務向上下兩方的垂直流動中都處於中間地位，與之相對應的居民點，稱為「中間集鎮」。在清前期江西眾多的墟鎮中，有許多「中間集鎮」。這類墟鎮一般為一縣或數縣商品貿易中心點。此類市鎮，較著名的主要有南昌縣內的茌港、市汊，安仁縣的鄧埠，上饒縣的沙溪，廣豐縣的洋口墟、五都墟，鉛山縣的石塘鎮，弋陽縣的大橋、七公（一作漆工），貴溪縣的上濟，廣昌縣

79 《廣信府志》卷一《地理之鄉都》，乾隆四十八年版。

80 參見謝廬明《贛南的農村墟市與近代社會變遷》，《中國社會經濟史研究》2001 年第 1 期。

的白水，金溪縣的滸灣，新淦縣的三湖，分宜縣的桑林，萍鄉縣的宣風鎮等。如《南昌縣誌》稱：「市汊鎮，瀕河為市，西南通瑞河，東南通兩廣，下通省會，以達於湖。對河為豐城，稍西即新建界。商賈輳集，船往來如織，為本邑第一大鎮，設有巡檢把總。」[81]萍鄉縣的蘆溪市，亦是憑藉便利的水路交通位置，成為中間市鎮：「蘆溪市，在縣東，距城五十里，水東流入秀江，舟行如此，商旅輻輳如縣市。」[82]

在清代江西農村市場網絡中，扮演著最基本角色、構成整個網絡基本要素的是基層市場。這些市場，既是農產品和手工業品向上流動，進入市場體系中較高範圍的起點，也是供廣大農村消費的輸入品向下流動的終點。如在湖口縣的南、北、東三境，就分別形成各自的基本市場。「流芳市，原名劉家市，順治三年亦毀於賊。然文橋市敗，都湖貿易並集於此，南境市之盛者；酒坊嶺，在縣北七里，路通新安鋪，相傳舊縣酒市。馬影橋市，互馬影、四還二橋，東境市之盛者；下流溮橋市，居民夾岸，商賈如林，北境市之盛者」[83]。又如南昌府南昌縣之荏港市，「坐落三十六都四圖及三十七都三四圖地方，距城六十里。地臨大河，上通撫建，下達省會，地密人稠，一四七日百貨輳集，遠近皆至」；新建縣之牛行市，「在章江西岸沙井下三里鳳凰洲上，分

81　《南昌縣誌》卷二《市鎮》，乾隆五十九年版。
82　《萍鄉縣誌》卷二《建置之裡市》，嘉慶十六年版。
83　《湖口縣誌》卷二《鎮市》，嘉慶二十三年版。

隸洪崖、桃花二鄉。每當三六九日當集，商民輻輳，絡繹不絕，沙塵紛湧」。

在此種基層市場中，還分布著為數甚巨的墟場。與上述幾種市鎮不同的是，這些墟場並不是面對整個縣或一縣的某個區域，而是相對於具體不變的村莊。這些墟場與以其為中心的村莊，構成了農村市場體系中的「鄉腳」。[84]同治《臨川縣誌》卷一之「地理疆域」中，列出了該縣各墟場及其所涵括的村莊數，為我們提供了說明「鄉腳」這一概念提供了非常合適的實例，茲引述如下：

四都，為圖者十二，共村莊四十七處，有唱凱墟；六都，為圖者八，共村莊四十七處，有流坊墟；八都，為圖者十四，共村莊五十三處，有羅湖墟；九都，為圖者十，共村莊五十三處，有鳳岡墟；十一都，為圖者九，共村莊三十七處，有上頓渡墟；三十五都，為圖者六，共村莊三十一處，有三橋墟、高坪墟；三十八都，為圖者九，共村莊三十六處，有戰坪墟；四十一都，為圖者五，共村莊十九處，有黃昏渡集；四十二都，為圖者十，共村莊二十八處，有同源集、許家渡集；四十四都，為圖者八，共村莊五十處，有大江墟；四十五都，為圖者十一，共村莊六十

---

84 「鄉腳」，可稱為腹地，就是集鎮所服務的區域。在市場體系中，「鄉腳」是一個市鎮賴以成長和繁榮的根本。具體論述參見費孝通《江村經濟──中國農民的生活》，上海人民出版社 2007 年版。

處，有焦石市、李家渡市；四十六都，為圖者七，共村莊九十
處，有羅針壚；四十八都，為圖者五，共村莊二十七處，有雲山
壚；五十一都，為圖者八，共村莊五十五處，有白家壚；五十三
都，為圖者七，共村莊六十餘處，有李坊壚、溫家圳市；五十四
都，為圖者十，共村莊三十餘處，有王家壚；七十五都，為圖者
六，共村莊四十四處，有武城壚；八十一都，為圖者五，共村莊
二十二處，有騰橋市、鄧坊市；八十三都，為圖者六，共村莊二
十五處，有鵬田壚、神前壚；八十五都，為圖者六，共村莊二十
七處，有清泥市；八十七都，為圖者三，共村莊十七處，有黃汰
渡市；八十八都，為圖者五，共村莊二十餘處，有游家市；九十
一都，為圖者三，共村莊四十四處，有東館市；九十六都，為圖
者三，共村莊十五處，有何家嶺壚、有上官里新壚；九十八都，
為圖者七，共村莊四十三處，有游頓新壚、河埠壚；百都，為圖
者七，共村莊三十五處，有長岡壚；百一都，為圖者二，共村莊
三十二處，有毛排壚；百三都，為圖者七，共村莊十六處，有榮
山壚；百四都，為圖者七，共村莊十四處，有下麓壚；百五都，
為圖者七，共村莊四十處，有龍溪市；百九都，為圖者二，共村
莊五處，有杭埠市。

　　除上述與眾多鄉村對應的壚場外，在一些沒有壚市的地方，
某些村莊則承擔起鄉村商品交換功能。在廣信府屬弋陽縣的鄉村
地區，就並沒有與之對應的壚市，鄉民的交易大多在大村莊進
行。如距縣城西面八十里的大橋，「煙戶叢集，商民千餘家，米
穀互易」；距縣城北面七十里的七公圳，亦是「煙戶稠密，商民

三百餘家,米穀互易」。另外,屬於此類市場的還有興安縣(今橫峰縣)的葛源街和姜里村。它們均是雖無墟場之名,卻行市鎮之實。[85]

三 鄉村基層市場的集期與廟會

在清代江西農村市場體系中,四大超級商鎮以及中心、中間市場基本上都是每日為市,而遍布鄉村的基層市場,則大多屬定期市,都有集期,即開市日期。在一縣農村中,相鄰墟市往往將各自的墟期錯開,或二八,或四七,或三九,或五十,以便附近的鄉民趕集,從而使農村基層市場呈現出活力和生機。農村基層市場的週期性,與個體商號的流動性、經濟角色的不明確性、農戶平均需求的有限性以及交通水平等因素有著內在的關聯。[86]

清代江西農村墟市,大多以農曆旬作為集期安排的基礎。至於每旬的集期數,各地的安排不一。有的是一旬二集,即每隔五天為一個集期,具體表現為農曆的初一與初六,或初二與初七,或初三與初八,或初四與初九,或初五與初十。有的則是一旬三集,即每隔三天為一集期,具體表現為農曆的初一、初四、初七,或農曆的初二、初五、初八,或農曆的初三、初六、初九。在這兩類集期體系中,每旬二集有廣信府玉山縣的寨頭墟與鎮頭墟,「寨頭墟,縣東八十里。界連江山縣,一六日為集期。二邑

---

85 參見任放《明清長江中游市鎮經濟研究》,第 167-226 頁。
86 參見任放《明清長江中游市鎮經濟研究》,第 155-156 頁。

人貿易往來其中，最為雜囂。鎮頭墟，縣東南八都，集日與寨頭墟同，農民貿易頗多」[87]。在廣大的江西南部地區，一旬二集亦較為普遍。據乾隆《石城縣誌》卷之一《墟場》記載，該縣的墟市大多是每旬二集，計有：

小松墟，豐上里，墟期二七。康熙辛丑年溫秀逵捐田租三十三擔淨，與鄭姓更易墟基墟期抽稅，遂禁；高田墟，栢中里，墟期四九；湛陂墟，柏中里，墟期一六；木藍墟，石上里，墟期五十；平山墟，石中里，墟期一六；橫江墟，禮上里，墟期五十；大猷坪墟，龍上里，墟期五十；朱坑墟，龍上里，墟期二七；何家灣墟，石上里，墟期三八。

一旬三集，是清代江西農村墟市中另一種較為常見的集期體系。據同治《廣信府志》記載，該府廣豐縣的施村墟，每旬以「二五八日為墟期，民聚集貿易」；五都墟，每旬以「一四七日為墟期，鄉民聚集貿易用米麥」；洋口墟，「二五八日為墟期，客商販運聚集之所」。[88]吉安府吉水縣的界山墟，「在仁壽鄉八都，明洪武二十七年興，以旬中一四七日，聚新淦、永豐、吉水三縣人交易。神岡墟，在同水鄉五十六都，永樂十三年興，以旬

87　《廣信府志》卷一《地理之墟鎮》，同治十二年版。
88　《廣信府志》卷一《地理之墟鎮》，同治十二年版。

中三六九日交易」[89]。定南廳的下歷墟、鵝公墟及天花墟，分別以一四七、二五八、三六九為集期。[90]瑞州府的上高縣境內的墟市，除路口街外，其餘都是一旬三集：

南市街，在桃李春風亭下大街，為江楚通衢，每旬以一四七日為集期；徐渡街，在縣西之下京陂，一邑之市鎮最盛處也，每旬以一四七日為集期；工字街，在後塘團田心，每旬以二五八日為集期；界埠街，在縣東三十里修仁團界埠，每旬以二五八日為集期；凌江墟，在縣西二十里河西團，每旬以二五八日為集期；河下墟，在縣東二十里修仁團，每旬以三六九日為集期；翰堂墟，在德義上團，每旬以二五八日為集期；連橋墟，在益樂團，每旬以一四七日為集期；洙村墟，在永平洙村，每旬以二五八日為集期；鎮渡墟，在崇本團二圖，每旬以二五八日為集期。[91]

除上述兩類集期體系外，清前期江西農村市場中，還有二日一集、一日一集的集期體系。隔日市或是每月的單日開市，或是以雙日開集。一日一集則大多是日出為市。這兩種集期體系在吉水縣內的墟市中都可以發現。如該縣縣誌記載：

89　《吉水縣誌》卷三《市墟》，道光五年版。
90　參見《定南廳志》卷之一《墟市》，道光五年版。
91　《上高縣誌》卷一《疆域之墟市》，同治九年版。

龍子崗墟，在仁壽鄉八都，明永樂元年興，雙日為市。楓子岡墟，在同水鄉五十八都，雙日為市。阜田墟，在同水鄉六十都，永樂十一年興，雙日為市。谷村墟，在同水鄉六十一都，永樂十二年興。每日出為市，至食時而罷。[92]

清代江西農村墟市存在的另一種集期體系，是每年於固定的時間，開集數天或一段時間。如上高縣的路口街，「每年以八月二十四、五、六等日，在上路口亭邊為集期」[93]；吉水縣的「張家渡墟，在中鵠四十九都，每歲七月念二日為市起，八月初一日止，商賈畢集，至期委官彈壓」[94]。此外，在東鄉縣，每年八月份藍靛收成之後，就會在縣城形成一段時間的交易，「市靛者常集至千餘人」[95]。

在這種固定時段的集期中，廟會又是最為特殊的一種。在某種程度上，廟會即商品交易會，為當地及附近鄉民提供日常生活用品和農業生產資料的置換。作為農村墟市的一種，廟會以祀神為活動的中心，但常伴隨各類演戲及商貿活動。加之許多神廟建立於墟市，因而在各神廟舉行廟會的時期，也是其所在墟市商貿活動最為集中之時。如萬載的樟樹潭市，在清中期時是「八九月間歌舞賽神，即以通商」。民國《萬載縣誌》亦記載，該市在

92　《吉水縣誌》卷三《市墟》，道光五年版。
93　《上高縣誌》卷一《疆域之墟市》，同治九年版。
94　《吉水縣誌》卷三《市墟》，道光五年版。
95　《東鄉縣誌》卷八《風土之土產》，同治八年版。

「咸同兵燹以前，年有會期，在九十月間，商賈雲集，貨物駢臻，鄉下嫁娶所需，只待會期採辦」[96]。又如《分宜縣誌》稱：「邑北楊橋每月除三、六、九當墟外，七月七日起，有曰趕七。惟此十日演劇聚賭，人山人海，埒於西江三鎮商埠之稱，為我邑一大墟市場。」「外如桑林市，前設有稽查市官，每年至八月有特別趕八之名。自二十日至三十日，四方輻輳，百貨雲集，牲口股闄，羅至於場，供應懋遷。」[97]另外，在江西南部地區，廟會與商業交易基本上聯成一體。[98]如石城縣高田將軍廟會，「每年九月朔日會期演慶，商賈雲集，浹旬乃散」[99]。在崇義縣茶灘墟，每年八月十三日都會舉行「董公廟會」，屆時「四方走販，百工技藝赴會，相聚成市，數日乃散」[100]。寧都縣的小布墟、田頭墟以及長勝墟，每年都要為廟中各種神靈舉行廟會。這些地方廟會的興盛，與墟場的經濟繁榮是分不開的。[101]

概而言之，清前期江西農村市場的發育與發展，既表現為墟

96 《萬載縣誌》卷四《風俗》，民國 29 年版。

97 民國《分宜縣誌・歲時民俗》，參見丁世良、趙放主編《中國地方誌民俗資料彙編》華東卷（中），書目文獻出版社 1995 年版，第 1073 頁。

98 參見謝廬明《贛南農村的墟市與近代社會變遷》，《中國社會經濟史研究》2001 年第 1 期。

99 《石城縣誌》卷三《祠廟》，乾隆四十六年版。

100 參見謝廬明《清代贛南客家廟會市場的地域特徵分析》，《贛南師範學院學報》（哲社版）2005 年第 4 期；謝廬明《贛南農村的墟市與近代社會變遷》，《中國社會經濟史研究》2001 年第 1 期。

101 參見劉勁峰主編《寧都縣的宗族、廟會與經濟》，國際客家學會、法國遠東學院、海外華人資料研究中心 2002 年版。

鎮數量的日益增加、墟市商業化程度的提高、集期的逐漸頻繁，還體現在眾多專業性的超級市鎮和省級貿易中心的市鎮的興起。而清前期江西農村市場的新內涵，又與散布在廣大鄉村地區的中間市場和基層市場密不可分。這些不同層級和類型的市鎮，各自發揮著自身的功能，使江西農村的各種產品進入到更大的流通網絡，同時也將全國各地的商品帶入人們的日常生活中。這些處於不同層級的市場雖無直接的統屬關係，但在商品的實際流通過程中彼此相互聯繫，形成一個有機的立體市場體系。江西鄉村的各種產品由此進入更大的流通網絡，促進了江西經濟與外部世界的交流與互通。

第四節 ▶ 清前期江西墟鎮的管理

一 官方派駐機構

在官方各種派駐於市鎮的機構中，同知署是其中之一。不過，由於同知署這一機構級別較高，因而只有在「四大鎮」才有派駐。當然，「四大鎮」內的同知署也並不是一開始就存在，而是隨著其經濟實力的上升才獲得此種地位。如樟樹鎮設立的官方機構，就經歷多次變更：「（樟樹鎮）原設清江鎮巡檢、巡檢稅課局大使各一員。明萬曆中，稅課大使裁，國朝於鎮立樟樹營，以都司駐守，巡檢司仍其舊。乾隆三十一年，巡檢奉裁，以本府糧捕通判移鎮其地，都司改駐府城，而營更為樟樹汛，以把總分

防焉。」[102]同時，由於「四大鎮」的重要性，因而除了同知署這一機構外，還有其他的官方派駐機構駐紮。現依據相關史料，將「四大鎮」所設的官方機構列為表 4-2。

· 表 4-2　清前期江西四大商鎮所設官方機構一覽表

市鎮名	官方機構	設立時間及經過	資料來源
樟樹鎮	照磨署	舊在正堂右，乾隆四十三年移駐棒樹鎮	同治《伍江府志》卷五《公署》
	通判署	舊在同知署左，乾隆三十一年移建清江鎮東街	同治《伍江府志》卷五《公署》
吳城鎮	清軍廳	雍正七年，移駐吳城	雍正《江西通志》卷二十《公署》
	同知署	乾隆三十一年，改清軍廳為同知署	同治《南昌府志》卷六《市鎮》
	主簿署	乾隆四十四年	同治《南昌府志》卷六《市鎮》

102　《清江縣誌》卷四《鎮市》，乾隆四十五年版。

市鎮名	官方機構	設立時間及經過	資料來源
河口鎮	同知署	乾隆二十三年加水利銜，三十六年移駐河口鎮	同治《鉛山縣誌》卷二《市鎮》
	軍糧分府	乾隆四十年，移軍糧分府駐紮河口鎮	同治《鉛山縣誌》卷二《市鎮》
景德鎮	同知署	舊在府署左，康熙三十二年移駐景德鎮	光緒《江西通志》卷六十八《廊署》

　　「四大鎮」因其較高商業的地位，成為同知這一官方機構的派駐地。在四大鎮之下的一些商業市鎮，甚至某些墟市，則成為巡檢司或縣丞這兩類官方機構的派駐地。在當時的地方官員看來，巡檢司這一派駐機構，主要設置在兩種地方，一是「大鄉巨鎮」，一是「衝途要隘」。如雍正至乾隆時期擔任江西按察使的凌燽說道：「照得巡檢一官，各有汛守，其間或有大鄉巨鎮，五方輳集，或因衝途要隘，奸宄易潛，州縣鞭長不及，設立巡司，以資防緝。」[103]而縣丞的設置，在另一些地方官員眼中，則主要設置於距離縣城較遠的鎮市。如餘干知縣許慶豐認為，「國家設官分職，縣置有丞，所以分轄鎮市之距縣稍遠者，而亦與司牧斯

103 凌燽：《西江視臬紀事》卷三《文檄》，上海古籍出版社 2002 年，影印《續修四庫全書》本。

民之職焉」[104]。因此，有清一代，巡檢司、縣丞署和主簿署成為官方派駐市鎮的主要機構，巡檢、縣丞、主簿也在市鎮的管理中扮演著主要角色。如新建縣生米鎮，在善政鄉二十六都，設有分司；進賢縣二十三都，距城六十里，梅莊巡檢司駐此；奉新縣羅坊鎮，在縣西六十里進城鄉，設有巡司。一些學者的研究表明，清代江西設有巡檢司、主簿署及縣丞的市鎮共達近百個。[105]現根據相關史料，將江西部分府縣內市鎮設置的派駐機構製為表4-3。

・表4-3　清前期江西部分府、州、縣設置巡檢司、縣丞及主簿的市鎮

府名	縣名	市鎮	機構名稱	設置時間	備註
南昌府	南昌	三江口	巡檢司	雍正十一年	乾隆四十四年改駐主簿署
		市漢	巡檢司	順治初年	於明代舊址上重建
	新建	生米	巡檢司		改烏山巡檢司置
	進賢	梅莊	巡檢司		改鄔子寨司置

104　《餘干縣誌》卷十六《藝文》，同治十一年版。
105　參見方志遠《明清湘鄂贛地區的人口流動與商品經濟》，第 499-506 頁。

府名	縣名	市鎮	機構名稱	設置時間	備註
	豐城	大江口	巡檢司	乾隆二十二年	由市源廟司移駐
	奉新	羅坊	巡檢司		
	武寧	高坪	巡檢司		由趙家園司移駐
	義寧州	八疊嶺	巡檢司		
		排埠塘	巡檢司		
		渣津	縣主		
瑞州府	高安	灰埠	巡檢司		因裁照磨所而建
		陰岡*	巡檢司		
	新呂	大姑嶺	巡檢司		明末毀於兵，國朝就居民房
		黃岡	巡檢司		明末塌，國朝就居民房
南康府	上高	離委*	巡檢司		
		麻塘*	巡檢司		
	星子	諸溪	巡檢司		自都呂左蠡移駐
		長嶺	巡檢司		明萬曆復移置青山鎮

府名	縣名	市鎮	機構名稱	設置時間	備註
	都呂	周溪	巡檢司	雍正八年	由柴棚司巡檢改駐
		張家嶺	縣丞		
	建呂	蘆潭	巡檢司		順治九年缺裁署廢
九江府	德化	小也	巡檢司	乾隆二十三年	自城子鎮移駐
		城子	巡檢司	乾隆五十二年	復設，後移至港口鎮
	湖口	湖口*	巡檢司		
		菱石磯*	巡檢司		
廣信府	廣豐	洋口	巡檢司	雍正年間	移拓陽寨司駐
	鉛山	湖坊	巡檢司	乾隆三十六年	由河口司署移駐
	飛陽	大橋	縣丞	乾隆三十一年	嘉慶年間毀於火
	貴溪	江滸山	縣丞	雍正五年	由縣城移駐
		上清	巡檢司	雍正初	由管界寨移駐
		鷹潭	巡檢司	乾隆三十年	萬曆年由神前寨移駐

府名	縣名	市鎮	機構名稱	設置時間	備註
撫州府	宜黃	棠陰	巡檢司	乾隆丁亥年	由止馬司移駐
	金溪	滸灣	縣丞	乾隆三十二年	由縣城移駐
	崇仁	鳳岡墟	巡檢司	乾隆四十二年	後廢
吉安府	廬陵	永陽	巡檢司	乾隆三十年	由敖城司移駐
		固江	巡檢司	乾隆三十年	由井岡司移駐
	泰和	早禾	巡檢司		道光年間改為馬家圳司
	吉水	阜田	巡檢司	乾隆五年	移八沙巡檢司駐
	龍泉	北鄉	巡檢司	雍正六年	依舊址重建
		禾源	巡檢司	雍正八年	
		秀州	巡檢司		咸豐年間毀，同治年間重建
	萬安	阜口	巡檢司		道光十八年改武索司

府名	縣名	市鎮	機構名稱	設置時間	備註
吉安府	贛縣	長興	巡檢司		由磨刀寨司改之
		攸鎮	巡檢司		
	信豐	頭阪壚	巡檢司		舊為新田司
	會昌	藥門	巡檢司	乾隆三十年	由湘鄉司移駐
	安遠	板石	巡檢司		乾隆四十二年重修
	龍南	下曆壚	巡檢司		後改隸定南廳
	長寧	雙橋	巡檢司	順治五年	由新坪巡檢司遷建，後遷雁洋
袁州府	萍鄉	蘆溪	巡檢司	乾隆八年	大安巡檢司改駐
		上栗	巡檢司	乾隆四十四年	
	萬載	橘樹潭	巡檢司	康熙七年	重修

＊指該司置後又廢。

資料來屛：《南昌縣誌》卷九《建置下》，民國 24 年版；《豐城縣誌》卷三《衙署》，道光五年版；《南昌府志》卷六《地理之市鎮》，同治十二年版；《瑞州府志》卷之三《建置之署蹟》，同治十二年版；《宜黃縣誌》卷八《公署》，道光五年版；《撫州府志》卷十八、卷十九《建置之公署》，光緒二年版；《吉安府志》卷七《建置之各署官廨》，光緒元年版。

與「四大鎮」駐紮的同知署這一官方機構一樣，許多駐有巡檢司或縣丞的市鎮也是經歷了一個從無至有，或從要衝之區移往其處的過程。如盧陵縣固江鎮，「在縣西五十里，舊為市。乾隆三十年以井岡巡檢司改駐其地」；永陽鎮，「在縣西南六十里，舊名草市。乾隆三十年，改敖城巡檢司於此」[106]。吉水縣的張家渡墟，「在中鵠鄉四十九都。道光年間，奉文移縣丞廨於此」[107]。而在廣信府屬各縣，其境內巡檢司機構，則大多都是由原來具有軍事防衛性質的堡寨，移往某些興盛市鎮的。如廣豐縣洋口巡檢司，「舊在柘陽寨，萬曆間建，雍正間移駐洋口」；鉛山縣的湖坊巡檢司，「向在石佛寨，萬曆間移駐河口，國初仍之。乾隆三十六年，奉文改駐今地」；貴溪縣的上清鎮巡檢司，「先為營界寨，在縣南九十里，謂之南司。雍正初，駐上清。乾隆元年，建署於瓊林街。……三十年，改今名」；鷹潭鎮巡檢司，「先為神前寨，在縣北六十里，謂之北司。萬曆初遷鷹潭，乾隆三十年改今名」[108]。

當然，官方在一些市鎮派駐巡檢等機構，往往是綜合了地理位置和商業狀況兩種因素。如乾隆《南昌縣誌》卷之二《市鎮》記載：「市汊鎮，瀕河為市，西南通瑞河，東南通兩廣，下通省會，以達於湖。對河為豐城，稍西即新建界。商賈輳集，船往來

---

106 《盧陵縣誌》卷二《墟市》，同治十二年版。
107 《吉水縣誌》卷四《市墟》，光緒元年版。
108 《廣信府志》卷二之一《建置之公廨》，同治十二年版。

如織，為本邑第一大鎮，設有巡檢把總」；「三江口，地界三縣，東北屬進賢，南屬豐城，過河而東南為臨川。三六九日依市為集，薰蕕雜處，設有巡檢稽查」。此外，在一些地處水陸要衝的墟鎮設置巡檢司，其社會治安的功能，遠大於維護市場秩序的功能。如饒州府都陽縣的鄧家埠巡檢司，就與其地的保甲組織聯為一體。據史料記載：「鄧家埠，在縣西南，去治四十里，界於撫之東鄉，信之貴溪。……國朝來，地方幸稱寧謐，但界連四邑，居民雜處，重懲遊惰，嚴行保甲，亦時平所不廢也焉。」[109]

不僅地方官員將加強離縣城較遠的墟鎮的管理視為己責，一些地方有識之士也認為墟市的設立是一柄雙刃劍，既可利民，也會害民；既可藏貨，亦可藏奸，因而主張加強墟市的管理，以便在發揮墟市經濟功能之餘，做到不影響社會秩序。道光《定南廳志》的纂修者在回顧了該縣墟市的歷史後，曾有如下議論：

《易》言：「致民聚貨，交易各得。」墟市之設，良不容已。於城於鄉，皆所以便民耳。然考《周官》，司市立法綦嚴，何也？蓋墟之為象，散則闃然，萃則闐然。可藏貨，亦可藏奸；可利民，亦可病民。苟非立墟長，嚴約束而以時稽查之，鮮不滋事為患。噫！是誠良有司之責也。[110]

---

109 《饒州府志》卷之四《坊都》，康熙二十二年版。
110 《定南廳志》卷之一《墟市》，道光五年版。

二　牙行與牙人

　　自唐末五代以來，牙行和牙人逐漸在農村商品交易過程中扮演著重要角色，成為官方管理市場的代理人。明初，政府曾一度廢除官牙和私牙，但至明中葉又因商品經濟的發展而恢復。及至清代，牙行已經遍布各地商品交易之所，在農村市場管理體系中有了不可替代的地位。康熙年間，官方已正式允許各地設立牙行，並規定五年編審一次。在乾隆年間的一條上諭中，不僅再次對牙行在民間貿易中的地位予以承認，且對開辦牙行的條件作了界定：「民間貿易，官為設立牙行，以評市價，所以通商便民，彼此均有利益也。是以定例，投認牙行，必系殷實良民，取有結狀，始准給帖充應。」[111]

　　在清中葉江西眾多的各級市場中，牙行林立，數量眾多。據乾隆二十五年（1760 年）江西地方官奏報，當時江西發放的牙帖數達到四四九〇張。從現有各種資料看，這些牙行基本涉及市場上所交易的各種商品了。如都昌縣涂家埠和高家埠均有經營和管理木材貿易的牙行，臨江府各地民間買賣牛隻，也必須經過牛牙方能交易。此外，還有船牙、豬牙、車行，甚至連灰糞買賣也有牙人插手。[112]而在寧都的黃陂墟，清初就已經形成了牛豬、棉布、雜貨、絲綿、藍靛、苧麻等行業，每個行業都有專人管理。

111　《清高宗實錄》卷一百九十五，乾隆八年六月己卯。
112　參見凌燽《西江視臬紀事》卷三《文檄》，第 77、109、119、129 頁。

所有行業都有定期繳納落地稅銀，稅銀由牙人收取。[113]

　　牙行設立之初，主要通過校勘度量衡、平準物價兩項職能來達到管理市場的目的，並取得很好的效果。因此，在一些地方官眼中，正是有了牙行的設立，方能「懋遷有無，百貨流通」。為此，他們主張應杜絕官吏對牙行的騷擾和勒索。如江西布政使彭家屏就曾奏請停牙行五年換帖之例事：

　　竊照各省州縣集場設有牙行，所以平物價而便商民，俾懋遷有無，百貨流通。又恐散漫無稽，濫增滋擾，並或消乏之戶，侵本累商，例由地方官查明身家殷實，具結申詳布政司給發印帖，始准開張，實為法良意美矣。江西省各屬牙戶於康熙二十九年前任藩司給發印帖之後，每越十年清查倒換一次，原無五年必令換帖之行。自雍正七年前藩司李蘭將各州縣牙帖換發後，至乾隆五年，因准部咨順天府府尹陳守創議復巡城刑科給事中羅鳳彩條奏清釐牙行以恤商旅一折，有五年編審時換給新帖之語，是以乾隆六年時值編審，經臣照案行查送換。惟是通省牙行計共四千四百四十三戶。自六年查催，至今尚未換齊，而五年之期已滿。今乾隆十一年，又屆編審，若再清查，繳舊換新，以四千四百餘名之牙帖……稍有不敷，層層駁詰，胥役視為利藪，多方勒索，縱加意稽察，有犯必懲，終不免於擾累。且查舊例五年換帖，原專指京城，蓋為百姓聚集，貿易眾多，應勤加清理，以剔奸弊，本非

---

113 參見劉勁峰主編《寧都縣的宗族、廟會與經濟》，第65頁。

概之於外省。況外省州縣牙行有事故歇業、另換頂補者，原許其隨時請換的名印帖，如五年之後依舊系本人開設，則原領司帖仍可執持為據，何必復行更換，徒啟吏胥需索之端。再則，牙行不過經紀小民，代人交易，若更易太煩，奸良不齊，亦恐不免藉詞剝削，累及商賈，致多紛擾，殊為未便。至若消乏牙戶吞欠客本，地方官自能隨時查追治罪另招，更無俟五年編審時始可清釐更換也。以臣愚見，江西所屬一切牙行，應請嗣後如遇原牙歇業退帖，頂補有人，即照例查明換給新帖外，其並無事故，照舊開張，原給司帖聽其收執，不必五年繳換。倘有私頂朋允，壟斷罔利情事，仍令地方官不時嚴查革究。如此，庶吏胥少需索之弊，牙行免紛擾之繁，似亦肅清市廛之一節也。**[114]**

然而，隨著牙行對市場管理權限的增大，各種弊端也日益顯現，給商人貿易帶來不良影響。如一位江西官員就說道：

商賈挾本貿遷，歷經險遠，止以博錐刀之末。然貿易所至，時貴時賤，各有不同。貨滯則稽，貨行則售。放收出入，惟恃行家為之評價歸賬，而不法牙行往往侵吞客本，俾之經年坐守，本息皆消。揆厥所由，總因客商將貨經行發店後，一時收價不清，不能守候。即以現價重複回往經營，而行家即乘間自向各店私

---

114 《江西布政使彭家屏為請停牙行五年換帖之例事奏摺》，《歷史檔案》1991 年第 2 期。

收，各店以發貨原由行主，故亦照給不疑。迨客至催交，業為牙行侵費，奸牙計舞所出，因之替後挪前，移彼清此，積漸既久，累客滋多，一朝敗露，行主則棄行潛遁，客商則本利皆空。成年告許，追給無期，即竭力催追，究之十不得一，此實行家之通病客。[115]

自康熙朝起，為規範牙行的行為，政府頒布了一系列相關律令。但這些律令並沒有在地方得以很好貫徹，牙行的各種劣跡仍是時有出現。乾隆七年（1742 年），江西監察御史衛廷璞在給朝廷的奏摺中，對米行中存在的不良行為作了如下描述：

行戶恃有牙帖，借稱輸稅，多收用錢，商人不得不取償於價值。……而積年牙蠹，恃帖為護符，或數戶朋充影射，一帖數行，或暗收幫補。其暗收之數，更浮於所納之數，名為帖納。其有頂補者，即多方勒索，名為頂手錢。少者數十兩，多者百餘兩。且復多設酒席，遍邀各牙，方許開張換帖。亦有頂補而不呈明換帖者，倘勒索不遂，輒指為私充行戶，率眾禁止，彼遂得以壟斷居奇。新開之行畏其把持，俯首順從，無由發覺。各行借稱上納官稅，互相聯絡，賤買貴賣。商船一到，憑行發糶，彼即暗中扣克，賣者有內用，買者有外用，客商整賣零販，俱要算入成本。其從前曾投伊行者，即不許另投別家，更得揢留以飽貪壑，

---

115 凌燽：《西江視臬紀事》卷三《文檄》。

以致小民常憂貴食。[116]

　　從上引奏摺中不難發現，由於經營牙行有利可圖，導致牙人在管理市場時出現了借輸稅之名多徵商人錢銀以及「帖納」、「頂補錢」等各種弊端，從而導致米價上漲。不僅米行中存在牙人擾商的行為，且在船行等其他牙行中也存在勒索苛取之事。如江西按察使凌燾就說到玉山一縣的船行，「向因行家埠頭需索多端，重重克漏。業經酌定條規，行票每兩取用三分，船行每兩取用七分，僱夫每名大錢一百文，量給保夫錢十文，其餘一切派索，概事革除。乃禁令甫申，弊端旋長。近訪聞有憨不畏法之徒，仍前多索。雇搭船隻坐行每兩輒取用七分，埠頭每兩輒取用一錢七分。又有寫契人每兩扣銀一分外，勒茶酒銀四五分不等。雇覓挑夫每名取索大錢一百二三十或一百四五十文不等。又每名索包夫錢二十文。該行戶發給夫錢每名止給錢一百零六七文，而大錢百文之內復摻搭小錢，名扣暗除，內外搜剝。商旅夫船，惟其虐取，殊堪髮指」[117]。
　　隨著牙行取得對各種市場行為徵收稅錢的權利，不僅取得牙帖的牙行會藉機對商人進行盤剝，且私設牙行勒索的事件也頻頻發生。如在南昌、新建二縣，當地一些無業遊民就私自設立灰

116　《江西道監察御史衛廷璞請廢止糧食牙帖聽民開行以平米價奏摺》，《歷史檔案》1991 年第 2 期。
117　凌燾：《西江視臬紀事》卷四《設立行票示》。

牙,對附近村民換灰的行為,按照「換灰人數,按名所取河埠租豆,又勒牙用豆及神福酒食等項」。為此,當時江西的按察使頒布禁約,聲明「從來貨利所關,方設牙行估值,未有灰糞之微,亦設牙行霸占取用者也。……嗣後不論本縣異縣農民挑換灰糞,歇船河埠,俱聽自便。如有前項地棍仍敢勒索河埠牙用,地方保約與同受害之人,即扭稟該管地方官查拿,枷責示眾,地保徇隱,一體治罪,決不寬姑,各宜凜遵」[118]。

針對牙行管理中出現的種種違規行為,從中央到地方各級政府採取了不同措施,進行規範和整頓。如乾隆《大清律例》就對私充牙行埠頭、把持行市等現象作了具體的處罰規定:

凡城市、鄉村諸色牙行及船之埠頭,並選有抵業人戶充應,官給印信、文簿,附寫逐月所至客商、船戶住貫姓名、路引字號、物貨數目,每月赴官查照。其來歷引貨若不由官選私充者,杖六十,所得牙錢入官。官牙埠頭容隱者,笞五十,各革去;各處關口地方,有土棍等開立寫船保載等行……該管地方官查拿,照牙行及無籍之徒用強邀截客貨例,枷號一個月,杖八十;各衙門胥役,有更名捏姓充牙行者,照更名重役,杖一百,革退。如有誆騙客貨、累商久候,照光棍頂冒朋充、霸開總行例,枷號一個月,發附近充軍。若該地方官失於察覺,及有意徇縱,交部分別議處。受財故縱,以枉法從重論。

118 凌燽:《西江視臬紀事》卷四《設立行票示》。

凡買賣諸物，兩不和同，而把持行市、專取其利，及販鬻之徒，通同牙行，共為奸計，賣己之物，以賤為貴；買人之物，以貴為賤者，杖八十。若見人有買賣，在旁混以己物，高下比價，以相惑亂而取利者，雖情非把持，笞四十。若已得利物，計贓重於杖八十、笞四十者，准竊盜論，免刺。贓輕者，仍以本罪科之。

各處客商輻輳去處，若牙行及無籍之徒用強邀截客貨者，不論有無詐賒貨物，問罪，俱枷號一個月。如有詐賒貨物，仍追比完足發落。若追比年久，無從賠還，累死客商者，發附近充軍。[119]

不但中央政府制定了周詳的法令，各地也依據自身的情況，拿出了具體的方案。江西地方政府對牙行的規範，主要是重新對牙人取得牙帖的資格進行認定，並對牙帖的等級作明確的分界。乾隆二十四年（1759年）四月十一日，江西布政使湯聘在《為請嚴定上中下三則以清釐牙帖事摺》中提出：

竊惟牙行估評市價，抽取牙錢，例應殷實良民，取具族鄰同行互保甘結，州縣加具印結，由府申布政使司給帖充當。帖分上、中、下三則，每年上則納銀三兩，中則二兩，下則一兩。五年編審一次，倒換司帖。立法原屬周詳，其如殷實竟成套語，保

甲漸為具文，人眾帖多，良奸雜進，倘選充時不加詳慎，迨吞騙事發始以法繩，而商累已補矣。查江西通省牙帖四千四百九十餘張，內上帖僅五十餘張，下帖幾十分之九。臣自到任以來，留心釐剔，凡朋充及兼貨、兼地者分別革退改正，欠負告發，飭行嚴究，頂換請帖，務令地方官切實具結。而現在商民告欠，同行訐控，仍不能免，良以根源不清，流弊胡底。伏查牙帖稅銀既分上、中、下戶，自必確有區別。乃承充時概稱殷實，則上、中、下既不因人而分；又同一貨色，或稱上戶，或稱中戶、下戶，則上、中、下又不因貨而別。徒以舊帖所載，相沿未改。現在上等之貨，而執下帖者甚多。更查一縣一地之中，有一貨而領帖至百數十張，更有至微之貨，而領帖亦至數十張者。隨檢查成案送部之冊，但有上、中、下牙帖總數，而某地某貨並未分別登明，以致章程無定，亟宜裁抑，以收防範考核之實。臣愚請嗣後牙帖稅則，以貨多價重、通販遠商、需行囤發者為上則，貨色平等，亦需行囤發者為中則，其但須評價，銀貨兩不經手及細微什物為下則。所有各州縣城鄉市鎮，現在牙帖逐一清釐。其有上貨而執下帖及一貨設立多牙、微物給有多帖者，確查產業田糧，概行酌裁改正，另造貨地冊送部，不許於冊外增易。如有新開墟市，必須牙行，即於廢退處所之額帖移設。至承充時結開產業田房，務須完糧戶名與充牙各姓相同，即祖父相傳之名，亦令改立的戶，該州縣具結查對戶冊，確有田糧，並無借名影射等弊，方許加結轉請。殷實二字既有著落，則牙行有身家之惜，自鮮害商之心。縱或拖欠客本，告發得實，先將結開產業當官變抵，亦不致懸宕無歸。如此辦理，似屬慎終於始之道。

江西按察使凌燽則針對牙行在貿易過程中侵吞客商貨本的現象，於乾隆年間採取了設立「三聯行票」的方法，並多次申令牙戶嚴格執行。具體做法是：「凡客貨由行兌店，即將客貨若干、議價若干，三面填於票內，中用本客本店圖記花押為憑，買賣各執其一，訂期清楚。至日店家合票發銀，如無合同對驗，店家概不許法。如有無票私給者，概不作準。店家有負欠逃匿，惟行家是問，以杜行儌佀收侵騙之端。」此外，鑒於玉山一縣船行索費名目過多過高，凌燽申令「坐行取用，每兩不許過三分，埠頭每兩取用不許過七分，其寫契紙筆茶酒銀錢概行革除。夫價每名大錢一百，至貴不許過一百二十文，外加保夫錢十文。如此外仍敢多索、暗取明分、苦累商民者，許受害客商船戶腳伕指名赴該管衙門稟報立拿，究追枷示。倘敢陽奉陰違，或經訪聞，或被告發，定行嚴拿重處，決不寬貸」[120]。

　　當然，法令的完善並沒有使牙行的劣跡得到杜絕，上引史料中江西地方要員反覆重申禁令的事實，從一個側面反映了牙行管理的複雜性。政府不時制定針對牙行的法令，表明了牙行與市場運作之間具有相當密切關係，並成為市場管理體系中重要一環。

三　鄉族與墟市

　　明中期以來，以宗族組織為主體的鄉族勢力，逐漸在江西農村的各項事務中扮演了重要角色。至清中葉，鄉族勢力不僅是推

---

120 凌燽：《西江視臬紀事》卷二《詳議》。

行保甲等制度的社會力量，且衍生出賦稅徵收的功能，進一步促成了基層社會的自我管理。正是在此背景下，江西農村基層市場從設立、發展到管理體系，均受到鄉族勢力的影響和制約。如盧陵縣渼陂的陂頭街，它的發展和繁榮，都與當地的梁氏家族密切相關。據有的學者調查，在清中葉陂頭街鼎盛時期，共有一三〇到一四〇家店鋪，而梁氏家族的四大支派就占據了一半。「除藥材是由樟樹老闆經營外，其他的商貿流通都控制在四大家族手中。……特別是每到九、十月份，四大家族幾乎將渼陂方圓幾十里之內農民生產的糧食收購一空，甚至對渼陂村各個會社收下的租穀、義倉的儲糧，也會採用或借或貸的方法，千方百計地弄到手，運銷外地」[121]。不過，由鄉族勢力控制墟市的這種現象，以江西南部地區表現得最為突出和典型。[122]

據有的學者研究，早在東晉時期，江西南部就出現了墟市。進入唐宋以來，市場貿易日趨繁榮。明中葉後，墟市分布的密度大大提高。至清中葉，形成了具有相當規模的市場網絡。在江西南部農村市場發展的歷史過程中，從墟市的建立和運作，都深深打上了宗族等其他「非正式制度」的烙印，並因移民等其他因素而變得更為複雜。[123]

---

121 劉勁峰、耿豔鵬主編：《吉安市的宗族、經濟與文化》（上），第 156 頁。

122 參見謝廬明《贛南農村市場中的非正式制度與近代社會變遷》，《史學月刊》2003 年第 2 期；黃志繁《清代贛南鄉族勢力與農村墟市》，《江西社會科學》2003 年第 2 期。

123 參見謝廬明《贛南農村市場中的非正式制度與近代社會變遷》，《史學

鄉族勢力對江西南部市場的制約和影響，首先表現在墟市的開設方面。具體說來，主要有三種情況：一是由單個姓氏開設的墟市。明代以前，寧都境內的肖田墟、小布墟等十六個墟場，就是分別由肖、王等十六個姓氏建立的。到了明代，瑞金縣的瑞林墟，就是謝氏於萬曆年間開設；壬田墟，則是由蔡氏建立。而雩都縣的段屋墟、葛坳墟、黃龍墟、利村墟，亦是分別由段、葛、鄒、黃四姓氏設立的。入清後，由於大量外來人口進入贛南地區，由一個宗族開設新墟的現象仍普遍存在。如崇義縣「傑壩墟，范、黃兩姓從廣東遷此，後建墟」，「恩順墟，清乾隆十七年朱姓遷此建墟」；又如寧都縣「高興墟，清中劉氏從福建寧化遷入，後建墟」，寬田墟，「清初郭氏開墟」；再如石城縣「木蘭墟，清中葉廖百濤從鄰村下　遷來開建墟鎮」；二是由兩個或兩個以上的家族聯合設立。如龍南縣「塘江墟，葉姓建；塘江新墟，張姓及門陂賴姓建」，「南京墟，新墟清中葉陳姓建，老墟在墟之西，由劉、賴、葉等姓合建」；於都縣「禾豐墟，清代劉、曾兩姓建墟」。三是因宗族競爭而設立。如興國縣的江口墟，起初是由「徐氏在今老墟建，後楊、鍾兩姓於清乾隆六年（1741 年）在現墟開墟，與老墟對抗」。又如龍南縣「渡江墟，原建在埠崗上大埠，因肖、申二姓在此擁有較多產業，後與他姓發生矛盾，遷此澔江壩」，「得龍墟，葛姓在水東建墟，後王姓於清初在此建墟」。此外，在寧都縣黃陂鎮轄區之內，曾有過山

第四章・清前期江西城鎮與農村市場的發展及商貿格局

堂街、黃陂街、楊依街等三個農村市場。其中山堂街是元朝初年胡姓所建，明代後因黃陂墟場被開闢出來後，赴墟者日益減少，不久自行關閉。而楊依街，則是咸豐年間，因謝、廖兩姓發生爭鬥，村民互不往來，謝姓人為解決本族人的生計而強行建起來的。[124]

江西南部的鄉族組織不僅是眾多墟市的創設主體，有的還通過控制墟基，取得了對墟市上的交易和店鋪徵稅的權利。如石城縣的小松墟，裡人溫秀遠曾通過從他姓手中購買，不僅改變墟基和墟期，還一度取得了抽稅的權利。[125]而在上猶的商業大鎮營前鎮，自明末清初始，土著朱、陳、蔡三姓通過地基所有權，迫使後來遷入的客籍人在做生意時，每家店鋪都必須向他們繳納一定的稅錢。這種格局，一直維持到清末為止。有的家族組織則是通過占有商業碼頭，收取一定的租稅，獲取商業利潤。如贛州的七里鎮為江西南部的木材集散中心之一，其康王廟碼頭為中坊的袁、賴等姓所有。憑藉對碼頭的控制權，袁、賴等姓規定，凡是將木材堆放於碼頭者，須繳納租金。這一規定，直到民國十三年（1924 年）仍然存在，並立有碑文，具體內容如下：

今將康王廟送船墩堆積板木以及雜色等項貨物收納地租錢條

---

124 參見黃志繁《清代贛南鄉族勢力與農村墟市》，《江西社會科學》2003年第 2 期。
125 《石城縣誌》卷一《輿地誌之集場》，乾隆十年版。

規開列於後：

　　一議對杉板每根納地租錢十文；一議花木每根納地租錢五文；一議連桐每根納地租錢八文；一議車桐每根納地租錢五文；一議橋板每塊納地租錢一文；一議柴火每把納地租錢一文；一議木口船在墩打篷每月納租毫洋三十毫；一議禁止墩上無論大小雜木毋許對放，如有違反，強者公罰毫洋二百毫；一議每逢正月不能出租，如有先放者，至期定須空開；一議統墩上租錢概歸廟內福主堂值年首事經理收取，他人不得冒收，其出租金者亦不得亂來。[126]

　　清中葉江西南部鄉族勢力對墟市的控制和管理，還表現在私立墟長和壟斷牙行兩方面。自明代後期起，江西南部部分州縣的墟市都是由官方任命的墟長來管理。如道光《定南廳志》記載：「萬曆十一年，知縣章瑩立墟市於城隍廟前，僉立墟長，較定稱鎚斗斛釐戥，丈尺物價。」至清中葉，隨著鄉族勢力滲入，許多墟市墟長的設立逐漸脫離了官方的控制。如有人就談及興國縣的情況：「興邑方太等處共有八墟，原因遠處鄉民便於就近貿易而設，其趁墟趕集之人，俱系零星貨物⋯⋯豈意方太等處私立墟長以來，凡遇貨物到墟，無不刻意勒索，或一兩抽至三四分，五六分不等，名為牙用，實同軋詐。迨奉憲飭查問其有無領帖，非曰

126　參見黃志繁《清代贛南鄉族勢力與農村墟市》，《江西社會科學》2003年第 2 期。

已經自退，即曰從此無名。甚且勾引匪類潛入墟場，或開賭博攫金，或窩私販取利。若地方小有事故，即把持武斷，魚肉村愚。」[127]該縣其他地方亦有此類現象，如康熙五十年《潋水志林》記載：「龍崗墟桀惡尤甚，江背峒一名赤塸墟，又有營前墟、江口墟者，皆以其地所在名之，奸氏自稱墟長，借公網利，弱肉強食。」[128]在另外一些州縣的墟市，儘管還是由取得牙帖的牙人管理，但實際仍然是單個或幾個宗族控制。如寧都縣的黃陂墟，牙人均是由當地的廖姓擔任。據乾隆四十六年（1781年）《廖氏家譜》記載：「順治九年（1652年），分撥贛州稅銀一〇〇〇兩。康熙二年（1663年），分派寧都稅銀一一〇兩，名曰落地稅銀。」在這一一〇兩稅銀中，璜溪分認落地稅銀十二點四兩，這些稅銀由管理各行業的廖姓牙人負責收取。具體數目為：廖士明牛豬行每年完落地稅銀三兩，廖林棉布行每年完落地稅銀三兩，廖友山雜貨絲棉行每年完落地稅銀五錢，廖學朴絲棉行每年完落地稅銀一兩，廖勝昭藍靛棉布行每年完落地稅銀五錢，廖道南苧麻行每年完落地稅銀四兩，廖永明牙行每年完落地稅銀四錢。稅銀由廖氏牙人收取後交到武昌祠，再由武昌祠統一向官府繳納。多餘部分則留作祠堂眾產。[129]

總而言之，清前期江西市鎮管理體系中，既有官方派駐的巡

---

127 《興國縣誌》卷三十七《藝文》，同治十一年版。

128 參見謝廬明《贛南農村市場中的非正式制度與近代社會變遷》，《史學月刊》2003年第2期。

129 參見劉勁峰主編《寧都縣的宗族、廟會與經濟》，第65頁。

檢司以及由官方確認資格的牙行，又有非官方的以宗族為核心的鄉族組織。這一多元性的特徵，既是明清時期江西商品經濟發展的必然產物，又是地方政治結構變化的結果。另外，還必須提到的是，在清前期江西市鎮的管理體系中，民間文化也是一個重要的環節。在許多地方，墟市與廟會互為一體，承擔墟市的管理職責的既不是宗族，也不是行會，而是圍繞某個神靈形成的會社組織，一些神廟也被人們賦予維護市場秩序的功能。如《新城縣誌》就記載：

萬壽宮，一在四十八都西成橋。乾隆五十九年，監生楊先沛同鄧、楊、薛、朱、包、郭等姓捐建。嘉慶二十三年，復於殿隅添建文昌閣。向有射利之徒，以故帖冒充，私索買賣糧食行稅。先沛等較準公斗，用鐵索鎖系殿外柱上，令買賣糧食均於此處印用，不得妄取分毫。經同安司吳詳請縣憲徐頒示勒碑存案，其弊乃息。[130]

另外，在寧都的小布墟，由於沒有任何一個家族具有絕對的權威，故附近的村落只得以許真君作為共同的權威，以廟會的形式，統率周圍七十二村半，以調節姓氏之間和村落之間的相互關係。[131]因此，在一定意義上來講，清前期江西市鎮管理體系的多

130 《新城縣誌》卷二《建置之壇廟》，同治九年版。
131 參見劉勁峰主編《寧都縣的宗族、廟會與經濟》，第109頁。

元性，是經濟、政治和文化等因素相互作用的產物。

第五節 ▶ 清前期江西與周邊各省的商貿格局

一　糧食產品的傳統輸出格局

　　明代以來，江西一直都是主要糧食生產地之一。進入清代，就整體而言，江西所產的糧食，除了供應本地區民食之外，還有大量的剩餘運銷於周邊省份。在下屬府縣來說，能夠有糧食盈餘運銷外省的主要有兩個地區。一是中部的撫州、袁州二府。這些地方有糧食剩餘，主要在於土地的開墾程度較高。一是南部的贛州、建昌、寧都和南安一帶。這些府縣人口較少，加之「田腴民勤，最稱富饒」，故而有較多的糧食輸出。至於北部的南昌、九江、饒州、南康以及中部的吉安、臨江、瑞州等地，由於人口密度高，加上商品經濟和社會分工發達導致商品糧需求的增加，其糧食生產大致處於自給狀態。而在東北部的廣信府，其管轄的諸縣不僅土地貧瘠，且仰賴商品糧食者甚多，故成為缺糧區之一。如史料記載：「廣信壤地偏小，尤江右之瘠區，一年所產米穀不敷一年之食，全賴外運接濟。」[132]

　　江、浙、閩、粵四省是江西糧食運銷的主要區域，「廣東之米取給於廣西、江西、湖廣，而江浙之米皆取給於江西、湖廣」

---

132 《廣豐縣誌》卷九《藝文》，同治十一年版。

即道出了這一實情。但是，江西糧食在運銷上述四省過程中，其內在推動力又有所差別。其一是由政府主導，用於救災或平抑米價。康熙五十二年（1713年），康熙帝委督察院左都御史趙申喬奉旨前往廣東平糶倉谷，並說道：「爾至廣東詳查，如所糶之米尚不足用，即速奏聞，朕令動正項錢糧，買米平糶。江西、湖廣二省，不禁商人販米，良有益處，前江浙米貴，朕諭將湖廣、江西米船放下，江浙米價遂平。」[133]雍正元年（1723年）十月，雍正帝在給戶部的上諭中稱：「浙江及江南蘇松等府地窄人稠，即豐收之年，亦皆仰食於湖廣、江西等處，今秋成歉收，若商販不通，必致米價騰貴。」雍正四年六月，又諭江西巡撫裴徟度：「江西素稱產米之鄉，況去歲今春皆獲豐收，理宜通融以濟閩省，近聞江西地方官遏糶不令出境，甚非情理。著將江西存倉之穀，碾米十五萬石，動用腳價遴委能員，即速運至閩省交界地方。先期會知閩省督撫委員領去，分給各地方，以濟民食，毋得遲緩。」乾隆三年（1738年）五月，乾隆帝在諭旨中稱：「江西、湖南素稱產米之鄉，年來頗稱豐稔，今歲雨澤，又復調勻，所有舊存倉儲，可以通融於鄰省。著照郝玉麟所請，動撥江西倉穀二十萬石、湖南倉穀十萬石，運往閩省以備用。」[134]其一是以市場流通為走向，由商販運銷。南贛一帶的糧食進入廣東和福

133 《清聖祖仁皇帝實錄》卷二五四，參見邵鴻主編《〈清實錄〉江西資料彙編》，江西人民出版社2005年版，第101頁。
134 《清世宗憲皇帝實錄》卷十二；《清高宗純皇帝實錄》卷六十九，參見邵鴻主編《〈清實錄〉江西資料彙編》，第108、114、141頁。

建，一是經贛江—鄱陽湖水道，進入長江水系，運送至長江三角洲一帶以及江浙地區。「贛無他產，頗饒稻穀，自豫章吳會咸仰給焉。……每歲賈人販之他省不可勝計，故兩關轉穀之舟絡繹不絕，即歉歲亦櫓聲相聞」[135]。另一運銷線路則翻越位於閩贛邊界瑞金縣內的大隘嶺，先是直抵福建汀州府，接著改水運，順汀江而下，進入到廣東嘉應州以及潮州一帶。如乾隆《長汀縣誌》和康熙《上杭縣誌》就分別說道：「歲只一熟無兩收也，米穀豆麥出產無多，不敷需求，須藉寧瑞挑運源源接濟。」「米雖白至汀，而實藉杭為之委，不則粟死於汀矣。故杭歲稔，則商販以金、昌之粟下程鄉、大埔，江廣流通，實為利藪。」由此一路線輸出的糧食甚巨，「查未行禁以前，每日江販來米八九百擔。……江販之米近日運至下壩、羅塘、新鋪一帶河道直達嘉應大埔，每日千餘擔或數百擔不等」。已有研究也表明，清代江西每年由鄱陽湖沿長江而下運往江浙一帶的糧食達八九百萬石之多，而每年經貢水、章水和杉關等水陸通道運銷福建、廣東的糧食至少有一百萬石。[136]

除了這兩種大規模的運銷外，在閩粵贛三省交界處，還有另一種小規模的糧食貿易，即由產穀之地的民人，肩挑背負米穀至福建或廣東易鹽，進行物物交換。「福建汀州山多田少，產穀不

---

135 《贛縣誌》卷九《物產》，同治十一年版。

136 參見陳支平《清代江西的糧食運銷》，《江西社會科學》1983 年第 3 期。

敷民食，江右人肩挑背負以
米易鹽，汀民賴以接濟」。
「南贛二府……向有潮州及附
近汀贛各府民人，挑負米穀
豆菽赴平遠易鹽過嶺，在各
鄉分賣」[137]。

徽州府也是江西糧食運
銷地之一。在清代，徽州府
既以商業聞名於世，又一直
以缺糧而著稱，時人衛哲治
稱徽州「本地食糧僅供數月
民食，每每仰給鄰封江西、
浙江等處販運接濟」。當時江

· 浮梁縣瑤里村乾隆三十八年刻「徽州
大路轉彎」碑（梁洪生攝）

西糧食進入徽州的通道，先後將各屬之糧聚集於鄱陽湖，然後溯
鄱江、昌江而上，抵達徽州。如《祁門縣誌》云：「徽州農者十
之三……即豐年谷不能三之一，大抵東人資負祁水入鄱，民以茗
漆紙木行江西，仰其米自給。」[138]《休寧縣誌》亦稱：「徽州入
境之米取道有二，一從饒州鄱浮，一從浙省嚴杭，皆壤土相鄰，
溪流一線，小舟如葉，魚尾銜接。」

137 《雍正硃批諭旨》，雍正七年九月初七，參見陳支平《清代江西的糧
　　食運銷》，《江西社會科學》1983 年第 3 期。
138 《祁門縣誌》卷五《風俗》，同治十二年版。

　　此外，清代江西的部分糧食還通過周邊沿海省份，被商人販運到海外。康熙四十七年（1708 年）正月，都察院僉都御史勞之辨就以「江浙米價騰貴，皆由內地之米為奸商販往外洋所致」為由，上請「申嚴海禁，暫撤海關，一概不許商船往來」，以達致「庶私販絕而米價平。至康熙六十年六月，康熙帝也在諭旨中說道：「聞得米從海口出海者甚多，江南海口所出之米尚少，湖廣江西等處米盡到浙江乍浦地方出海，雖經禁約，不能盡止。」由此可見，當時江西糧食被販運至海外的數量應是不小。[139]

　　清代江西糧食的輸出格局，既包括外運，又涵括內銷。從江西全局來看，其糧食的內銷，主要是南部諸郡生產的糧食，向北部各府運銷，而贛江及其他水系，則成為南糧北輸的主要孔道，所謂「贛（縣）無他產，頗饒稻穀……南昌、臨、吉諸郡告急時時輸兩關粟濟之下流」[140]。不過，在某些局部地區，也會出現糧食流通僅限於府郡之內。如在江西東部的撫州府，其糧食調劑大多以崇仁縣為中心。據志書記述：「（崇仁）地瘠田磽，本非沃壤，然而終歲勤動，廣種薄收，以一邑之穀贍一邑之食，雖無餘亦無缺。……東界宜黃，人夫販糴，去穀無多。惟北通府治，舟楫絡繹往來，每年秋熟，沿河商賈販買販賣，可以朝發夕至，故吾崇產穀惟北鄉較廣，去穀亦惟北鄉較多。……每年宜黃搬運及

---

139 參見陳支平《清代江西的糧食運銷》，《江西社會科學》1983 年第 3
　　 期。
140 《贛縣誌》卷九《物產》，同治十一年刻本，民國 20 年重印本。

裝載往郡者，總計極不過二三十萬石。」[141]另外，瑞金縣由於大多田地種植菸草，加之每年有數萬剉煙之人擁入，因而成為南部地區極為少見的缺糧縣，故由貢水外運的糧食，先要供給瑞金之民食，再進入福建、廣東境內。

二　夏布的普遍生產與外運

夏布，為苧布之俗稱，由苧麻進行加工生產而成。康熙四十七年《宜春縣誌》之《物產》云：「夏布，先將苧麻於伏天時，日用水漂，夜用糞浸，俟成白色，然後用本地木機編織成布，再用棕刷引水刷之，實為苧布，俗名夏布。」江西苧麻的種植，最早可追溯到春秋時期，而夏布的生產，從唐代以後就一直是朝廷的貢品和徵收對象。自明代起，江西種植苧麻面積日益擴大。清代，江西各縣普遍種植苧麻及其他麻類產品，夏布成為重要的商品。如臨江府新余縣，「有棉布、葛布、紫紅布、苧布，羅布數種，女工之羨，亦所以補農工之不足也」[142]。袁州府分宜縣，「苧麻，邑北山地多種苧，其產甚廣，每年三收」[143]。九江府德化縣，「白麻，出洲地。苧葛，績麻為苧布，績葛為葛布，出不多」[144]。饒州府上饒縣，「苧麻、木棉，抽緒紡之以作布，邑人

141　《撫州府志》卷三十《倉儲》，光緒二年版。
142　《新喻縣誌》卷二《物產》，同治十二年版
143　《分宜縣誌》卷二《物產》，同治十年版。
144　《德化縣誌》卷九《物產》，同治十一年版。

多植之」[145]。寧都州，「州治風俗，不論貧富，無不績麻之婦女，乃山居亦種苧，而出產無多。自宜闢曠土以植苧麻，則不必向遠方貨買，而所出之布，本賤而利益蓄矣」[146]。

江西各地苧麻的種植，有的是為本地夏布生產提供原料，如貴溪縣，「苧麻，南北鄉皆有，以家無不績之婦故也」[147]；有的則是成為外省加工的原料，如「贛州各邑皆業苧，閩賈於二月時放苧錢，夏秋收苧，歸而造布，然不如寧都布潔白細密」。瑞昌縣的苧麻，每年產三次，「計五六月間為初期，八九月間為次期，十十一月間為末期。品質以一二期為優，次期較為遜色，但經過硫磺火薰後，潔白如銀。戰前年產三萬捆，行銷上海、南昌、撫州、吳城、九江、玉山等地」[148]。另外，各縣生產的夏布，其進入商品流通流域的範圍也不一樣。一些地方生產夏布，只是作為其他物品的交換物，或是將交易範圍限於本鄉。如會昌縣，「葛布，婦女歲績，以換棉布，衣被其家人，其精者則貿於市」[149]。武寧縣，「葛布，產南鄉者佳，然不及西山，鄉人織用，交易亦不出境」[150]。有的則是成為區域間各級市場中流通的商品。如道光《石城縣誌》記載：「石城以苧麻為夏布，織成細密，遠近皆稱。石城固厚莊，歲出數十萬錠，外貿吳越燕亳間。

145　《上饒縣誌》卷二《物產》，乾隆四十九年版。
146　《寧都直隸州志》卷十二《物產》，道光四年版。
147　《貴溪縣誌》卷一之九《物產》，同治十年版。
148　《經建季刊》第一期，1947 年。
149　《會昌縣誌》卷十二《物產》，同治十一年版。
150　《武寧縣誌》卷九《物產》，同治九年版。

子母相權，女紅之利普矣。」**151**

在長期的夏布生產過程中，以苧麻種植為基礎，江西境內逐漸相應形成了幾個生產和銷售中心，即撫州府的宜黃、袁州府的萬載和宜春、贛州府的石城及寧都直隸州。這些地方生產的夏布數量眾多，且加工也最為精美，尤其是萬載、宜黃二地的夏布更是久負盛名。

江西東部的撫州府是清代江西苧麻種植和夏布生產的主要區域之一。何德剛在《撫郡農產考略》中就說道：「撫州府各縣苧麻葉大如掌，單干直上，無附枝，有附枝者出麻不多。撫屬之麻，其佳者足與永定麻相埒，未若袁州產者之高厚白也。崇仁有永定種，近日臨川、崇仁、宜黃俱分購袁州種種之。」**152**儘管崇仁、臨川等縣出產的夏布也不少，且臨川李家渡的夏布到了清末民初也曾一度名聲在外，但就清前期而言，宜黃的夏布在撫州地區，甚至整個江西還是首屈一指。雖然如何德剛所言，撫州的苧麻稍遜袁州之麻，但宜黃的夏布卻可與萬載的夏布相媲美。清人謝階樹在《宜黃竹枝詞》中，曾對宜黃夏布的精美工藝有所描述：

　　回文匭匭成仙手，卍字牢連譯佛胸。雪緯冰絲中婦職，背燈無語向燈縫。注曰：夏布之細者，光似雪華，薄如蟬翼，雖寬裡

---

151 《石城縣誌》卷一《物產》，道光四年版。
152 何德剛：《撫郡農產考略》卷下，光緒二十九年刊本，第 3 頁。

大衫，卷之不盈一掬，此富家自用，不鬻之估客。亦有織成回文
卍字者，此則婦女以為衣服，而不能織鳥獸、蟲魚、花卉之文。
外間雖亦有細者，而非其至也。

可見，宜黃的夏布不僅工藝精湛，且可以根據不同的需要，
已經形成了不同層次的質量等級。[153]在另一首詩中，謝階樹還對
製造夏布的辛勞、方法以及銷售情況，作了較為詳細的記述：

緝苧難成夏布衫，絲絲抽出賽春蠶。
可憐同巷相從日，辛苦盤來兩竹籃。
注曰：縣中無地不種苧，婦人無不緝苧。苧有青白二種：青
者入水漂之，變成白色。其法擇苧之長者，去其粗皮，先以涼水
浸一夕，然後以兩指對擘成絲，緝而成之，盛以竹籃。其短者絞
以為繩索。勤者一夜以滿一籃為度，貧者省燈油，多姆娌姑嫂相
聚，《漢書‧食貨志》所云「婦人同巷相從日」，織一月得四十
五者，予蓋親見之矣。故吾鄉夏布多而精，每歲二三月間，必有
山西賈人至縣販買夏布，一年貿易亦可得銀四十餘萬兩也。[154]

---

153 如在宣統二年《江西物產總會說明書》，就將宜黃夏布分為四個等級：
　　一是白夏布，此為次等；一是漂白夏布，此為中等；一是上等夏布；
　　一是女兒機夏布，此為最優等。
154 參見黃建安《夏布業與棠陰村落變遷》，江西師範大學碩士學位論
　　文，2004年，第33頁。

清代宜黃夏布生產，主要集中在合陂市、黃溪市、新豐市、止馬市和棠陰市，其中棠陰又是最為主要的夏布生產地和專業貿易墟市。據說，棠陰之所以能成為夏布生產中心，得益於流經該地的宜水具有良好的漂白效果，因為漂白的好壞，直接影響著夏布的質量。當然，棠陰夏布的聞名，還在於其細緻的工序。從將苧麻剝去麻葉，到織成布匹出售，前後要經歷十餘道工序。有關清代棠陰夏布生產的盛況，清人張士旂《棠陰竹枝詞》中有過描述：「年年夜織不停梭，染店漿坊處處多。紅似花濃白似雪，儂家苧布勝綾羅。」詩文中「年年夜織不停梭，染店漿坊處處多」，既反映了當時棠陰夏布生產的龐大規模，又表明當時的夏布生產有了專業分工。「富者為商，巧者為工」。此外，在夏布生產領域的不同工序之間，也有了更細緻的分工。清以前，大多數農戶包攬了夏布生產的全過程，自己種麻，自己理麻，自己織布，如今生產過程被分開，社會上形成種苧、緝織、織布、漂白、染色、包裝、運輸等各個行業。這種分工引起交換的廣泛發展，就使得各地農家不論採取哪一種方式經營，皆可獲利，生產逐漸趨向專業化。[155]

清代，棠陰夏布行銷南北各省。市場上從事夏布運銷的既有本地商人，也有許多外地客商。當地富有之家，有的開設苧麻行、夏布行，從事苧麻、夏布的收購和買賣，也有的開設「抄

155 參見黃建安《夏布業與棠陰村落變遷》，江西師範大學碩士學位論文，2004年，第33頁。

・棠陰鎮內遺存的夏布紡織機（李平亮提供）

莊」，代客收購夏布。至清末民初，棠陰鎮上的夏布行有錦泰、怡泰、福泰、悅來、保齊、大興、俊太等十餘家。聚集在棠陰的外地客商，大多來自山東、山西、河南、江蘇等省。他們的經營方式有兩種：一是「落行」，由本地商人代為收購，即住在夏布行老闆的家裡，自己不出面收購，而是出資讓當地老闆依據自己的要求收貨，等貨物備齊，便自行販運他處交易，從外地和當地價格的剪刀差中贏利。二是派專人常駐棠陰收購或開設會館，以免去棠陰本地居間商人代為收購所要收取的佣金，保護自身的利益。如晉商就在棠陰開設了夏布會館。會館設在原棠陰鎮鎮政府階下，當時又稱「源廟」。會館深約六十多米，寬約三十多米，館中有上下兩個天井，左右兩側廂房設為收購夏布客房和倉庫數

十間。下廳堂為驗貨處，將各色夏布長寬不同、質地不同、粗細不同的逐一進行分類定價。牆上並有時價公布欄。上廳則為定收後，丈量、再驗收、評等級、標價錢、記賬、放單之地，晚上兼作議事廳。

　　江西南部地區的夏布生產和銷售，主要集中於寧都直隸州和石城兩地。據道光《寧都直隸州志》記載，「州俗無不緝麻之家，敏者一日可得績三四兩，鈍者亦可得一兩以上」。由於苧麻生產數量巨大，故而要求專業市場進行交易。除了縣城的軍山集之外，鄉間的夏布墟市還有安福鄉的會同墟、仁義鄉的固厚集、懷德鄉之璜溪集。「每月集期，土人商賈雜如雲。計城鄉所產，歲鬻數十萬緝，女紅之利普矣」[156]。而道光《石城縣誌》亦曰：「石城以苧麻為夏布，織成細密，遠近皆稱。石城固厚莊，歲出數十萬錠，外貿吳越燕亳間。子母相權，女紅之利普矣。」[157]可見，石城、寧都兩地生產的夏布已經形成了專業化的生產和銷售，成為南北商品交流中的重要組成部分。另外，贛南其他一些州縣也多有種麻織布。如《興國縣誌》載：「績苧絲織之成布，曰夏布，俗呼為春布。一機長至十餘丈，短亦八九丈。衣錦鄉、寶城鄉各墟市皆賣夏布。夏秋間每值集期，土人及四方商賈雲集交易。其精者潔白細密，建寧福生遠不及焉。」[158]又如龍南縣，

156　《寧都直隸州志》卷十二《土產》，道光四年版。
157　《石城縣誌》卷一《物產》，道光四年版。
158　《興國縣誌》卷十二《土產》，道光四年版。

「苎，園圃中種之，短瘦而韌，邑中亦織苎為布，但不廣耳」[159]。另外，會昌、安遠、贛縣等縣，也都有種麻織布的相關記載。

江西西部袁州府的夏布生產主要集中在萬載、宜春兩縣。據民國時期資料記載：「萬載夏布為萬載、宜春兩縣夏布之統稱。萬載產苎麻不多，夏布原料，多從宜春輸入，宜春產苎麻甚豐，且質地優美，但織布之法，不及萬載，故宜春夏布多在萬載製造。」另外，該材料還對萬載夏布與宜黃夏布的不同特質作了比較和區分：「普通多稱萬載夏布為扁紗，宜黃夏布為圓紗。宜黃夏布的色澤較萬載夏布美觀，但其質地不及萬載夏布之耐用。」[160]萬載夏布之所以比宜黃夏布耐用，可能與它的編織方法有關。一是脫膠。就是取黃牛新糞，放入沸水中攪拌分化後，再將苎皮置入；約煮一刻鐘，即行取出，移入河中沖濯乾淨，勿使苎皮上黏留絲毫膠質。二是漂白。苎皮洗淨後，即移置強烈日光中曬之，勿等曬乾，即用水淋濕。如此循環不已，直至苎皮潔白為止。最後，將苎皮攤置竹篙上曬燥。曬燥後收藏過夜。次日清晨，再將苎皮披開草上露濕。嗣更置日光中曬之，並用水如前法淋濕。如此數日，麻遂潔白可愛。然後藏之缸中，緊密蓋好。否則，麻色容易變黃而失去其鮮豔光澤矣。三是績麻。將漂白之麻，用冷水化濕，就其纖維分成細紗，再以好的，快而細，色又鮮。每月績七八百「扣」者，可績二三疋；績五六百「扣」者，

---

159 《龍南縣誌》卷二《物產》，光緒二年版。
160 《萬載夏布》，《經建季刊》第一期，1947年。

可續五六疋。「扣」是謂紗之粗細,「疋」是謂紗之多寡。四是
牽機。用同量的紗數,牽成經紗,再用竹篦做成的「扣」,將紗
穿入「扣」縫中,然後捲成經軸,俟晴天時,於庭院中,將經軸
在刷布機上緩緩展開,以上白米煮成的稀薄糨糊,噴潑紗上,隨
用棕刷輕輕梳之,使紗之接口,黏貼緊密,不致鬆脫。「再用少
許清油潤之,即愈光澤矣」。四是上機。經紗糨好刷好之後,再
捲成經軸,放在織機上。然後再將棕線過好,分成棕紗與反棕
紗。至此,即可開始織布。踩「交」放「交」,將裝好緯紗的梭
子,左右拋擲,來往上下經紗間,而布幅即逐漸織成矣。此外尚
須注意者,即緯紗須先用水沾濕,要使乾潤適宜,過濕則紗易
斷,過乾則織布下密。所以織造夏布與氣候很有關係。尤其織高
莊的夏布,關係重大。故在冬天,有土洞的設備,目的在於減低
冬令的寒度,同時,可以避免地面乾燥的影響。[161]

萬載夏布還有闊幅和狹幅之分。闊幅夏布又稱為扁紗,用績
苧織成,縣城及盧家洲為主要產地;狹幅夏布以櫧樹潭、周陂橋
兩地所產最為嫩白勻淨,通行四方。每年二、三月,各地商賈輻
輳而至,謂之「買春莊」,七八月則謂之「買秋莊」。[162]

萬載和分宜兩縣既是清代江西夏布的生產中心,也是銷售中
心之一,並在此基礎上形成了一些專業墟鎮。如上引資料中提及
的櫧樹潭、周陂橋兩個墟市,每年在春秋兩季都有大量的外地客

---

161 參見《萬載夏布》,《經建季刊》第一期,1947 年。
162 《萬載縣誌》卷十二《物產》,道光十二年版。

商雲集，從事苧麻和夏布的運銷。另外，在分宜縣，每年五月後，「苧商雲集各墟市，桑林一墟尤甚，婦女亦多績苧為布，粗而不精曰苧布，北布為官稅所徵，近則給價採買而不徵稅。採有定時，或三年一次」[163]。

三　煙葉的種植與運銷

明末清初，隨著大量移民自福建進入江西北部及南部地區，菸草的種植也開始在江西許多地方出現，尤其是與福建相鄰的贛州府和建昌府，菸草成為當地農人普遍種植的一種經濟作物。如乾隆《贛縣誌》記載：「菸，菸草也，種出日本，明末傳入中國，本草广雅皆不載。今閩人以其葉製煙，有石馬、佘塘、金絲之名，實皆閩地也。贛與閩接壤，故種者亦多。」[164]乾隆《石城縣誌》亦載：「菸草，明末自海外流傳閩漳，故漳煙名最遠播。石於閩接壤，故其品亦佳。」[165]道光《南城縣誌》則云：「煙，邑人近效閩俗，連畦盈畝，城內尤多，勝於種蔬。」[166]至清中葉，江西菸草的種植範圍有所擴大。如上饒縣菸草種植即是此一時期出現，「煙，向惟盛於廣豐，今山農亦有種者」。另外，在九江府的彭澤、饒州府的鄱陽以及撫州府的宜黃等地，菸草的種

---

163 《分宜縣誌》卷十二《物產》，道光二年版。
164 《贛縣誌》卷七《食貨志之物產》，乾隆二十一年版。
165 《石城縣誌》卷一《輿地之物產》，乾隆四十六年版。
166 《南城縣誌》卷一《物產》，道光六年。

植也逐漸見諸各種記載。[167]

　　清前期江西菸草的品種質量也得到提升。在乾隆時期，石城縣的菸草僅是「其品亦佳」，但至道光時期，方志上則這樣說道：「菸草，石邑種者甚多，其品不讓閩漳也。」[168]同治《永豐縣誌》亦說道：「菸草，俗稱菸草，種出日本，明天崇間輸入中國，俗稱石馬、金絲，皆閩地出。豐邑與閩接壤，種者多，質亦良，為日用之必須物。」[169]而同治《玉山縣誌》則記載：「煙之屬，玉產者鮮，淡巴菰之名著於永豐，而製之精妙則色香臭味莫與玉比，閩人之求玉者，率業此以起其家。」[170]可見，此一時期江西某些地方菸草，在品質上已經不讓於福建的菸草，有的甚至成為福建人進入當地後起家之業。那麼，為什麼此一時期江西菸草種植的面積會迅速增長，成為農業經濟結構中一個重要的支柱呢？究其原因，一是在於菸草種植所能獲得的經濟利益。如《南豐縣誌》作者就認為菸草種植，「利倍於谷，不費工力，惰農之所食也」[171]。道光《瑞金縣誌》也稱種煙「利視稼圃反厚」，而在乾隆《安遠縣誌》中，則對種稻與種煙所得作了詳細的對比，得出了如下結果：

---

167 參見王松年《江西之特產》，聯合徵信所南昌分所 1949 年版，第 215-218 頁。
168 《石城縣誌》卷一《物產》，道光四年版。
169 《永豐縣誌》卷五《物產》，同治十三年版。
170 《玉山縣誌》卷一下《物產》，同治十二年版。
171 《南豐縣誌》卷九《物產》，同治十年版。

田一百把，除牛稅谷及所賺之外，納租十二桶。種煙每百把，可栽一千本，摘曬可三百斤。價錢每百斤四千文，價貴六千文不等。新稻出，每桶三四百文不等。將一百斤以還租，仍獲二百斤之利。[172]

二是菸草種植可以充分開發和利用山區資源。例如在寧都州的石城縣，由於境內山地較多，因而菸草的種植大多集中在山地，人們將種煙視為充分利用自然條件獲利的良法：

石與閩接壤，三十年來始得其種並製作法，以黃絲為上品，性耗烈。累奉禁，積重難返，嗜者竟若飢渴之不可去。但石之煙種於山，不種於田，不似他邑棄本傷農，並令無田可耕者賃山種植，取息贍養，其亦天地自然之利之一節也。[173]

而《安遠縣誌》則是認為，種煙雖會給農業帶來一定的傷害，但也能使得農業得到某些益處，所謂「煙足以妨谷，又足以扶禾，每秋間番稻插田，值秋陽蒸郁，多生蟊賊，食禾根節，以煙梗於根旁，蟲殺而槁者立蘇，兼能肥禾，農人需此甚迫，又不可不備為扶禾之用。為百姓者，誠栽於嶺上隙地，庶幾田谷不妨，而養人之功既溥，亦且粒食有賴，而扶禾之利又收，豈非相

---

172 《安遠縣誌》卷一《輿地之土產》，乾隆十六年版。
173 《石城縣誌》卷三《物產》，康熙十三年版。

濟而不傷歉？」[174]三是能在一定程度上緩解糧食生產不足所帶來的危機。如道光《瑞金縣誌》稱：

> 瑞近於漳，土性所宜，不甚相遠。又製熟煙，必得茶油為用。瑞故產油之地，故漳泉之人，麇至駢集，開設煙廠。銷售既廣，種者益多。當春時，平疇廣畝，彌望皆煙矣。議者謂奪稼穡之地以種煙，則產穀無幾。又聚千百剉煙之人，以耗穀食，則穀價日湧，為害滋甚。不知瑞邑山多田少，一邑所產之穀，原不足以供一邑之食，故常仰給下流之米，賣煙得錢，即可易米，而剉煙之人，即生財之眾，非游手冗食者也。地方繁富，則商販群集，又何憂其坐耗易盡之穀乎？且每歲青黃不接，民用空乏，人見菸草在田，有無可以相通，最為生活計也。[175]

儘管菸草的種植存在著諸多有利因素，但由於在中國傳統社會中，耕作農業為本仍然是人們普遍的觀念，因而菸草的種植和生產也常常遭到時人的抵制和反對。康熙《續修瑞金縣誌》的作者即認為，菸草的種植侵占了大量糧田，有廢耕之害，而大量剉煙之人和菸草商販的擁入，還導致米價高漲。再有甚者，「且剉煙之人，類皆閩廣逃流，蜂屯蝟集，曉散夜聚，語言不通，蹤跡莫考，藏納亡命，實為淵藪。況自丙戌洪水沖塌城池，聚黨宵

---

174 《安遠縣誌》卷一之九《物產》，同治十一年版。
175 《瑞金縣誌》卷二《物產》，道光二年版。

行，出入無禁，積薪厝火，未有不焚，此則揖盜之害也」¹⁷⁶；《大庾縣誌》的編纂者亦認為菸草的大面積種植，導致糧食「日少而日貴」，故而主張地方官員出面禁止此類經濟作物的種植；寧都州的一些士大夫，則針對菸草種植為自然之利以及以煙易糧的觀點提出了質疑：

縣誌謂瑞邑山多田少，所產之穀不足供一邑之食，藉賣煙以易米，似亦生財之一法。然州治多種山煙，山土鋤松，大雨時沙土隨水下，不無河滿之患，山煙所在宜禁。¹⁷⁷

而新城縣（今黎川縣）的士紳則認為種煙僅是極少數人獲利，全縣大部分人均受其害，因而聯名發布禁約，明令不許種植菸草。在禁約中，他們指出了種煙的六大危害：

新城僻處萬山中，戶口日增，田畝無幾。彼栽煙必擇腴田，而風俗又慣傚尤，一人栽煙，則人人栽煙，合千百人栽煙若干畝，便占腴田若干畝。再栽煙一歲，則地力已竭，越歲又易一畝以種之，遞年更換。有休一歲仍種煙者，休二歲、三歲仍種煙者，既已占去禾畝，更使栽穀盡皆瘠土，其為害一也。古稱糞多力勤者為上農。近年糞簞擁擠河下，皆蒔煙家借債屯糞，競以昂

---

176 《續修瑞金縣誌》卷四《食貨之物產》，康熙四十八年版。
177 《寧都直隸州志》卷十二《土產之物貨》，道光四年版。

價，長年搬運。而壅禾則半用石灰，糞少穀稀。……其為害二也。蒔煙之耗人力，數倍於穀，合一家老幼儘力於煙，其惰者姑無論，即勤者亦難兼顧禾畝；而雇工則種稻輕其值，種煙重其值。於是傭工者競趨煙地，而棄禾田；況農家婦女饎餉而外，紡織為本。今皆惟煙是務，婦不知織，布何從出，其為害三也。……蓋吾邑煙葉向憑客商販自土地廣饒、有閒地栽煙之處，今則外郡客轉販煙於新城。嘗合四鄉紳耆問訊，以占去禾畝及禾畝皆瘠壞，並人力灰糞不足之數通計之，合大小業約少穀以十餘萬計。不惟有妨積儲，即本歲猶慮不充，其為害四也。……既有此六害，而栽煙未必獲大利。彼第計煙葉發販之期，頗覺充裕，抑未計本資比栽禾加貴，更未計無小業內出息，日買食米，已經吃虧。迫穀少價貴，尤屬艱窘。……即謂有一種無恆產者，專靠賃田栽煙，通計各鄉此種不過數十人。縱令禁煙有礙此數十人，而事關合邑民食，安能恤數十人者？傭工於栽禾之家，仍可自食其力。且禾田多糞，不用石灰，田中魚蝦等類，得免戕害，亦可拾以資生。愚民無知，只顧近而不顧遠，只見有形之利，而不見無形之大害。[178]

　　儘管對於菸草種植存在種種非議，但清中葉江西各地，尤其是贛州、南安二府的煙葉種植面積仍然達到了一個高峰，並形成了採摘、曬製、加工與運銷的鏈條。煙葉收成後，不能直接吸用，

必須經過一系列的加工，方能進入市場。首先是要進行採摘和曬製。到了六月初，便開始割取煙苗上大的一兩片煙葉，名謂「打煙腳」。七八月陸續割取煙苗中段的十來片煙葉，名謂「割煙」。九月以後收割的，一律做「秋煙」。每株煙苗大約可長煙葉二十多片。而每片煙葉各有名稱，從煙苗下面往上數，近土的一片名為「土皮」，第二片名「二托」，第三片名「三括子」，第四片以上至十五六片都稱為「黃煙」。由十多片「黃煙」中，又可提出「中黃」（即第七片以上至十二三片之間的葉子）和「蓋露」（即近煙苗梢頭最大的兩三片煙葉，它上迎露水，下覆其餘的煙葉，故得此名）兩種。「每次割取的煙葉，必須隨時加以曬製，曝曬的時間在六七月，大約只要曬三天就可以，秋後通常要曬六七天。曬的方法是把煙葉夾在六尺長、二尺寬的篾竹上，並且以大片的好煙葉擺在兩頭，中間夾著那些蟲蝕或小張的葉子。曬乾以後，便依著篾竹子的大小，平平疊起，通常是疊三十層至五十層一『連』，大約六、七月收割的黃煙（又稱夏煙）多半是三十層為一連，因為出售時，好煙的件頭多，壞煙的件頭少，比較容易脫手的緣故」。其次是抽梗和刨煙。具體操作是剪去曬乾煙葉之蒂，將葉上莖全部剔去，然後用兩片木板將煙葉夾好，「刨落紛紛，形如細髮」，這就是生煙絲。如要製作熟煙絲，還要加以烘烤，有的還加上薑黃末拌勻，成為老黃色。最後將烘烤好的煙絲加以包裝，進入市場銷售。[179]

---

179 參見王松年《江西之特產》，第 217-218 頁。

隨著菸草加工的發展，江西各產煙區出現了許多加工作坊。在瑞金縣，幾乎每鄉每戶都種植菸草，城鄉各村開設剉煙廠不下數百處。每至煙熟季節，「四方收煙之商及剉煙者，動盈萬人聚食於彈丸之邑」。這些菸草加工作坊，每廠人數為五六十人，且大多來福建的漳州和泉州。如史料記載：「瑞近於漳，土性所宜，不甚相遠。又製熟煙，必得茶油為用。瑞故產油之地，故漳泉之人，麋至駢集，開設煙廠。……聚千百剉煙之人……」[180] 除了福建人之外，在瑞金從事菸草加工的還有廣東人，但以福建人居多。自雍正朝至嘉慶朝，單是福建龍岩適中一地之人，其在瑞金開設的煙鋪就有七家，分別是謝晏波開設的晏記、謝克博開設的克博、謝波敦開設的廣興隆、謝渚元開設的三元、謝桂木之父開設的永榮太、林起家開設的聚福隆、賴某開設的同德，其中晏記煙鋪開設於雍正朝，克博、廣興隆二鋪開設於乾隆年間，其他四個煙鋪均出現在嘉慶朝。另外，此一時期在贛南其他產煙地也出現了菸草加工商鋪。直至二十世紀三十年代，毛澤東在尋烏調查時仍發現該縣城有兩家製造黃煙的店子。一是由福建上杭人開設的黃裕豐，另一家是安遠人開辦的湧泉號。除南部地區外，其他菸草種植地也有諸多從事菸草加工的作坊，且開設者亦大多為福建人。在這些開設煙鋪的福建人中，上文提及的龍岩適中人還活躍在玉山、盧陵等地。從乾隆朝到嘉慶朝，先後在二地共開設煙鋪十二家。尤其是岩坪的謝氏家族煙商，更是將玉山作為主要

---

180 《瑞金縣誌》卷二《物產》，道光二年版。

經商地點，最多時開設菸草作坊十餘家。[181]

　　清中葉江西生產的菸草，除滿足當地需要外，還運銷至省內外。尤其是菸草主產地的贛州府、南安府和廣信府的廣豐縣，其外銷的數量頗巨。在當地從事菸草貿易的商人，有的來自福建和廣東。如乾隆《贛州府志》記載：「菸，即菸草……贛屬邑遍植之……閩賈爭挾貲覓取。」[182]有的來自本省的吉安府，「秋後吉郡商販踵至，利視稼穡反厚」。這些來自省內外的商人，既將江西的菸草運銷至廣東、江浙和兩湖地區，又在本省內部進行交易。一項民國時期的統計表明，信豐所產的菸草銷往廣東，宜豐所產之煙運銷兩湖，廣昌的卷煙和煙絲則銷往上海和廣東，而宜黃的製煙則銷至崇仁和豐城，龍南的部分煙絲也銷往贛縣。[183]另外，必須提及的是，隨著中國沿海以及沿江港口的開放，九江成為江西菸草輸出的中轉口岸，瑞金、廣豐、黎川、廣昌等縣出產的煙葉，還通過閩粵兩省商人的購運，進入到香港和南洋等國際市場，成為近代江西對外貿易的一項重要商品。

四　棉貨與鹽的輸入及其意義

　　在與周邊各省的商貿過程中，江西既對外輸出糧食、苧麻以

181 參見林仁川《明清福建菸草的生產與貿易》，《中國社會經濟史研究》1999 年第 3 期。

182 《贛州府志》卷二《地理之物產》，乾隆四十七年版。

183 參見江西省社會科學院歷史研究所、江西省圖書館選編《江西近代貿易史》，江西人民出版社 1987 年版，第 255、256 頁。

及菸草等產品，同時也從各地輸入商品，棉布以及食鹽即其中較為大宗的商品。

　　清代江西棉花的種植，主要集中在北部的九江府。早在明代，地方誌就說九江府所屬五縣均種植棉花，其中德化縣的棉花以質量著稱，彭澤棉以數量見長。進入清代，該地區植棉仍然很盛。嘉慶《彭澤縣誌》記載：「木棉，多而且美，一、二、三、二十都出者，核小而絨多。」德化縣內棉花的種植，則「惟封郭、桑落二洲，核小而絨多」[184]。同治《九江府志》對所屬各縣棉花的種植情形和棉布的生產作了較為全面的概述：

　　九江，一高山大川之區也。沃衍無多，物產非饒。……有五邑相同者木棉，實曰棉花。經壓彈紡織而為布，一郡盡然。棉花惟德化封郭、桑落二洲所出核小而絨多，彭邑涼亭、馬當所出為盛。棉布出於德安者，莧曰土布，細曰腰機，湖邑下鄉家機布皆佳。[185]

　　九江府所產棉花，除了供應本地紡織之用，還銷往蘇州、松江等其他棉紡織業發達地區。一九八三年，彭澤縣馬當鎮出土了一塊雍正二年（1724 年）的示禁碑，碑上刻有「歷年所產棉花不下數十萬擔者，而南北商賈絡繹不絕」的文字，充分反映了當

184　《德化縣誌》卷九《物產》，同治十一年版。
185　《九江府志》卷九《地理之物產》，同治十三年版。

時九江地區棉花生產和銷售的盛況。

除九江府之外，江西其他府郡，例如南昌、臨江、撫州、南康、廣信、饒州、吉安，亦有不同程度的棉花種植和棉布生產。如南昌府南昌縣境內的棉花「有紫白二種，幽蘭塘、羅舍渡多種之。姜曾《棉考節錄》，棉有草木兩種。吾鄉草棉彌亙田野……自苗而實曰棉花，碾之曰棉條，紡之曰棉紗，織之曰棉布」[186]。道光《豐城縣誌》也記載：「木棉莖弱，葉如楓葉，秋開花結實，大如桃，中有白棉，有紫棉，出其核紡絲織為布，邑女工最勤，利賴者多。」[187]饒州府德興縣境內，則是「苧麻、木棉瀰山遍野，秋夏間取而治之。籌燈四壁，機聲軋軋，卒歲之謀，常取於是」。廣信府玉山縣「棉苧並出，種棉取其花，種苧取其皮，婦人以紡以績，類能衣其夫以及其子女」[188]。南康府建昌縣（今永修縣）「棉花湖鄉出產較旺，棉布各區皆精織紉，鄰邑靖安間有建布至，則爭購之」[189]。南城縣所產棉布又有粗細之分，「粗為蠻布，細為腰機布，里塔、謝坊、新豐、塘坊者佳」[190]。吉安府永豐縣，栽種的棉花「有紫白二種……鄉村種之，惟六、七都更多」。而《安福縣誌》則不僅記載了該縣棉花的種植情況，且對棉布的生產過程及其與小農之家的關係作了說明：

186 《南昌縣誌》卷一《物產》，同治九年版。
187 《豐城縣誌》卷五《物產》，道光五年版。
188 《玉山縣誌》卷一下《物產》，同治九年版。
189 《建昌縣誌》卷九《物產》，同治十年版。
190 《南城縣誌》卷一《物產》，同治十二年版。

福邑木棉，惟大河兩岸居多，岡阜處亦間有之。其種植也，地宜沙土相兼，糞宜肥瘦得宜。地太高燥不生，太卑濕亦不生，太肥則脆而易萎，太瘦則矮而不盛。河地有沙有土，不燥不濕，糞之得宜，得利甚多，較之岡阜，不啻十倍。……男婦大小，每於午後撿收，盛以竹籃，曝以竹柵，候其子乾，咬之有聲，出以木出車，子落而絨吐，則謂之皮綿。子可榨油點燈，以便工作，亦可調食，其味更甚菜油，民間多蓄以備日用。既成皮綿，用木弓長五尺餘，扣以皮弦，以木椎彈之成絮，以小竹竿滾成棉條，長五六寸不等，用木車鐵錠子紡之成紗，謂之綷子，其大如鴨卵然。婦女勤快者，一日夜即細紗可得半觔。成紗後，挽之成把，俗謂之爬，合數爬成一觔，合數十爬成數十觔。量其多少，視其粗細，以米汁漿浸紗，俟曝乾後，又用紡車倒作大筒，如大鵝卵然。……福邑鄉民，以此作生活者居多，不惟自衣，兼可獲利，此亦民務之大防也。**191**

儘管清前期江西大多府郡均有種植棉花的記錄，但從其他歷史資料來看，其所收穫的棉花總數還是難以滿足自身的需求。尤其是咸豐朝以後，隨著江西本省棉紡織工業的發展，大量來自國內其他地區的棉花通過九江進入到江西各地，並於光緒十七年（1891 年）達到最高峰。自光緒十八年起，棉花的輸入數就逐漸減少，至光緒二十六年僅有三四八擔，光緒二十七年則無棉花輸

---

191 《安福縣誌》卷一《物產》，道光三年版。

入。

在棉花輸入越來越少之時，棉紗與棉布輸入數則呈相反的態勢。在同治十三年（1874 年）以前，江西向無棉紗輸入，同治十三年也僅僅輸入二一九擔；但光緒三年（1877 年）已超越千擔，光緒二十年則達到萬擔以上；至光緒二十四年，更是出現了驚人的十數萬擔的紀錄。至於棉布的輸入也是突飛猛進。由於資料的缺失，我們無法統計江西從其他省份輸入棉布的數量，但從一些地方誌記載來看，在當時江西的棉布市場上，應有來自兩湖地區的棉布。如湖南長沙府的攸縣為著名的棉布產區之一，該縣同治時期的縣誌說其出產的棉布「通行潭、醴以及江右吉、袁」[192]。此後，由於西方商品的輸入，中國的傳統棉紡織業受到衝擊，江西輸入的棉布中絕大多數是洋布。至光緒三十年已在四十萬擔以上，以後各年雖高低不等，但亦在三十萬擔以上。

總之，有清一代，在江西輸入的棉貨產品中，棉花與棉紗和棉布呈現了興衰的極端現象。從清前期，隨著傳統棉紡織手工業的發展，江西本省的棉花產量難以滿足棉布生產需求，因而從外面輸入的棉花數量不斷增長，直至光緒朝後期達到頂峰。但是，由於清中期西方商品源源進入中國沿海市場，並逐漸向內陸推進，江西的傳統紡織業受到極大衝擊，至清末已是趨於渙散，故棉花的需求急遽下降，並一度停止。與此相反的是，棉紗、棉布這兩種棉貨產品開始進入江西市場。輸入江西的這兩種產品，既

---

192 《攸縣誌》卷十八《風俗》，同治十年版。

有來自國內的，亦有來自國外的，但一直是國外的產品為主。因此，從某種意義上來說，棉花輸入的減少以及棉紗、棉布進口的增多，乃是清代以來江西手工棉紡織業由盛至衰的一個像徵。

食鹽是清代江西輸入的另一宗為數巨大的商品。唐、宋、元三代，江西一直就是以行銷淮鹽為主、廣鹽為輔的格局。入明後，江西食鹽分銷的傳統局面發生了變化。先是弘治朝之前，廣信府行浙鹽，南安、贛州兼行淮鹽和廣鹽，其餘各府均行淮鹽。正德朝後，除南安、贛州二府改完全銷廣鹽外，吉安府九縣也被劃歸廣鹽行銷範圍。清政府建立之初，沿襲了明後期的形式。「淮鹽行南昌、瑞州、臨江、撫州、建昌、饒州、南康、九江各府，浙鹽行廣信府，廣鹽行吉安、南安、贛州三府」[193]。清中葉，前種局面又發生了些許改變，在經過地方官員多次申請和商討後，吉安府又開始行銷淮鹽，南安、贛州以及新設置的寧都州俱食廣鹽。

在劃界行銷政策指導下，清代江西境內被分為淮鹽、廣鹽和浙鹽三個食鹽行銷區劃，而其推行的運銷方式，則是被稱為「專商引岸制度」的官督商銷。具體說來，就是商人想要取得食鹽專賣特權，「必先向有窩之家，出價買單，然後赴司納課」。取得了鹽引之後，方能承擔食鹽的運銷，這些鹽商也就被稱為「運商」或「引商」。在此種制度下，食鹽從鹽場生產到江西銷售，大致要經歷如下過程：普通場商將鹽由鹽場運到鹽引發售地揚

---

193 《江西通志》卷八十六《鹽法》，光緒七年版。

州，然後由政府轉賣給引商，引商再將鹽運至南昌，之後改大包為小包，賣給水販，最後水販將鹽運往各州縣鹽店。

為了便於食鹽順利進入江西，並對官府以外的食鹽販運進行盤查，政府除採用專商引岸制度外，還對各種行銷的食鹽運送的路線作了具體規定。如淮鹽進入江西的路線，先由商販自泰壩購買食鹽至儀徵批驗所，然後溯江而上，達到九江，進湖口，至大姑塘，停泊青山所納稅。除饒州一府另行起駁，吉安一府自行盤運不由省發外，余商之鹽，皆運至省城蓼洲。再以蓼洲為據點，向各縣分運，形成六條更為明確的運銷領域和具體的運送路線。

一是南萬線。該線路由蓼洲上水至大港口，先後經豐城、樟樹，再折西進入袁河口，然後經清江、新喻、分宜，最後抵宜春港；一是南吉線。這一線路又可再分為二路運輸。一路為南樂線，即從蓼洲出發，先後過樟樹、新淦、仁和、峽江、三曲灘、吉水，再向東進入恩江河口，經水南至樂安港；另一路自蓼洲上水經吉水、廬陵，向西進小河，分河至安福、永新、永寧止，南上泰和、萬安兩縣至百家鎮十八灘止。一是南廣線：自蓼洲由章江渡石頭口，向東北過七里街涂汊、趙家圍、康山，繞東南上枯林、烏沙港、謝家埠、武昌渡、池港、梁家渡、三江口入撫河，經溫家圳、臨江至建昌，分河至南豐、廣昌、蘆溪縣。一是南浮線：自蓼洲上水，北由章江渡石頭口，向北進瑞洪、鄥子司、龍津、安仁縣止，東往官塘進都陽湖，經饒州石頭街，抵浮梁縣景德、桃樹二鎮止。一是南奉線：自蓼洲下水經樵舍、涂家埠，入燕灣、炭婦港、三石共灘、萬家港、安義、靖安、奉新港，並延伸至會埠、羅坊止。一是南九線：自蓼洲下水，沿贛江順流北下

吳城，再經鄱陽湖至都昌、湖口二縣，再溯流北上至九江，接常
德、湖廣界，南下彭澤馬當，接安慶界止。

廣鹽運銷江西的途徑，先是分別自廣東的南雄和龍川兩地進
入江西，再轉經水運分銷各縣。由南雄進入江西的廣鹽先是運至
大庾，再轉經水路運至南康、上猶、崇義、定南、龍南、信豐、
安遠等港；由龍川進入贛地的廣鹽先是由陸路運至長寧，再改由
水道送至會昌、雩都、興國、寧都、瑞金、石城等港。浙鹽進入
到廣信府的路線，先是由浙江常山陸運至江西的玉山，然後分兩
路銷售各地。一路自玉山港水運至上饒、弋陽、貴溪、鉛山港，
另一路自玉山水運至廣豐港止。[194]

上述三種食鹽銷售方式，由於受到官方政策制約和監督，因
而通過它們運銷的食鹽又統稱為「官鹽」。由清初至清中葉，江
西每年銷售的官鹽數量大約在二十七萬至二十八萬引之間。在這
二十七萬引之多的食鹽中，絕大多數是淮鹽。如乾隆四十七年
（1782 年），江西全省共行銷食鹽二七七二九一引，而贛州、南
安二府以及寧都州行銷的廣鹽引數分別為四二〇四九、一二四二
二和九二五二。除去廣信府銷售的浙鹽數，剩下的淮鹽引數接近
二十萬引，占到總數的四分之三。

在官鹽進入江西各地行銷之時，還有為數眾多的私鹽流入江
西廣大城鄉地區。清中葉，在江西中、南地區的府縣，私鹽貿易

---

194 參見吳海波《清中葉江西中南部地區鹽梟走私初探》，江西師範大學
　　碩士學位論文，2002 年，第 13-14 頁。

尤為活躍，以致建昌、吉安、贛州、南安以及寧都等地方誌中均留下了「私鹽充斥，官鹽雍滯」的記載；而據《陶文毅公全集》載，至嘉道時期，江西吉安、撫州、南康等府的食鹽銷售數已是「官私各半」[195]。這些侵入江西中南部各府的私鹽，主要來自福建和廣東，其通道有二：一是從福建光澤進入江西的新城縣，再經建昌、樂安等縣轉運其他地方。「建昌一府，三面接壤閩疆，而尤甚於杉關一路。關內為閩之光澤，外為建之新城，私販由關而出，至石峽下船，布散南城、南豐，直走撫州，由滸灣分入臨川、宜黃、樂安，侵壞淮鹽口岸甚大」[196]。一是廣東的私鹽經南安、贛州滲入，後流散萬安、泰和、吉安等地。這兩條路線之所以成為私鹽運輸的主要途徑，乃是由於其經過的地區或是處於偏僻地帶，或是位於多縣交界處，因而能夠避開官方的緝查，肩挑背負小販方能將私鹽源源運入。

　　清中葉江西私鹽的氾濫，與官鹽的運銷體制有著密切的關係。其一，在專商引岸制度下，食鹽的生產和運銷無不被官方所壟斷，以致鹽商銷售的過程中，時時都會受到來自大小官員的勒索和盤剝。「上自督撫鹽道，下至州縣委員，皆藉督察名義，莫不魚肉鹽商，分潤鹽利。各衙門陋規，大者數萬，小者數千，楚岸共約一百萬兩，西岸共約四十萬兩，不問此費由來，第以歲定

---

195 陶澍：《查復楚西現賣鹽價摺》，《陶文毅公全集》卷十五，道光二十年版。

196 沈起元：《上督院論江西鹽務書》，賀長齡編《清經世文編》卷五十，中華書局 1992 年版。

額規，爭相貪取」。這些額外的索取與種種陋規，必然導致官鹽價格的上升。其二，食鹽行銷地界的劃定，並不是依據生產地與市場地之間內在的合理關係，而是政府出於稅收的考慮，這就導致食鹽運銷的里程增加。如淮鹽由生產地至江西吉安，運程就高達二千餘里。由於食鹽的運銷，「系按道里分別加鹽運費」，故而運程越遠，運費越高，鹽價自昂。而相對於官鹽而言，私鹽既無鹽課，又有近道，因此其價格遠遠低於官鹽的價格。陶澍在論及鹽政時就指出當時江西各州縣「私鹽每斤不過三十餘文，僅及官鹽之半」[197]。

面對私鹽的盛行，各級官府採取了種種措施，來防範和打擊私鹽的銷售。一是針對官鹽價格高昂的情形，許多地方官員建議「減價敵私」。如有的人認為，私鹽「整頓之道，必須暫減官價，以闡私極賤，若官鹽太貴，小民貪賤，奸販趨利，何以使之帖服」[198]。「（閩省）現在鹽價每斤二十八文，建昌府鹽價每斤三十四文……若閩省減為二十六文，則建昌減為二十四文，總比閩省較賤，則私販無利可圖，其侵越之弊自可不禁而止」[199]。二是增設關卡。鑒於私鹽多數是避開現有關卡流入江西，政府希望通過在關隘要口增設關卡來達到緝查私鹽的目的。據有的資料載，清代江西用以緝查私鹽的關卡共有十七個，分別是泰和良口緝私

---

197 陶澍：《查復楚西現賣鹽價摺》，《陶文毅公全集》卷十五。
198 沈起元：《上督院論江西鹽務書》，賀長齡編《清經世文編》卷五十。
199 《兩淮鹽法志》卷十四《轉運九之緝私（下）》，同治九年版。

卡、萬安南門緝私卡、泰和南門緝私卡、泰和印覆江緝私卡、盧陵神岡山緝私卡、峽江龍母廟緝私卡、樂平土霸口緝私卡、浮梁景德緝私卡、浮梁倒浮緝私卡、安仁石港緝私卡、餘干瑞洪緝私卡、金溪滸灣緝私卡、臨江黃口緝私卡、萍鄉南坑緝私卡、德化姑塘緝私卡、義寧渣津緝私卡、義寧桃樹港緝私卡。三是添派兵員。在增設關卡之時，政府還於各水陸要口添派兵員，加緊巡查。在吉安府，乾隆七年十二月，江西驛鹽道稱「吉安府萬安縣之皂口與贛屬毗鄰，為粵私侵越扼要，吉水縣之桐江與峽江交界，為省私、浙私入境隘口，應飭商各立水卡，各設巡丁八名，巡船一雙，以資堵緝。其盧陵縣水東卡乃系查緝陸路粵私之出，張渡、藤田二處者，亦應照舊設立，毋庸裁撤」。在建昌府，「如新城之盧家嶺、山崗口二處與福建光澤縣接壤，南城縣之水濺架地方為閩私水陸總路，南豐縣之百丈嶺、夫人嶺二處，與福建光澤、建寧二縣接壤，瀘溪縣之椒溪、朱崖、藻坪、陳坊、貓兒嶺五處，與福建光澤縣連界，均為私販出沒要路，從前未經設卡，必須設立卡房，添派兵役，招募巡丁，以資駐守。其餘私販小徑，如新城、南豐二縣之羊頭隘，洲湖原馬鞭隘、青山隘，南城縣之萬年橋東岸，廣昌縣之牙蘇山、船尖隘、涼山棟等處，亦應一律堵塞，以防透越」[200]。在贛州府，政府則在興國江口、王母

---

200 《兩淮鹽法志》卷十三《轉運八之緝私（上）》；卷十四《轉運九之緝私（下）》，同治九年版。

渡造備炮船，設卡緝私。[201]但是，儘管政府採取了種種措施來打擊私鹽的販運，但收效甚微，許多地區仍然是私鹽盛行。從咸豐朝至光緒中葉年間，江西的一些府縣淮鹽的銷售仍是相當有限，而中部的「吉安一府，則全為湘粵私鹽所灌」。

　　總而言之，在清前期，隨著農業種植的專門化和農產品的商品化，導致江西境內商業性的農業日益興起，加之全國範圍內的區域性生產分工日益明顯，區域間的商品交換發展到一個新的水平，江西與周邊省份的商貿也呈現繁榮景象，江西形成了向外輸出糧食、苧麻及夏布、煙葉、木材等大宗農副產品，與周邊省份換取緊缺的棉花（棉布）和食鹽的基本商貿格局。至於私鹽運銷屢禁不止的現象，其原因除了官方食鹽運銷體制固有的弊端外，還在於此時國內商品經濟獲得較大發展，全國市場逐漸由分散趨於統一。而江西作為全國性的商品集散地，在其中占有重要的一環。因此，清中葉江西私鹽的盛行，實際上反映了在商品經濟發展的背景下，江西與其他市場整合的過程，並最終形成了統一的市場網絡。

201　參見《贛州府志》卷二十九《經政之鹽課》，同治十二年版。

第五章 ——

清前期江西的家族活動與
民間崇拜

　　清王朝於清初先頒行了朱元璋的《聖諭六言》，後又頒布《上諭十六條》，雍正二年（1724 年）再將其擴展為十六篇「訓言」，世稱《聖諭廣訓》，清朝宣傳以孝治天下的政治思想綱領由此而逐漸完善，並與明以來的鄉約制度相結合，建立了一種自上而下的「聖諭」傳導系統，定期宣講。《廣訓》對建家廟、置義田、辦家塾、撰修譜牒和舉行家族祭儀等都給予肯定和提倡。從雍正四年開始江西還切實推行了族正制度，特別是乾隆前期江西布政使陳宏謀在江西大力推動族正制度，促進了家族建設並產生深遠影響，聚族而居成為土著居民聚落的基本形式和日常生活內核。到雍乾時期，江西修建祠堂和編修譜牒已是普遍現象，各地建立祠堂的規模、數量及祭祀的祖先世代等，都已明顯「逾制」，並成為民間聚訟的基地。乾隆二十八年（1763 年）江西巡撫輔德奏請「毀祠追譜」得到批准，江西各地官府對各姓祠堂和家譜都有不同程度的清查，民間社會生活受到一定程度的影響，但這種查禁只能收一時之效。清代江西民間的祖先崇拜與一些重要的歲時祭祀聯繫在一起，其中特別重要的如清明掛紙與中元超度亡魂，冬至祭祖與祠堂上譜，以及一般自農曆小年開始直到正月十五鬧完元宵的新春期間所舉行的各類祭祖活動等等。

　　江西自明末以來逐漸形成一個以西山萬壽宮為中心的祭祀網絡，並擴散到全國各地，許真君崇拜的形象和內涵也發生變化，最終演變為江西人崇奉的「普天福主」，並通過這一區域文化網絡將不同地域的不同利益集團聯成一體，反映出明末清初以來江西地方權力體系的跨地域整合趨勢。水神是清代江西民間崇拜體系中非常重要的組成部分，除了許真君外，還有「蕭公」、「聶

公」以及「元將軍」等崇拜較為普遍。此外，還有被視為忠義化身的「康王」和作為驅蝗神的「劉將軍」，也受到普遍崇奉。江西民間諸神崇拜的流布與傳播，與清政府繼承前朝「神道設教」的宗教政策有關。遍布各地鄉村的房頭神崇拜，則與特定空間的人群相關，其形象和裝束各不相同，有著不同的來由和故事，與鄉民的日常生計和精神生活有著密切聯繫。民間崇拜作為一種文化傳統得以傳承不替，其最本質的根源，就在於它是普通百姓日常生活的有機組成部分，來自相對非制度化的家庭與社區內部的耳濡目染。作為一種表達方式，民間崇拜和儀式常常相當穩定地保存著在其演變過程中所積澱的社會文化內容，更深刻地反映了鄉村社會的內在秩序。基層民眾的生活相對富裕和穩定，民間崇拜和祭祀活動的傳統得以維護和延續，鄉村文化生活逐漸豐富，構成清前期江西經濟發展和社會穩定的重要基礎。

第一節 ▶ 官府管理政策的變化與江西民間建祠修譜的普及

一 《聖諭廣訓》和「族正」制對江西建祠修譜的刺激

順治九年（1652 年），清王朝借鑑明朝治國經驗，將朱元璋的《聖諭六言》頒行八旗及各省，即：「孝順父母，恭敬長上，

和睦鄉里，教訓子孫，各安生理，無作非為」[1]，清人認為，「這六句包盡做人的道理，凡為忠臣烈士、孝子順孫皆由此出」。從本質上說，這表明關外入主「中土」的滿清貴族，幾乎完整地承繼了以漢族為主體的前明王朝的社會倫理核心內容，並以之為國家政治倫理的基礎，推行「孝治」。

康熙九年（1670 年），康熙帝認為「風俗日敝，人心不古」，強調要「尚德緩刑，化民成俗」，遂向全國頒布《上諭十六條》。每條七個字，結構工整，內容涉及民間社會生活的方方面面：

一、敦孝弟以重人倫	二、篤宗族以昭雍睦
三、和鄉黨以息爭訟	四、重農桑以足衣食
五、尚節儉以惜財用	六、隆學校以端士習
七、黜異端以崇正學	八、講法律以儆愚頑
九、明禮讓以厚民俗	十、務本業以定民志
十一、訓子弟以禁非為	十二、息誣告以全善良
十三、誡匿逃以免株連	十四、完錢糧以省催科
十五、聯保甲以弭盜賊	十六、解仇忿以重身命

《上諭十六條》發展了《聖諭六言》的思想，內容也較前者更為詳細全面，給清朝的統治帶來深遠影響。《上諭十六條》剛

1　（光緒二十五年）《大清會典事例》卷三百九十七《禮部·風教·講約一》。

頒布，御史徐越即上疏建議減少官員的考成內容，使地方官專心於教化。於是康熙要求「部院衙門將現行處分條例重加訂正，斟酌情法，刪繁就簡」[2]。以《上諭十六條》的頒行為標誌，清統治者將加強教化作為治國的重點之一。《上諭十六條》的定期誦讀，即與明以來的鄉約制度相結合，成為「聖諭宣講」傳統之始，並成為有清一代地方施政的要目之一和各地民眾群體活動的內容之一。各級官員皆需於每月兩次（朔、望或初二、十六）舉行公開集會，對百姓進行宣講和解釋。乾隆三年和五年，清廷都曾重申將宣講與鄉約活動結合在一起。到「九年覆准，現在所有申明事俱行修整，應將所奉教民敕諭繕寫刊刻，敬謹懸掛，並將舊有一切曉民條約悉行刊刻木榜，俾郡邑士民瞻仰傳誦，進遵聖化，永沐皇恩。……凡不孝不弟及一應為惡之人，書其姓名於事，能改過自新者則去之，仍照舊制遵行」。即把《上諭》、鄉規民約和為惡的壞人姓名都予以刊刻懸掛，既可「瞻仰傳誦」，又有具體的反面事例起到警示作用。

而涉及進一步普及的《廣訓》部分，則完成於雍正二年（1724 年）。剛剛即位的雍正帝對撰寫《廣訓》的說明是：期望其子民「俾服誦聖訓者，咸得曉然於聖祖牖民覺世之旨，勿徒視為條教號令之虛文」，因而就康熙《聖諭十六條》各條目逐一「尋繹其義，推衍其文，共得萬言，名曰《聖諭廣訓》」。實際上就是把「十六條」的十六句話分別展開，形成十六篇短文和一篇

序言，逐一詳細解說，總為一卷，洋洋萬言。世稱《聖諭廣訓》，也簡稱之為《廣訓》。

《廣訓》不僅被頒發於各地，清政府還一再通令各地官民要加意閱讀和宣講。《大清會典》即記載：「雍正二年，御製《聖諭廣訓》萬言，頒發直省督撫學臣，轉行該地方文武各官暨教職衙門，曉諭軍民生童人等，通行講讀。」對此，《四庫全書提要》的《聖諭廣訓》條更有期待和宣揚：「迄今朔、望宣讀，士民肅聽，人人易知易從，而皓首不能罄其蘊，誠所謂言而世為天下則矣。」[3]

生員無論參加縣考、府考或科考，必須默寫《聖諭廣訓》，要求不可有錯，亦不得添改。嘉慶十九年（1814 年）時，還按村頒發一冊《聖諭廣訓》，進行宣講。與此相配合，各地還陸續出現了多種白話解釋版的《聖諭廣訓》，很口語化，便於宣講，也利於鄉民聽懂，因而也被各省官員反覆刻印。其中最有名的如《聖諭廣訓衍》以及道光三十年（1850 年）敕頒的《聖諭廣訓直解》等。清朝宣傳以孝治天下的政治思想綱領，不僅由此而逐漸完善，而且建立了一種自上而下的傳導系統，使之深入到廣大的鄉村地區。

到明代末年，江西平原河谷地區基本完成開發，世代於此耕種生息的居民遂成土著，聚族而居成為其聚落的基本形式和日常生活內核。與此同時，他們逐漸培育了參與科舉的悠久傳統，許

3　《四庫全書總目》，中華書局 1983 年鉛印本上冊，第 795 頁。

多家族都有相當豐富的與歷代王朝政權認同的歷史文化資源。家族與家族之間，往往以「宦族」競相標榜，一比高下。如明代羅洪先記述吉水楊氏的不同宗支時，特別提到在宋代出了楊邦義（諡「忠襄」）和楊萬里（諡「文節」）等忠臣的那些宗支和村落，在當地具有極大聲望和崇高的地位：

故楊氏之族遂為廬陵諸大姓重。楊氏即以忠義聞天下，天下之人亦莫不向慕之。凡楊姓出於江南而失所傳者，往往自謂為二公後，故廬陵之楊遂為天下諸楊姓重。雖真贗不可窮詰，要之在廬陵固自若也。廬陵諸族多自吉水湴塘、楊莊徙，楊莊以忠襄名，湴塘以文節名。諸族有不自湴塘、楊莊徙者，雖在吉水不得稱雄長於諸邑。故譜廬陵楊氏者必由吉水，而在吉水，尤以出於湴塘、楊莊為重。同出於湴塘、楊莊，雖居相去世相後甚遠，諸大姓莫有彈壓者。[4]

而《聖諭廣訓》在「篤宗族以昭雍睦」一條之後，特加注稱：

……大抵宗族所以不篤者，或富者多吝，而無解推之德；或貧者多求，而生觖望之思；或以貴陵賤，而勢利泪其天親；或以

4　羅洪先：《廬陵楊氏重修大同譜序》，《念庵集》卷二十二，《四庫全書》第 1275 冊，上海古籍出版社 1989 年影印版，第 262 頁。

賤驕人，而忿傲施於骨肉；或貨財相競，不念袒免之情；或意見偶乖，頓失宗親之義；或偏聽妻孥之淺識；或誤中讒慝之虛詞；因而詬誶傾排，無所不至。非惟不知雍睦，抑且忘其宗族矣！爾兵民獨不思子姓之眾，皆出祖宗一人之身，奈何以一人之身，分為子姓，遽相視為途人而不顧哉？昔張公藝九世同居，江州陳氏七百口共食，凡屬一家一姓，當念乃祖乃親，寧厚毋薄，寧親毋疏。長幼必以序相洽，尊卑必以分相聯。喜則相慶以結其綢繆，戚則相戀以通其緩急。立家廟以薦蒸嘗，設家塾以課子弟，置義田以瞻貧乏，修族譜以聯疏遠，即單姓寒門，或有未逮，亦各隨其力所能為，以自篤其親屬，誠使一姓之中，秩然藹然，父與父言慈，子與子言孝，兄與兄言友，弟與弟言恭。雍睦昭而孝弟之行愈敦，有司表為仁里，君子稱為義門，天下推為望族，豈不美哉？若以小故而墮宗支，以微嫌而傷親愛，以侮慢而違遜謙之風，以偷薄而虧惇睦之誼，古道之不存，即為國典所不恕……**5**

可見在《聖諭廣訓》中，不僅就「尊祖故敬宗，敬宗故收族」的家族建設理論加以充分闡釋，而且對建家廟（即祠堂）、置義田（即族田）、辦家塾（即家族私塾）、撰修譜牒和舉行家族祭儀（「薦蒸嘗」）等家族建設的整個物質基礎和外在表現，全都給予肯定和弘揚。特別是祠堂的修建，不僅承認各家族具有

5　《大清會典事例》卷三百九十七《禮部・風教・講約一》，光緒二十五年版。

供奉祖先牌位祭祀祖先的場所，以盡孝道，使族眾在追念和祭祀祖先的活動中加強認同；同時也使一個家族的男性成員有了聚會議事的場所和處理家族公共事務的地方。另外，《聖諭廣訓》對這些家族活動內容的肯定和弘揚，其實也是把宋代以來由《司馬溫公家訓》、《朱子家禮》、《袁氏世範》等廣泛流傳的家規、世訓精髓繼承下來。如這些規訓的第一條，往往都是講孝道，並進一步發揮為移孝作忠，族人中為官者要恪盡職守，不貪污，不結朋黨，不苟和他議，公而忘私，到了國家發生危難之時，為君而視死如歸；對大多數族人來講，主要是按照《聖諭廣訓》遵守法令，忠君為國，首先體現為「早完國課」，擺正與國家制度之間的關係。其基本思想，是要求家族成員揚善去惡，相互扶持，安分守己，各得其所，維護傳統社會的秩序安定。這些理論和具體措施的提倡，對入清以後江西家族制度的繼續發展和強化，具有十分重要的推動作用。

雍正四年（1726 年），在「嚴飭行保甲」的同時，清政府確定了「選立族正之例」。乾隆二十二年（1757 年），為了實力奉行保甲制，乾隆要求各省督撫就「如何設法編查」等問題具奏，後議准族正條例，[6]在全國實行。從已掌握的資料看，族正的推行地區，主要是家族勢力強大的江西、廣東、福建等省。推行的時間，濫觴於雍正朝，盛行於乾隆朝，道光朝仍在繼續中。族正

6　《清朝文獻通考》卷二十三至二十四《職役》；《大清會典事例》卷一百五十八《戶部・戶口・保甲》。

先由家族內部在原有的族長之外選舉，再經州縣「查驗確實」，給予牌照而認定，其地位略高於族長。

在江西，「選舉族正，自綱常名教以至耕桑作息之間，責成誨化」，按照《聖諭廣訓》推行孝治。族正職責的第一項，便是「宣講聖諭，以興教化」，規定「每逢祭祀諭集之時，於公祠內合同族長、房長，傳集合族子弟，分別尊卑，拱立兩旁。將《上諭十六條》句解字釋，高聲曲喻，並將律例罪名及條教告示，隨時講讀，實力勸導，俾爾族姓，務各心領神悟，父慈子孝、兄友弟恭，夫婦和順，敦族睦嫻，以成仁厚之俗」。對於「朝廷之順民」、「祖宗之賢嗣」，「加意護持，倍為獎勸」，還要「舉報節孝，以勵風俗」。[7]可見族正所負職責的重心，還是在於加強對本家族成員的教化和管理。

而乾隆年間在江西大力推動族正制度，進而促進了江西地區家族建設的地方大員當首推陳宏謀其人。陳宏謀是廣西臨桂縣四塘鄉人，字汝咨，號榕門，原名弘謀，晚年因避乾隆（弘曆）名諱，改為宏謀。生於康熙三十五年（1696 年），歿於乾隆三十六年（1771 年）。他從小家境貧寒，於雍正元年（1723 年）在廣西鄉試得中解元，當年秋中進士。從雍正七年至乾隆二十八年（1729-1763 年），他先後擔任過浙江、雲南、江蘇、江西、陝西、河南、兩廣等十三個行省的布政使、按察使、巡撫、總督等

7　江西按察使司編纂《西江政要》卷六十九《民間選立族正勸化章程》，道光三年九月初六日。

職，並任過揚州、天津、江寧三地的府道官，總計外任三十七年。後又歷任兵、吏、刑、工四部尚書，並於乾隆三十二年三月升任東閣大學士，位極人臣。後人常常推崇陳宏謀為清朝廉潔自律、忠君愛民、反腐懲貪、興修水利的清官典型，《清史稿》對陳宏謀的評價也極高，認為：

乾隆間論疆吏之賢者，尹繼善與陳宏謀其最也。繼善寬和敏達，臨事恆若有餘；宏謀勞心焦思，不遑夙夜，而民感之則同。宏謀學尤醇，所至惓惓民生風俗，古所謂大儒之效也。[8]

陳宏謀於乾隆六年至八年（1741-1743 年）任江西布政使，而也正是在此前後，陳宏謀著手輯錄最為後人傳誦的《五種遺規》。陳從乾隆四年開始，有感於世上多有弊端，遂於公務之餘，蒐集自漢至清約八十位名人學者的有關著述，分為養性、修身、治家、為官、處世、教育等門類，輯為《養正遺規》四卷、《教女遺規》三卷、《訓俗遺規》四卷、《從政遺規》二卷和《在官法戒錄》四卷，總稱《五種遺規》。其中，除了《養正遺規》完成於乾隆四年（1739 年），而其他四種完成於乾隆七年七月至乾隆八年四月，正是在陳宏謀任江西布政使期間。也正因此，不僅可以看到他把朱熹所訂《白鹿洞書院揭示》列為《養正遺規》

8　《清史稿》卷三百七《陳宏謀傳》，中華書局 1977 年版，第 10558-10564 頁。

首篇[9]，在《訓俗遺規》裡收入清初寧都魏禧寫的《日錄》等等，而且在《從政遺規》中還輯錄了明代王陽明的《告諭》。這些《告諭》主要寫成於江西，是王陽明實施「教化」的三種主要方式之一，其告諭的對象分別是「父老子弟」、「頑民」、「新民」或「盜賊」。陳宏謀對此印象很深，並給予了很高評價，還借此批評了當時官府告諭的通病：

動之以天良，剖之以情理，而後曉之以利害，看得士民如家人子弟，推心置腹，期勉備至，民各有心，宜其所至感動也。……近世公文，不論理而論勢，止圖詞句之可聽，不顧事情之可行，不曰言出法隨，則曰決不寬恕，滿紙張皇，全無真意，官以掛示，便為了事，而民亦遂視為貼壁之公文矣。

陳宏謀還曾提到：「於江西酌定祠規，列示祠中。」[10]江西官府還給予族正一定的對族人的審判權，認可各家族祠堂具有一定的實行家法（私法）的權力：「如有乖戾之徒不知率教者，小則處以家法，重則鳴官究懲」；「輕則會同族房長，將本人傳至祠堂，令其長跪神位之前，剖別是非，直言指飭，如果認禍悔

9　陳並加按語說明：「特編此為開宗第一義，使為父兄者，共明乎此，則教子弟，得所向方。自孩提以來，就其所知，愛親敬長，告以此為人之始，即為學之基，切勿以世俗讀書取科名之說汨亂其良知。」以求改變當時世俗追慕科舉功名、不務求實的風氣。

10　陳宏謀：《寄楊朴園景素書》，《清經世文編》卷五十八。

罪，許其具結自新，如怙惡不悛、暴戾不遵及所犯情罪重大，即報官懲究」。與此同時，陳宏謀並沒有放鬆對各地家族時常「健訟」的警惕和管理。如道光三年（1823年）八、九月間，江西官府在「摘錄律例刊成小本頒發各屬，分給各鄉族正與衿耆人等隨時講讀」，以及「議評選立族正，給予委牌」的時候，還追述道：

查乾隆七年陳前部院任內，有選立族正之舉，令其約束族眾，族中小事，即令祠正治以家法；如該族中有與他族尋釁構訟者，亦責成該祠正查禁；所有祠費，但充祠中正用，永不許放作興訟之資。極為良法，應行查照辦理。[11]

陳宏謀《五種遺規》的第一版合刻本始行於乾隆八年，為南昌府學教授李安民集校本，足見陳的行政舉措和思想在江西士民中的影響之大之深。因此，近代南昌城裡才會出現一條以「榕門」命名的街道，以表對他的紀念。[12]

11 江西按察使司編纂《西江政要》道光三年八月二十三日：「憲撫程公札開⋯⋯」

12 2001年，美國歷史學家羅威廉出版了《救世：陳宏謀與十八世紀中國的菁英意識》一書（英文版），把對陳宏謀的研究引入一個更為廣闊的視野，即把清朝中期以陳宏謀為代表的菁英意識形態，放到當時那個大環境中，特別是與當時的歐洲相比較。羅威廉認為：陳宏謀關於人和社會認識的基本點，與啟蒙時期的許多歐洲學者十分相似；他所涉及的幾乎所有主要方面，也是當時歐洲社會文化發展所面臨的問題，如由印刷技術發展而導致的文化程度的提高，社會生活中男女角

　　清前期自朝廷到各級官員的這些理論宣傳和具體措施，無疑對各地特別是南方地區的家族建設起了很大的推動作用。地方家族建設和發展的兩個外在標誌，就是譜牒內容的不斷豐富和普遍修建祠堂。入清以來，江西鄉民修譜日漸普遍，「玉牒既不頒於外，家乘亦不上於官」，完全是各地家族自修自存。因為族正同時也是各姓家族的領袖人物之一，所以他們在參與家族修譜時，往往就把官府頒發並且要求定期宣講的律例也寫進家譜，作為族規家法的組成部分，告誡子孫勤謹為人。如《萬載張氏六支譜》於乾隆八年修成，共有九卷，其中卷八有「家政論」、「家誡」、「家規」、「宗規」、「家譜律例」等。其中，「家譜律例」又稱為「律例歌」，以押韻順口的歌謠形式寫成，部分格式和內容如下：

色變化所引發的爭論，職業的複雜化，身分等級觀念的淡化，以及社會流動的加快，等等。雖然陳宏謀歡迎商品市場，但他像當時的歐洲人一樣，力圖把市場與個人和家庭關係領域區別開來。他力主在流動社會裡建立一種大家共同維護的準則。從經濟方面來觀察，陳宏謀與歐洲同道的相似則更為顯著，如陳宏謀讚賞地方經濟的貨幣化以及追逐利潤的動機。羅威廉認為，陳宏謀將耕地所有權作為經濟的基礎，同時又明確支持「市場原則」，從而使他非常接近十八世紀法國的重農學派。在政治領域，陳宏謀非常強調行政的標準化、溝通和提高效率，這正是早期近代歐洲也在逐漸形成的觀念。集權的經濟控制、自由主義和個人主義都是早期近代歐洲菁英意識發展的重要成果。但是羅威廉指出，這種發展並非歐洲的專利，雖然清代中期的正統菁英陳宏謀等人並沒有把這些觀念發展到歐洲那樣的系統和圓滿，但足以證明，清帝國對歐洲而言並非是「停滯的」和「落後的」。見「國學網・中國經濟史論壇」載王笛 2006 年 9 月撰《羅威廉著〈救世：陳宏謀與十八世紀中國的菁英意識〉》。

我勸族人當為善，為善之人邀天眷。力田守分稱老農，頂帶榮身真可羨。若還犯法坐監牢，肩枷帶鎖遭凌賤。徒流斬絞罪難逃，家破身亡實怨恨。……搶奪行路之婦女，或賣或自為奴婢。不分得財與未得，首斬從絞分別擬。更有一種凶惡徒，夥搶雞姦良家子。為首斬決罪固當，為從絞候亦應爾。

應該說，在當時的歷史條件和鄉民文化程度不高的情況下，這種借家譜記載和宣傳王朝的法律條文，有針對性地引導鄉民規避犯罪的做法，有助於維持廣大鄉村基層社會生活的穩定，也有益於教人向善。這種理念設計和技術操作，至今也是值得肯定的。

按照清朝的制度規定，品官於居室之東建家廟，一品至三品官，廟五間，中三間為堂，階五級；四品至七品官廟三間，中為堂，階三級；八、九品官廟三間，無堂，階一級。在籍進士、舉人視同七品，恩、拔、歲、副貢生視同八品，奉高曾祖禰四世，每年四季擇日祭祀。[13]但實際上，不僅官員們身體力行，紛紛修建家廟，以為民先，而且清朝直接支持、保護民間修建祠堂的政策已如前述，各地建立家族祠堂的規模、數量及祭祀的時間等，都遠遠超出清朝國家的明文規定。所以會出現這種局面，除了前文所提及的以陳宏謀為代表的官員（尤其是漢族官員）的提倡和推動外，還有更重要也是最基本的動力，來自清康熙以後百餘年

13　參見《清文獻通考・群廟考》卷一百七、一百二十四。

間的社會生活穩定和社會經濟進一步發展，以及由此出現的人口不斷增加，地區開發不斷深入的需要和可能。簡言之，各地人口不斷增加，家庭和家族擁有的財富總量皆有不同程度的增加；與此同時，相鄰的家族和不同聚落之間，為了獲取並不豐富的生存資源而產生的摩擦和爭奪，也比以前明顯和加劇。所以，以祠堂為其聚族的外在象徵和場所，已不僅僅體現為一種是否「有文化」的標誌，而且成為各家族聚集更多族人於此祭祖、議事、歡宴進而達到認同的一個公共空間，也可藉以展示和炫耀其實力和人氣。所以在江西地區，無論是血緣關係比較清晰、單純的家族，還是由不同來源的同姓人「擬制」成的「家族」[14]，到雍正、乾隆朝時修建祠堂和編修譜牒已經是普遍現象，如果得到官府的提倡和推動，就會呈現出更猛的發展勢頭。

二 「毀祠追譜」及其對江西家族活動的影響

乾隆二十八年（1763 年）十一月，滿族人輔德繼任江西巡撫，到乾隆三十年二月離任，前後在江西任職十五個月。上任第二年，他對江西地方上合族建祠，妄生事端以及民間修譜牽引遠年君王將相的行徑十分反感，並為此而上奏乾隆帝，提出自己的查辦計劃。[15]從輔德以指責口氣寫成的奏疏全文中，可從反面看

14　對這個發展歷程和家族形成的不同類型，可參見鄭振滿《明清福建家族組織與社會變遷》，湖南教育出版社 1992 年版，第 62-118 頁。

15　（光緒二十五年）《大清會典事例》卷三百九十九記此上諭為：「（乾隆）二十九年諭：輔德奏江西訟案繁多，率由府省地方，斂金置產，

到當時江西地區家族發展的概貌和建祠修譜之普遍：

　　竊照江西民情健訟，有司勤惰不齊，州縣自理詞訟及上司批
查案件，多不遵照例限審結，且有判斷失平，不能折服其心，未
免益長刁風而滋拖累。臣到任以來，逐一清查……惟查各屬訟案
繁多之故，緣江西民人有合族建祠之習，本籍城鄉暨其郡郭並省
會地方，但係同府同省之同姓，即糾斂金錢，修建祠堂，率皆棟
宇輝煌，規模宏敞，其用餘銀兩置產收租，因而不肖之徒，從中
覬覦，每以風影之事，妄啟訟端，藉稱合族公事，開銷祠費。縣
訟不勝，即赴府翻；府審批結，又赴省控。何處控訴，即往何處
祠堂，即用何處祠費。用竣復按戶派出，私財任其侵用。是祠堂
有費，實為健訟之資；同姓立祠，竟為聚訟之地，欲彌訟端，不

合族建祠，不肖之徒，妄起事端，所至停宿訟徒，開銷祠費，甚至牽
引遠年君王將相為始祖，荒唐悖謬，不可究詰。現在通飭查辦一折，
所見甚為正當，已批如所議行矣。民間敦宗睦族，歲時立祠修祀，果
其地在本處鄉城，人皆同宗嫡屬，非惟例所不禁，抑且俗有可封。若
牽引一府一省遼遠不可知之人，妄聯姓氏，創立公祠，其始不過藉以
醵資漁利，其後馴至聚匪藏奸，流弊無所底止，止恐不獨江西一省為
然。地方大吏，自當體察制防，以懲敝習。況禮經所載大夫不得祖諸
侯，即譜系實有可稽，而地望既殊，尚且遠嫌守分，若以本非支派，
攀援竄附，冒為遙遙華胄，則是靦顏僭越，罔知忌憚，名教尚可貸
耶？各督撫等其飭屬留心稽察，實力整頓所轄之地。如有藉端建立府
省公祠，糾合匪類，健訟擾民如江西惡俗者，一體嚴行禁治，以維風
紀而正人心，毋得僅以文告奉行故事。」光緒六年刊本《江西通志》
卷首之二《訓典》「乾隆二十九年四月庚子」條也記載此上諭，只有
兩處稍有文字差別。

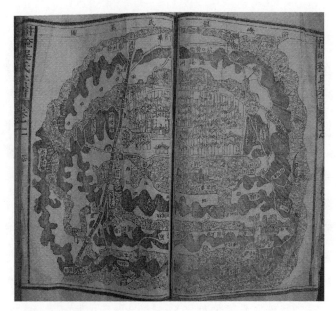

· 家譜中的基址圖（梁洪生攝）

得不清其源而塞其流也。……況查所建省祠堂，大率皆推原遠年
君王將相一人，共為始祖，如周姓則祖后稷，吳姓則祖泰伯，姜
姓則祖太公望，袁姓則祖袁紹。有祠必有譜，其纂輯宗譜，荒唐
悖謬，亦復如之。凡屬同府同姓者，皆得出費與祠，送其支祖牌
位於總龕之內，列名於宗譜之冊，每祠牌位動以千百計。源流支
派無所擇，出錢者聯秦越為一家，不出錢者置親支於局外。原其
創建之初，不過一二好事之徒，藉端建議，希圖經手侵漁，訪其
同府同省同姓，或聯絡於生童應考之時，或奔走於農民收割之
後，百計勸捐，多方聳動。愚民溺於習俗，樂於輸助。故其費日
集而多，其風日踵而盛。……臣現今通飭各屬查明，果係該縣土
著，實有近祖可考歲行祭祀者，仍准其存留外，其餘荒遠不經之

始祖，既系附會，神亦不享非類，應將牌位查毀，譜並削正。其外府州縣奉附之支祖，舍其本籍禋祀，寄主府省，竟作餒而之鬼，為其子孫者當亦難安，應將牌位撤回。……此外尚有一種本省外省各姓公宇，雖未供設牌位，名似稍異，而實則相同，應照此一律辦理。嗣後永遠不許添建府省祠堂公宇，其有實系敦本支而睦宗族者，只許於本鄉本村以時生祀，庶幾禮教可明，訟源可滌，而民生日厚矣。[16]

　　輔德奏請在江西採取「毀祠追譜」的措施，得到乾隆帝的批准。這對家族建設歷有傳統的江西民眾來說，震動很大。但如果將此奏章中提及的修譜禁例與其他的文字禁例相比較，可以看出並無特殊之處，大都是刊刻書籍和考試時必須遵守的，如廟諱御名必須改避、平民不得使用世表傳贊、平民不可冒攀帝王后裔等等，並非特別為修譜而專門制定的禁條。而以輔德為代表的清代地方官府真正擔憂的，是由於地方上合族建祠，妄聯姓氏，而產生了斂財械鬥等等糾紛事件，造成社會上的騷亂，特別當這些合族所建的祠堂已經進入省府中心城市，「率皆棟宇輝煌，規模宏敞」，不肖之徒將祠堂的資金轉變為「健訟之資」，同姓祠堂「竟為聚訟之地」，已經成為影響地方社會治安和統治秩序的負面因素，這是清朝國家機器無論如何也不會坐視不管的。以此與前文提到乾隆七年（1742 年）陳宏謀已在江西提出「所有祠費，但

第五章・清前期江西的家族活動與民間崇拜

充祠中正用，永不許放作興訟之資」的明文告誡相聯繫，可以找到清政府處理家族問題的一個一以貫之的底線。更何況這些城市中的同姓祠堂就在街上，一目了然，官府對其實施封閉等措施，也比較容易收到一時之效。

通令既下，江西各地官府對各姓祠堂和家譜都有不同程度的清查，而具體的資料往往在當時編撰的家譜中有所保留。乾隆三十年（1765 年）後修成的江西《萬載錦衣坊陳氏族譜》中，有「存祠案略」部分，其中除了全文照錄巡撫輔德的奏章外，還詳細收錄了乾隆二十九年七月初五日和八月十五日萬載知縣為核查當地祠堂及譜牒的兩份上行公文，從中不僅可見當時各地例行公事之一斑，而且對各縣執行查驗的程序也有反映，對萬載各姓祠堂有明細記載，對譜牒內容如何「違禁」也有說明，資料十分可貴，詳引如下：

袁州府萬載縣翟為通飭查禁祠宇流弊等事。乾隆二十九年五月二十二日奉署本府正堂王（原註：「全銜」）憲牌，內開本年五月十二日奉前署布政使司廖案開，本年四月初一日奉巡撫部院輔牌開，照得江西省詞訟繁多（原註：「全云」），計發告示一百四十道等因，奉此，即便轉移儒學，並將發來告示遍貼曉諭。查卑縣祠堂三十六所：陳祠，李祠，朱祠，易祠，汪祠，彭祠，楊祠，高祠，戴祠，郭祠，錢祠，曹祠，宋祠，辛祠，王祠，敖祠，喻祠，袁祠，宋祠，唐祠，鮑祠，常祠，周祠，龍祠，張祠，龍祠，譜祠，徐祠，羅祠，陽祠，周祠，鄔祠，宋祠，劉祠，聞祠，王祠。卑職親詣查勘，內陳祠等祠（原註：「云云，

以下未錄」）查各姓均有近世始祖，必遠追帝王將相，附會誇
耀，未足傳信，俱令於譜內削除。其各祠尚系本支自為禋祀，並
非同姓共立一祠，聯合一譜及斂費建祠置產各情弊，應聽存留。
合將查過各祠分造清冊四本，具文申送憲台查核匯轉，伏乞照驗
施行。

袁州府萬載縣翟為扎知事。本年八月初八日奉署本府正堂王
（原註：「全銜」）扎開……奉此，卑職遵奉扎飭，隨即飭承遵照
發來式樣，將查過各祠族譜，逐一分晰登注，開具清折三扣，具
文申送憲台，查核匯轉。除徑報撫憲外，為此備由具申，伏乞照
驗施行。折開：萬載縣查有在城祠十六處，在鄉祠二十處，共三
十六處。均系本支享祀，並無同姓建立之祠。內除世系分明，並
無祖非其祖者二十七處，計有荒遠不經之始祖木主扁對者五處，
已經撤去。再查有祠內雖無祖非其祖，而譜載荒遠不經之始祖者
九處，今削去。查有祠費者十處，僅敷祭祀，並無多餘。

另外，嘉慶二十四年（1819 年）編修的《萬載排江歐陽氏
族譜》中，主修歐陽韶仁撰寫的序言也側面提及乾嘉年間官方查
譜之事：

（原譜）傑公以前圖系，溯及大禹、少康、勾踐及千乘派、
渤海派，遠實難稽。余嘗躊躇於心，似有不能釋然者。況國朝功
令森嚴，士庶之家修輯譜牒，不得妄附牽合，以為榮寵。欲傳信
而不知闕疑，欲法祖而不知違制，其奚可哉？……前之譜不過沿

襲舊文，今之譜不必拘守成跡，凡可因者仍因之，不可因者宜易之。非余妄逞臆見，好為更張，但時制不得不遵，抑闕疑乃可徵信耳。

歐陽韶仁的話說得吞吞吐吐，模棱兩可，但還是可以體會出其所謂「凡可因者仍因之，不可因者宜易之」的主張，還是有「但時制不得不遵」的壓力。同樣的問題也出現在萬載武家坊的《韓氏族譜》中。該譜編修於嘉慶六年，離乾隆年間實施譜禁的時間更近，在其記述族源的「中州世系」中，即有以下說明：

由閩至潮州之程鄉……吾族韓氏原出中州，實（宋）魏國公（韓琦）之苗裔也。蓋今功令森嚴，凡士庶之家編修族譜，不許遠攀公侯將相，以自誇大。吾韓雖以（韓）符為一世祖起修，至十六世另編刊載，而不弁於譜首，故以先公至程鄉為始祖。

在江西一些地方，乾隆年間還出現過因為懼怕官府的清查而將家譜燒掉的事例。嘉慶十二年宜春縣北關楊氏重修族譜時，主筆就以憤懣的口氣記述了這段往事：

吾家譜起於迎川公，續於庭柱公。乾隆丙寅，族伯峻聲諸人再加修輯，始付剞劂。迄乾隆丙申，奉功令查禁書籍違礙，族房長謹慎過當，不復辨識，將刊本盡付之一炬。三十餘年來，老成日漸凋謝，事蹟遂多失傳。每歲春秋祀事，族眾常以為言，第發

言盈庭，莫敢執其咎。[17]

　　還有的家族刪削譜牒內容過急過亂，引起後人的不滿。如光緒年間南昌縣富山鄉唐氏所修《南昌唐氏重修族譜》中，分別收錄了乾隆五十三年（1788 年）第五修和嘉慶二十五年（1820 年）第六修的序言。五修序稱：

　　……遂與各支宗長等將舊譜逐一查閱，其間或有僭妄之句，避諱之字，悉遵改正。及三十六年之生娶嫁歿未經登載者悉為彙集焉。朝夕勞勞，時經四月，始得告竣。刻印成帙，俾傳久遠。

　　六修序則對其批評甚為嚴厲：

　　（乾隆十八年修）舊譜頗無舛謬，惟乾隆戊申五修潦草完竣，削稿太促，錯訛殊甚。一切未經考訂，即傳贊內，或以後而越於前，或卑凌乎尊，男雜乎女，不分倫次，大非體制。且又名號字派生娶嫁歿間多有舛錯，不詳查對，付之雕工，刷而成帙，是襄事者之疏略也。[18]

17　以上萬載縣錦衣坊陳氏族譜、排江歐陽氏族譜、武家坊韓氏族譜及宜春縣北關楊氏修族譜等資料，均見梁洪生著《江西公藏譜牒目錄提要》，江西教育出版社 2002 年版，第 57、61、93、26 頁。

18　該譜存於江西師範大學區域社會研究資料中心。

· 吉泰盆地的傳統族譜與譜箱（梁洪生攝）

　　值得注意的是：六修《唐氏族譜》者先是批評前修「削稿太促，錯訛殊甚」，但後面繼續指出的問題就已經遠遠溢出這個範圍，由此而提醒人們注意到在某些地方的家族之間還存在一種可能，就是乾隆年間因「功令」壓力的緣故而清查刪削家譜內容的同時，也為某些家族成員蓄意修改和增刪某些內容提供了便利；而聲稱因此而燒燬了老譜的一些家族，也未必不會以之為後來偽造族源提供口實和理由。乾隆年間地方官府雖有朝廷功令的壓力，但面對汗牛充棟的各姓家譜，顯然是力不從心，清查只能是進行一陣子，而不可能成為地方官員的長期職責。各姓家譜如同地下湧流一般，按照其實際生活的需求和各種變數不斷編修，並成為江西鄉民日常生活中不可或缺的一個重要組成部分。道光十八年（1838年）袁州府諸縣張氏合修族譜，至今完整保存五冊。首冊中有新舊序、五服圖、譜學論略、像贊、誥敕、凡例、領譜

字號、源流世系等內容，其重修《序》提及：

乾隆十五年，省會宗祠倡修大成譜牒。斯時也，族內已頒數
集，俱各支各領。迄今數十餘載，沐國家休養之恩，賴祖宗培植
之德，丁口甚繁，散處不一。於嘉慶庚午年重修，至今二十餘
年。丁口頗繁，若不續修，恐倫次難明。丙申年，有上高、宜
春、分宜各邑宗先生倡首續修，迄今三載。余今春跋涉，通聞各
房書丁派金，凡我各郡邑宗人亦無不踴躍……

此中，完整梳理了一條張氏近百年的譜牒編修過程，即：乾
隆朝前期在省城南昌張氏宗祠中修大成譜，到嘉慶十五年（1810
年）重修，道光十五年（1835 年）又先由上高、宜春、分宜諸
宗支發起續修，其他宗支加以響應，按丁捐資。該譜反映的一個
基本趨勢很可說明一般情況，就是隨著家族男丁女口的不斷增
加，宗支的不斷分析及外遷，被融入同一部譜牒中的人數必然越
來越多，聯宗的地域不斷擴大，在尊為總祠的地方放置的神主牌
位就越來越多，以致於形成無族不譜，村村有譜的普遍狀況。如
若無譜，必有意外，在地方社會中只會被視為沒有文化和缺乏合
法居住歷史的表現，後遺負面影響是重大的，不容忽視。

康乾以後，在江西西部及其他一些山區縣，還有一些自閩、
廣等省遷入的移民家族在修家譜時，往往連目錄都沒有，但卻全
文收錄康熙帝的《聖諭十六條》或雍正朝的《聖諭廣訓》，開卷
即見，占去相當篇幅。這種情況，幾乎成為清代江西山區移民家
譜的共同特徵之一。但宋明以來逐漸在平原河谷地區定居的土著

大族在編修譜牒時，則幾乎都不這樣做。他們在修家譜時只要盡量輯錄本家族歷代科舉人士的傳記，著意收存各級官員所寫的序言、壽詞、唱酬文字等等，就足以充分表現其家族對王朝「忠」的態度問題。而主要遷入山區的閩廣移民在移民初期，必須胼手胝足地改善基本生存環境，甚至寄身於土著居民的戶籍之下，以等待進一步的發展。經過幾代人的艱辛奮鬥和人口生育後，財富有所積累，子孫人數也在增加，分遷於各地的宗支都逐漸有了聯宗修譜修祠的要求。但他們缺少長期的文化積累過程，族裡的文化人有限，文氣不足，在地方上的名望小，與各級官員的交往很少，所以他們修譜牒時往往一是模仿，使之儘可能像文化根基很深的土著大族，文人味盡量濃一些；二就是必須表現出與王朝異乎尋常的高度認同，而且必須「速成」，所以乾脆把皇朝的「最高指示」全文放到家譜的最前面。

第二節 ▶ 福主崇拜與萬壽宮網絡的形成

在清代江西民間崇拜與祭祀祭祀活動中，福主崇拜與萬壽宮網絡的形成，是一個引人注目的歷史現象。在不同社會階層的共同塑造下，許真君成為江西最具影響力的地方神，萬壽宮也被視為江西地方文化的代表和象徵。

一 從道教神靈到民間神靈

所謂「福主崇拜」，指的圍繞許真君崇拜進行的各種祭祀活動。許真君原型為東晉時曾任四川旌陽令的許遜。唐宋時期，許

遜被奉為道教支派——淨明忠孝道的祖師，並得到歷朝的褒封，被尊為「神功妙濟真君」。正是在道教淨明派與朝廷的雙重推動下，許真君崇拜開始從一個家族性的祭拜活動上升為國家性的祭祀，成為道教中一個頗具影響的崇拜體系。[19]與許遜在南昌城「斬蛟治水」、西山「拔宅飛昇」等傳說密切相關的兩個祭祀場所，分別升格為鐵柱萬壽宮和玉隆萬壽宮。不過，此時的許真君崇拜，明顯帶有道教神仙崇拜的色彩，且與國家的推崇密不可分，與民間社會的結合還相當鬆散。

進入明代後，許真君崇拜雖然依舊在國家宗教生活中占據一定的位置，南昌城內的鐵柱萬壽宮，也是江西地方官員舉行春秋二祭的重要場所之一，但與江西廣大民眾的生活世界仍具有一定的距離。直至明萬曆年間，在以新建人張位、南昌人萬恭為首的鄉宦倡導下，許真君崇拜開始與地方社會結合，西山萬壽宮成為新建縣忠孝鄉廿七都東、西二社鄉民舉行裡社祭祀的場所，許真君也成為地方百姓日常祭祀的神靈之一。此後，隨著「南朝」、「西撫」等各種儀式活動的舉行，許真君崇拜又逐漸由社區性祭祀向區域性祭祀演變，成為江西中北部地區鄉民普遍崇拜的地方神。

清康乾時期，江西地方官員鑒於許真君崇拜在廣大民眾中的影響，開始大力宣揚許真君崇拜，以加強對民眾的教化和地方社會秩序的維護。如江西巡撫岳濬在《重修玉隆萬壽宮碑記》中就

---

19 參見黃小石《淨明道研究》，巴蜀書社 1999 年版。

認為，許真君神功赫奕，彪炳人間，「至今故老史乘中猶能傳其軼事。若夫輿論道以忠孝為宗，淨明為本，世特稱為忠孝神仙焉。夫忠孝之義大矣。芸生之眾，不外為子為臣。而神聖之道亦惟此」。而克忠克孝，乃是天經地義之事，是人們行為之綱紀。只有忠孝全方能人道盡，人道盡則「其道可儒可玄，其人可仙可聖」。最後，岳浚又強調，自己推崇許真君崇拜，是因為許真君有功德於民，至今不朽，並非尚崇仙靈，表揚玄教。[20]嘉慶時期，針對新建縣忠孝鄉東、西二社對許真君崇拜是一鄉之神，還是全省福神的爭執，新建縣政府官員特頒布文告，宣稱西山萬壽宮「省屬二字本無歧異，不必更改。至忠孝鄉彰善之稱，係表揚真君懿行，並非東、西二社之美名。且福神久為江西闔屬人民仰戴，童稚咸知，何得以鄉里爭執，可見無知」[21]。因此，至清中葉，許真君崇拜不僅僅是地方官員祭祀的神靈，還成為江西廣大民眾崇拜的對象。隨著許真君崇拜與民間社會的緊密結合，江西地方政府進一步加強了對許真君崇拜的闡揚。官方對許真君崇拜的推崇，又增強了該崇拜的合法性和文化意涵，有利於許真君崇拜在江西鄉村發展，並最終成為江西全省各地和各階層普遍崇拜的地方神。

20　岳浚：《重修萬壽宮碑記》，《逍遙山萬壽宮志》卷十六《藝文・碑》，光緒四年版，第 18-19 頁。

21　《奉憲安腹碑記》，《逍遙山萬壽宮志》卷十四《藝文》，宣統刊本。

二　萬壽宮網絡的形成

　　隨著許真君崇拜的不斷發展，位於新建縣西山的玉隆萬壽宮成為許真君祭祀的中心。每屆七月底八月初，來自全省各鄉村的大批信眾前往進香。道光《靖安縣誌》記載：「八月，邑人朝拜許真君，恐走趨後。有膝行至生米鄉之鐵柱觀者，蓋其上升處也。」[22]在贛南廣大鄉村，人們因路途遙遠而難以親自前往進香，就在八月初一至十五期間，懸掛「真君老爺」畫像，舉行半個月的祀神活動。[23]前往西山進香的信眾朝拜的方式有個人單獨前往，也有結伴同行，但較普遍的是採取組成「朝仙會」前往拜謁。「朝仙會」一般是以自然村為單位組成，成員來自村內百姓。每個「朝仙會」內均有「頭香」、「二香」和「尾香」各一，其餘則均為普通會員。如光緒《南昌縣誌》記載：「朝旌陽宮，村人爭釀錢為香會，名『朝仙會』。自初一始會，或數十人，或十數人，一人為香頭前導，刻蛟龍長二三尺佩於左，一人為香尾殿後，荷紅旌書『萬壽進香』四字。餘皆纓帽長衫，鼓樂群行，示大患既平，民氣歡騰。佩蛟龍者，謂就馴擾，以像其功也。日數十百群，鼓樂喧闐道路。是日多輕陰，俗呼為『朝拜天』。」而豐城地方誌亦認為，本縣境內「崇祀許旌陽，結會進香，幾無村無之，大村或至數會，按歲輪值，司安仙、謝仙之責。每年

22　丁世良、趙放主編：《中國地方誌民俗資料彙編》華東卷(中)，書目文獻出版社 1995 年版，第 105 頁。

23　參見周文英等編著《江西文化》，遼寧教育出版社 1993 年版，第 33 頁。

七、八月間，往西山朝謁。城內復有『盔袍會』，由永保、永佑、永寧、永長、永豐、永恆六會輪帶盔袍，於每歲八月朔，宿山上盔袍」。

清代江西民眾對許真君的崇拜，還表現在大量祭祀許遜的廟宇出現。這些以許真君為祭祀主神的廟宇或稱為「萬壽宮」，或稱為「真君廟」，有的稱為「福主廟」。這些廟宇遍布鄉村的廟宇，以西山萬壽宮為中心，構成了一個有機的萬壽宮網絡。為全面反映這一時期全省萬壽宮的發展趨勢，現依據有關材料，將各縣始創萬壽宮年代及萬壽宮數量列為表 5-1。

·表 5-1　明末至清前期江西各縣始建萬壽宮年代及萬壽宮數量表

縣名	始建年代	創建數量	資料來源
鉛山	明代	6	同治《鉛山縣誌》卷六《壇廟》
南豐	嘉靖三十二年	1	同治《南豐縣誌》卷十三《祠祀》
興國	嘉靖年間	24	同治《興國縣誌》卷三十二《壇廟》
南城	嘉靖年間	6	同治《南城縣誌》卷四《祠廟》
奉新	萬曆年間	12	同治《奉新縣誌》卷四《祠廟》
玉山	萬曆年間	2	道光《玉山縣誌》卷二十八《壇廟》
德化	明後期	2	同治《德化縣誌》卷十三《寺觀》
義寧	明後期	55	同治《義寧州志》卷十《壇廟》
龍泉	明後期	1	同治《龍泉縣誌》卷三《壇廟》

縣名	始建年代	創建數量	資料來源
新建	順治年間	10	章文煥：《萬壽畋》，華夏出版社2004版。
安義	清初	2	同治《德化縣誌》卷二《祠廟》
臨川	康熙二年	9	同治《臨川縣誌》卷十六《壇廟》
樂平	康熙三十一年	1	同治《饒州府志》卷四《壇廟》
餘干	康熙年間	7	同治《餘干縣誌》卷四《壇廟》
零都	康熙年間	2	同治《零都縣誌》卷十二《祠廟》
萬載	雍正十年	26	民國《萬載縣誌》卷二《祠廟》
豐城	雍正十年	10	章文煥：《萬壽畋》
定南	乾隆元年	1	同治《贛州府志》卷八《官廊》
萍鄉	乾隆八年	10	民國《昭萍志略》卷二《壇廟》
德安	乾隆十二年	7	同治《九江府志》卷十一《祠廟》
武寧	乾隆二十六年	20	同治《武寧縣誌》卷十一《壇廟》
都陽	乾隆三十五年	1	同治《都陽縣誌》卷四《壇廟》
會呂	乾隆四十年	6	同治《會呂縣誌》卷二十八《祠廟》
安遠	乾隆四十年	2	同治《安遠縣誌》卷二《壇廟》
上饒	乾隆四十八年	2	同治《上饒縣誌》卷六《祠廟》

縣名	始建年代	創建數量	資料來源
上高	乾隆五十四年	11	同治《上高縣誌》卷九《壇廟》
飛陽	乾隆五十四年	5	同治《飛陽縣誌》卷三《壇廟》
靖安	乾隆五十六年	1	同治《靖安縣誌》卷六《壇廟》
永寧	乾隆五十六年	2	同治《永寧縣誌》卷二《寺觀》
德興	乾隆五十七年	3	同治《德興縣誌》卷三《祠廟》
清江	乾隆五十七年	3	同治《《清江縣誌》卷三《壇廟》
新城	乾隆五十九年	6	同治《新城縣誌》卷二《壇廟》
龍南	乾隆六十年	1	同治《贛州府志》卷十三《祠廟》
新喻	乾隆年間	3	同治《新喻縣誌》卷三《壇廟》
信豐	乾隆年間	1	道光《信豐縣誌續編》卷十六《雜祀》
瑞昌	乾隆年間	2	同治《瑞昌縣誌》卷十一《祠廟》
安仁	嘉慶元年	1	同治《九江府志》卷十一《祠廟》
萬安	嘉慶五年	1	同治《萬安縣誌》卷七《祠廟》
湖口	嘉慶六年	5	同治《湖口縣誌》卷二《寺觀》

縣名	始建年代	創建數量	資料來源
長寧	嘉慶八年	1	咸豐《長寧縣誌》卷三《祠廟》
新昌	嘉慶十七年	29	同治《新昌縣誌》卷六《壇廟》
南昌	嘉慶二十四年	11	民國《南昌縣誌》卷十五《典祀》
宜黃	嘉慶年間	6	章文煥：《萬壽宮》
吉水	道光元年	1	同治《吉水縣誌》卷十二《壇廟》
安福	道光五年	1	同治《安福縣誌》卷三《壇廟》
新淦	道光八年	3	同治《新淦縣誌》卷二《壇廟》
東鄉	道光十六年	1	同治《東鄉縣誌》卷六《壇廟》
贛縣	道光二十三年	3	同治《贛縣誌》卷十一《壇廟》
萬年	道光二十四年	6	同治《萬年縣誌》卷二《壇廟》
廣豐	道光二十四年	2	同治《廣信府志》卷二《壇廟》
星子	道光二十六年	1	同治《南康府志》卷七《祠廟》
樂安	道光年間	1	同治《樂安縣誌》卷二《祠祀》
永新	道光年間	1	同治《永新縣誌》卷五《壇廟》
崇義	道光年間	6	同治《崇義縣誌》卷三《祠廟》
南康	咸豐九年	1	同治《南康縣誌》卷二《寺觀》

如表 5-1 所示，明清時期江西境內的許真君崇拜，在空間上，有一個由點至面的擴展過程；從時間上看，明後期至雍正朝，只有十五縣建有萬壽宮。乾隆時期，江西境內共有三十四縣擁有萬壽宮，其中十九個縣新建了萬壽宮。嘉慶、道光兩朝，建有萬壽宮的縣由三十四個增加到了五十二個，繼續維持自乾隆朝以來快速增長的態勢。咸豐時期，萬壽宮往各縣擴散的勢頭被中斷，全省僅有一縣新建萬壽宮，這顯然與當時的戰亂頻仍密切相關。不過，在咸豐朝以後，江西境內的萬壽宮又出現了一個高潮。

另外，通過查閱一些詳細記載境內萬壽宮創建過程的縣誌，我們還可以知道，從明末至清中葉，萬壽宮由數縣向數十縣擴散的同時，各縣境內萬壽宮的密度也不斷增大。在贛州府的興國縣，從清順治至道光年間，先後興建真君廟二十二座。各廟興建的具體時間和坐落地點為：

一在西山塔下，道光元年建，後因塔塌廟亦毀，十八年，合邑重建。一在龍坪，嘉慶二十四年舊址重建。一在龍岡頭墟，順治間建。一在楓邊墟，嘉慶元年建。一在竹壩福興陂，嘉慶五年鐘廣京建。一在方太九興墟，嘉慶九年建。一在城崗墟，嘉慶十年建。一在麻坑，嘉慶十二年建。一在崇興墟，嘉慶十二年建。一在高興墟，嘉慶十八年建。一在竹壩獅子口，嘉慶二十三年建。一在長教，道光三年建。一在文溪水口，一在圓峰山，一在三寮，一在江口墟，一在冷水坳，一在壩背水口，一在馬窩，一在槎口墟市，一在永豐墟，一在黃田。

· 西山萬壽宮正門（李平亮攝）

　　而贛縣除城內米市街、貢水東以及文昌閣三處建有真君廟外，「又各鄉多建，不及詳載」。[24]在袁州府的分宜縣和萬載縣，分別建有十一座和十二座萬壽宮；在南昌府的義寧州（今修水縣）境內，萬壽宮的數量也不斷增加。至同治時期，該州擁有萬壽宮達五十五座之多。[25]

三　萬壽宮與地方社會

　　清前期江西全省萬壽宮網絡的出現，是在不同社會階層的共

24　參見《贛州府志》卷十三《建置之祠廟》，同治十二年版。
25　參見《義寧州志》卷十《建置之祠祀》，同治十二年版。

同推動下完成的。在廣大鄉村地區，「許真君斬蛟」的故事廣為流傳，因而人們往往通過修建萬壽宮來寄託其祈福禳災的希望。如義寧州崇鄉橋頭的萬壽宮，就是由於「其地常產蛟，春夏間，興雲作雨，氾濫田廬，因而裡人周本初、陳竹溪、宋開玉取旌陽斬蛟之意，倡修宮宇鎮之」。也有的地方將修建萬壽宮作為對神靈護佑地方的回報。《餘干縣誌》載：許真君廟「一在古埠萬家潭。道光十三年，有真君神像隨漲水至，鄉民供之圩畔。是夜雷聲大作，諸圩潰，獨此無恙。因建小庵於橋頭祀之，祈禱有應。道光二十五年，改建廟於萬家潭」[26]。

除抗禦自然災害外，萬壽宮還被人們賦予維護社會經濟秩序的功能。同治《義寧州志》稱：「萬壽宮，在崇鄉大石口西港街。因嘉慶戊午剿平匪教，仗神默佑，事聞於郡，給銀建廟。」[27]在新城縣（今黎川），萬壽宮則被用來維護地方商業秩序。據《新城縣誌》載，該縣四十八都西成橋的萬壽宮建於乾隆五十九年（1794年），創建者為當地一楊姓監生與鄧、楊、薛、朱、包、郭等姓。嘉慶二十三年（1818年），眾人又在大殿一側添建文昌閣。萬壽宮建成後，鑒於縣內「向有射利之徒，以故帖冒充，私索買賣糧食行稅」，於是楊姓監生等「較準公斗，用鐵索鎖系殿外柱上，令買賣糧食均於此處印用，不得妄取分毫」[28]。

26　《餘干縣誌》卷四《建置之壇廟》，同治十一年版。
27　《義寧州志》卷二《建置之祠祀》，同治十二年版。
28　《新城縣誌》卷二《建置之壇廟》，同治九年版。

商人群體也是推動萬壽宮網絡形成的一股重要力量。如吳城鎮的萬壽宮，就是在商人的倡導下修建的，且其規模不斷擴大，甚至可以與西山萬壽宮的規制相媲美。據史料記載，吳城萬壽宮始建於清順治年間，立廟地點為吳城吳城後河。乾隆年間，萬壽宮遭受毀壞，但未能及時修復。嘉慶十一年，吳城鎮的紳商通過個人捐款，募集到大量資金，對萬壽宮進行了大規模的重建。重建後的萬壽宮正殿中供奉三尊神像，旁列十二真人。殿後為玉皇殿，殿右為諶母閣，左為觀音堂，堂後為三無佛祖堂，下為清心精舍，外有牌坊。坊東為天花宮、大王廟；西為白馬、五顯二廟。道光二十年（1840 年），由於宮中正殿中梁墜落，紳商復捐金萬餘修葺，並將剩餘資金修造了逍遙別館。經過乾嘉時期兩次重修，吳城萬壽宮展現出輝煌氣派，「與玉隆、鐵柱二宮相埒」[29]。重建後的萬壽宮，不僅是「吳城已形成贛北大型經濟市鎮後的文化象徵之一」，而且也是江西商人在吳城的會館，並被江西商人視為與外地商人「抗衡的形式和場所」。[30]

更為重要的是，隨著許真君成為江西人普遍崇奉的地方神，江西讀書人出外為官、商人在外地進行商貿活動、移民向外遷移，均會在當地建立萬壽宮。在西南地區和兩湖地區，由於有大量的江右商人活動和贛省移民進入，萬壽宮的數量尤為眾多。單

29　《新建縣誌》卷六十六《寺觀》，道光二十九年版。

30　參見梁洪生《吳城商鎮及其早期商會》，《中國經濟史研究》1995 年第 1 期。

·乾隆二十三年西山萬壽宮匾額（李平亮攝）

是在雲貴川三省境內，就有一二二個市縣建有二一八座萬壽宮。
這些萬壽宮有的是江西籍官員聯絡鄉誼的紐帶，有的是商人處理
各種事務的會館，有的則相當於江西移民在當地的宗祠。[31]

　　總而言之，清代江西境內的萬壽宮網絡經歷了由點到面、從
省內到省外的擴散過程，而各縣萬壽宮的數量也經歷了由少至多
的發展過程。在各種不同社會力量的共同塑造下，萬壽宮成為各
種不同地方利益集團共享的象徵性文化資源。隨著各地萬壽宮系
統的不斷擴展，至清末已形成以西山萬壽宮為中心的區域文化網
絡。這一網絡將不同地域的不同利益集團聯成一體，集中地反映
了明末清初以來江西地方權力體系的跨地域整合趨勢，以及江西
與其他省份在經濟和文化上不斷交融的歷史過程。

31　參見章文煥《雲川境內萬壽宮的分布及其由來》，《南昌職業技術師範
　　學院學報》1997 年第 2 期。

第三節 ▶ 水神、蝗神與康王崇拜

一 水神崇拜

1. 蕭公崇拜

　　蕭公崇拜,指的是以蕭伯軒、蕭祥叔、蕭天任三世為中心的各種祭祀活動。在明後期,因朝廷推崇,蕭公由地方性水神而成為具有全國性影響的水神,職司平定風浪,保障江海行船。據《大洋洲蕭侯廟志》記載,蕭伯軒生於宋咸淳八年(1272年),因訪道臨江而徙至新淦縣大洋洲。伯軒在世之時,好行其德,濟人澤物,晚有神識。元大德十年(1306年),伯軒歿,葬新淦縣社山之地。至大五年(1309年),封五湖顯應真人。蕭祥叔為伯軒子,生於元至元二十三年(1286年),其神道更甚於伯軒,有「木筏膠於沙,公咄叱,水溢,筏遂大浮;過洞庭,颶風四起,

· 新淦縣大洋洲蕭侯廟內蕭氏三世神像(譚小軍攝)

雄浪拍天，公出神半空，以衣壓水面，少頃波恬」之靈跡。元至
正五年（1345年），封為「永寧神化濟顯德舍人」，死後合祀於
蕭伯軒之廟；天任為祥叔次子，生於元泰定元年（1324年），「壯
年後，吉凶皆預知，每瞑目出救江湖舟楫之險」，明永樂三年
（1405年）唸白石而化。天任歿後，其靈跡更為擴大。不僅有助
朱元璋在鄱陽湖戰勝之功，且在鄭和下西洋途中屢掖之，確保船
隻不被巨浪顛覆。此外，在明英宗北狩遇險時，天任顯靈為戰前
軍民鼓舞士氣。景泰三年（1452年），該神還幫助官軍平定苗疆
之亂。萬曆年間，「疫疹大作，里醫袖手，遠邇士女禱侯祠，挹
江水，乞神方藥，注水治疾，所完活甚多」。因此，在明成祖永
樂年間，天任先被加封「英佑侯」，景泰朝又追贈「水府靈通廣
濟顯應英佑侯」。蕭氏三世的種種靈跡，既是後人不斷添加和創
造的結果，又經歷了一個由民間傳說走向官方典章的過程。從明
永樂朝至宣德朝，許多地方士紳先後以不同形式，對蕭氏三世的
事蹟作了宣揚；地方官在春秋二季，亦必往蕭侯廟進行祭祀。明
萬曆朝，歷任兵部尚書、貴州巡撫的泰和人郭子章不僅為蕭氏三
世撰寫傳文、題寫「仁侯三世」的廟額，且將有關蕭氏三世的種
種資料，編成《大洋洲蕭侯廟志》。廟志的編修，標誌著蕭公崇
拜已經形成了一個有機的系統，確立了該崇拜在國家祭祀體制內
的正統地位，從而為民間對其崇奉和祭拜提供了合法性。

　　進入清代後，蕭公崇拜得到進一步發展，成為從官方到民間
普遍祭祀的神祇，「凡通都巨鎮，省會京師，仕宦商賈，舟車往
來之區，莫不立廟以專祀侯」。不過，與許真君崇拜不同的是，
蕭公崇拜並沒有成為江西的另一個福主，而是在被塑造成臨江府

地方神的基礎上，逐漸向江西其他地區和外省擴散。

　　康熙八年（1669 年），任江西布政使參議、分守湖西道的安徽人施閏章在所作《大洋洲蕭公英佑侯廟碑文》中就說：「故事官臨江者，始至謁晏（即晏公廟），去則祠蕭（即蕭公廟）」，「而凡郡吏民有事於江淮河北四方之役者，必先齋戒趨大洋洲，卜吉以往」。同時施氏在文中還提到自己在經鄱陽湖北上時，也曾得到蕭公的護佑方化險為夷，故作文銘以酬神。康熙五十四年，臨江知府汪清於一篇引文中強調「淦邑大洋洲蕭侯廟，水府之最靈者也」，並認為蕭公護人而不護己廟，實為無私之舉，因此希望臨江府各地百姓捐發錢文，「以新其廟堤」。道光年間，賜進士出身的清江人楊世銳在文章中也強調，蕭公與晏公，是臨江一郡崇奉之神。另外，在當地文人「玉帳有光扶鼎祚，鐵錨無恙鎮臨江」讚美蕭公廟的詩句中，也不難看到蕭公作為臨江一府保護神的形象。

　　清代蕭公崇拜的演變，還表現在其正統性的強化上。道光年間，以清江人饒學澍、楊世銳等人為首的臨江府士紳重新刊刻了《大洋洲蕭侯廟志》。饒氏等人之所以要重刊廟志，用饒氏的話說，是當時距郭子章編修廟志已二百多年，「舊版翻刻，不無訛謬；間或告失，亦苦無徵。存者字跡不免剝蝕，且多犯諱，此其勢不可不重加刊正矣！」可見，此次重刊廟志，其根本原因在於明代修纂的廟志，字句上與當時王朝的典章制度存在一定的矛盾，而這一點，無疑會影響到蕭公崇拜在國家祭祀體系中的地位，削弱其在文化上的正統性。因此，楊世銳利用重刊廟志的機會，重作《蕭公英佑侯傳》，對蕭天任的各種靈跡作了新的闡

釋。在該文中，楊世銳先是引用明代廟志的敘述，肯定了蕭氏三世在清代以前的各種護國佑民的事蹟，接下來則對祭祀蕭公在清代的合法性作瞭解釋。他認為，當時之所以能出現「重熙累洽，海宇昇平」的景象，實是得到了蕭侯的默助，「且夫侯之祠，江澨河乾，所在多有」。至於大洋洲蕭侯廟，乃是蕭公生長之地，是其體魄藏身之所，故而最為靈顯。另外，楊氏還強調，不能將崇奉蕭公與玉笥、閣皂兩地供奉神仙混為一談。因為神仙「不與人事」，而蕭公則「福國佑民」。在乾隆年間，蕭侯還曾「為民捍患御災，不惜以身與廟當之」。蕭侯愛民之心，由此可見一斑。最後，楊氏還提到，自己能夠兩次在科場上取得成功，均是蕭公庇佑所致。因此，無論是從國家利益來講，還是就地方福祉而言，崇奉蕭公都具有合法性和正統性。

儘管臨江府的官員和士紳階層都將蕭公視為一地的保護神，但隨著商業的發展以及人口的流動，蕭公崇拜也沿著贛江─鄱陽湖水道向其他地區擴散。至清中葉，江西已經有二十個縣建有數十座祭祀蕭公的祠廟，其中寧都一縣就建有三座。從名稱上，這些祠廟有的稱水府祠，有的稱蕭公廟（殿），也有的稱英佑侯祠；在奉祀對象上，這些祠廟大多以蕭公為祭祀主神，但也有的是以蕭公為陪神。如南昌府靖安縣的昭靈祠，即以屈原為主神，配祀蕭公與晏公。另外，從建立的原因來看，建於鄉村的祠廟，大多用以表達鄉民禳禍去災的美好願望；建於瀕臨河道商鎮的廟宇，則具有同鄉會館或行業會館的功能。如四大名鎮之一的河口，為全國各地商人雲集之地，建有大量的同鄉會館。道光年間，在該地從事藥材和茶葉貿易的臨江商人，通過抽釐的方式取

得一定數量的資金，建立起奉祀蕭公的仁壽宮，作為「臨江一郡公所」。而新喻縣的蕭公廟，既是沿江放排工人奉祀蕭公的場所，也是他們處理行業內部事務之地。另外，從其他史料記載來看，至清前期，隨著商路的擴張和漕運的發達，蕭公崇拜已經越出了江西一省之境，進入到兩湖、四川、山東、山西、浙江、河南、廣西、貴州等其他省份，成為一個與特定人群相關的全國性崇拜。

2. 晏公崇拜

　　晏公崇拜，指的是以臨江府清江人晏戌仔為中心的祭祀活動。據《三教源流搜神大全》記載，晏公元初以人才應選入官，為文錦局堂長。不久「因病歸，登舟即奄然而逝。從人斂具一如禮。未抵家，裡人先見其揚騶導於曠野之間，衣冠如故，咸重稱之。月餘以死至，且駭且愕，語見之日，即其死之日也。啟棺視之，一無所有，蓋屍解云。父老知其為神，立廟祀之。有靈顯於江河湖海，凡遇風波洶湧，商賈叩頭所見，水途安妥，舟航穩載，繩纜堅牢，風恬浪靜，所謀順遂也」。

　　明洪武初年，晏公被朝廷詔封為「顯應平浪侯」。由於朝廷的推崇，自明中期始，在各階層的塑造下，晏公與蕭公一道成為江西最為著名的兩位水神，並逐漸走向江西以外的地方。至清前期，江西許多城鎮和廣大鄉村開始建起為數眾多的晏公廟，其中江西的東北部為晏公廟較為集中地之一。康熙年間，廣信府鉛山縣重建了晏公廟，該廟的地址在縣治以西三里居西關水上，為一縣之福地。「雍正七年，知縣張崇朴增廣其制，樓閣煥然一新，載入祀典，風值庭辰，令必親祀之」。乾隆三年（1738 年），鄉

人劉亮珍又在北關城外興建了平浪王廟。另外，該縣的五都河背和石塘鎮，也各建有一座平浪王廟。而饒州府鄱陽縣共立有四座晏公廟。其中一座位於城西柳林津，為乾隆年間同知劉愈奇重建。餘干縣的晏公廟位於琵琶洲，重建於嘉慶年間。德興縣的兩座晏公廟則分別在躍鱗門外和興寶坊。

在江西的西部地區，也興建了一定數量的晏公廟。康熙三年（1664 年），瑞州府高安縣興建了第一座晏公廟。康熙十年，鄉人陳汝言又捐資增建兩廊，砌立甬道；袁州府的萬載縣和南昌府的奉新縣、靖安縣則分別建有兩座以上的晏公廟。此外，在吉安府的泰和縣、安福縣，建昌府的南城縣以及撫州府的臨川縣，也零星建有晏公廟。這些不同地區新建或重建的晏公廟，充分說明晏公崇拜已經成為清代江西民間崇拜中一種較為普遍的祭祀活動。

3. 湖神元將軍崇拜

元將軍是清代江西鄱陽湖區鄉民普遍信奉的一位神靈。在南康府都昌縣建有專門祭祀元將軍的祠廟。在清代地方誌中，這座廟宇被稱為「元將軍廟」，當地百姓則俗稱作「老爺廟」。這種不同稱呼，既反映了元將軍這位水神在官方與民間的兩種不同形象，又表明該崇拜經歷了一個較長的歷史演變過程。這種變化主要體現在兩方面，一是元將軍由非人格神走向擬人化，一是從民間神祇上升到官民共祀的神靈。

元將軍崇拜的演變，與鄱陽湖水面的擴張有著密切聯繫。在鄱陽湖還未完全成形之時，宮亭湖是整個湖區的指稱，湖岸邊的神廟也稱為宮亭廟，廟中供奉的神靈也屬於山神，與水面並無太

大聯繫。只是隨著湖面的南浸,宮亭神逐漸向「能分風擘流」的水神轉化。但是,種種跡象表明,儘管宮亭神在較早時期就已經具有水神的性質,但並未成為整個鄱陽湖區的崇拜,反而是在龍王廟基礎上發展的老爺廟成為整個湖面的保護神。

據資料記載,老爺廟位於都昌縣多寶鄉境內,舊為龍王廟,奉祀的神靈為水族一類的黿。清代以前,老爺廟的影響僅限於當地鄉民,是湖區百姓崇拜的對象。但是,自清康熙朝始,地方官開始介入到這種民間崇拜當中來,並增添了諸多有關廟神黿的故事。其中最為重要的一則故事,就是將廟神黿與朱元璋於鄱陽湖大戰陳友諒的歷史聯繫起來,聲稱朱元璋失利時,曾得到化身為駕船老者的黿將軍救助。於是「題詩於(廟)壁,將軍受命則益效靈,波無叵測,至今靈應屢著」。此外,一些政府官員還認

· 都昌縣元將軍廟外景(李平亮提供)

為，江西每年通過鄱陽湖運送的五十多萬石漕糧，「連檣接艦，取得出入北江以達天庚，而估時之往來，行舟之上下，揚帆助風，有禱輒應，惟神之臨實式憑焉，其有功德於人可謂巨矣！」這些傳說和故事，將黿將軍崇拜與王朝歷史、國家貢賦連為一體，促使該崇拜從民間走向官方。康熙二十二年，都昌縣教諭熊永亮倡修了老爺廟（黿將軍廟），並作《鼎建左蠡元將軍廟記》。嘉慶十五年（1810 年），朝廷冊封元將軍為「顯應」元將軍，都昌縣知縣陳煦隨之作《加封顯應元將軍廟記》。至道光年間，元將軍廟已經成為地方官員春秋二祭時重要的活動場所。其祭祀的規制均仿照嘉慶九年江西巡撫秦承恩致祭「江西福主」許真君之例，「用牛一，羊一，蒙一，爵三。祭官蟒袍補服，二跪六叩首。其需用銀一二兩，永為定期」。此後，元將軍廟一直得到官方的支持。光緒七年（1881 年），地方官又重建了太平天國戰亂期間毀壞的元將軍廟，並將元將軍升格為「定江王」，廟名也隨之改為「定江王廟」。元將軍崇拜在官方祭祀體制中達到了一個新的高度。[32]

政府的推崇和賜封，為元將軍上升為整個鄱陽湖區的神靈創造了有利條件。尤其重要的是，政府的介入，並沒有削弱百姓對元將軍的崇奉，而是進一步刺激了其在民間的發展。在每年六月初六元將軍誕期，不僅都昌縣多寶鄉的百姓都會趕到「老爺廟」

32　參見扶松華《環鄱陽湖的民間信仰》，南昌大學碩士學位論文，2006年。

· 都昌縣元將軍廟內景（李平亮提供）

演戲酬神，而且鄱陽縣、星子縣以及永修縣各地的鄉民也會前往，形成為期數天的熱鬧廟會。此外，由於鄱陽湖地處贛江水運與長江航道的交接點，因而在湖面放排為生的工人紛紛將他們的安全寄託於老爺廟，視元將軍為自身的保護神。因此，從某個意義上講，正是該崇拜與民間社會有著千絲萬縷的聯繫，方能在經歷多次社會變更後維繫下來，並一直延續到當代人的生活中。

二　蝗神劉將軍與康王崇拜

1. 劉將軍崇拜

　　劉猛將軍是中國民間最為著名的驅蝗神，自明代始，南北各地就普遍建廟立祀。清雍正二年（1724 年），劉將軍廟被列入國家祭祀的範圍。咸豐七年（1857 年）（一為咸豐八年），加封「康保」二字。同治四年（1865 年）又進封「普佑」。在清政府的大

力號召下，各省紛紛出現了大量的劉將軍廟。從全國範圍來看，劉猛將軍廟的分布以蝗災嚴重區黃淮流域最為集中，非蝗災區嶺南最為少見，大致呈現出由北至南逐漸減少的趨勢。就江西一地而言，劉將軍廟的分布遍及全省。從北部至南部，從東部到西部，無不建有大量的奉祀劉猛的祠廟。

與上述民間崇拜一樣，清前期江西劉將軍崇拜的發展，是在政府的推崇下完成的。有清一代，朝廷先後兩次頒敕興建劉將軍廟的詔令。一次是雍正朝，一次為道光朝。因此，江西興建劉將軍廟的第一個高潮，是在雍正二年（1724 年）以後。雍正十二年，九江知府蔡學灝，在德化縣城以東二里的東嶽廟左側，興建了一座劉將軍廟，並於每年春秋前往祭祀。從現存資料看，該廟為江西境內最早出現的奉祀劉猛的神廟。九江府之所以會成為江西第一座劉猛將軍廟誕生之地，應與其位於江西最北部離蝗災區較近，較易發生蝗災相關。

道光時期，江西各地普遍遭受到嚴重的蝗災。道光十五年（1835 年），南昌府屬進賢縣「自夏至秋不雨，禾盡槁。八月蝗蟲飛蔽天日」；九江府屬「秋蝗為災，顆粒無收，草根樹皮幾盡，民多流亡」；南康府自五月至八月不雨，「飛蝗蔽天，百姓挖草根、剝樹皮為食」；饒州府餘干縣蝗蝻遍野，萬年縣「合縣被災，西北十三村樹葉亦被食盡」。安仁縣「自四月不雨至九月，蝗蟲起飛蔽日」；撫州府屬東鄉、宜黃、崇仁三縣「蝗蟲蜂起，蔽日漫天，咬食田禾」；道光十六年，九江府瑞昌、德化兩縣「飛蝗蔽日，禾盡蝕」；饒州府萬年縣「蝗蟲入境，進士董士

文捐資捕蝗」；同年，南昌府亦受到蝗蟲的侵襲。[33]面對頻頻發生的蝗災，人們除了展開各種人工滅蝗的活動外，還期望藉助於神靈的力量驅趕蝗蟲，出現了修建劉將軍廟的第二個高潮。道光十二年，星子縣修建了劉將軍廟；道光十五年，瑞昌知縣董恕誠在縣署後面新建劉將軍廟；道光十六年，分宜知縣在縣東門外先農壇右側新修劉猛將軍廟；道光二十年，安義知縣潘尊賢奉命在文山書院右側立劉將軍廟，贛縣士民在靈山廟左側構劉將軍廟；道光二十三年，永豐知縣馮詢在城隍廟右側建造了劉將軍廟；道光二十六年，彭澤縣百姓在縣城西門外關帝廟舊基上興修起劉將軍廟。這股興建祠廟的熱潮，一直持續到咸豐、同治時期。

　　清前期江西各地的劉將軍崇拜，既經歷了共同的歷史過程，又呈現出一定的差異。這一點，主要體現在修建者身分以及奉祀方式兩個方面。從各種史料記載來看，各地祠廟的修建，大概可分為三種方式：一是地方官獨力完成，一是鄉民自發興建，一是士民合修。用第一種方式興建祠廟的，主要有瑞昌、分宜、永豐、東鄉、定南、大庾等縣。在這些地方官主持興建的劉將軍廟中，又可分為倡首興建與奉命敕建兩類。用第二種方式建造祠廟的，主要有彭澤、萬載等縣。利用第三種方式建造祠廟的，主要有贛縣。該縣的劉將軍廟先由士民共建，後為官民合修。另外，各地奉祀劉將軍的方式也不一。一種方式是單獨建立廟宇，專供

33　參見孔蔚《江西的劉猛將軍廟與蝗災》，《江西師範大學學報》1994年第 11 期。

劉猛將軍。這種方式為大多地方所採用。另一種方式是將劉猛將軍與其他神靈合祀一處。如星子縣的劉將軍就沒有專祠，而是與風神並祀於申明亭。申明亭遭受毀壞後，劉將軍就只好寄身於城隍廟左殿。餘干縣的劉將門廟同樣沒有專祠，只能附身於東嶽廟內；萬載縣城內福壽坊的劉將軍雖有專祀，但與財神並祀。第三種方式是從合祀轉為專祀。廣豐縣的劉將軍廟，起初建在忠節祠故址上，「合祀六侯」。道光十九年，知縣濟英「移奉城隍廟左，專建祀焉」；贛縣的劉將軍先是被供奉於靈山廟內，後方享有專祠。

隨著眾多劉猛將軍廟的出現，劉將軍的形象與作用變得更為複雜和豐富。有關劉將軍的原型，有劉宰、劉錡、劉承忠等說。劉宰說在山東各地頗為盛行，劉錡說則在江南、直隸、山東有一定的崇拜空間。有的學者甚至認為劉錡的形象與劉猛將軍最為接近，應是劉猛將軍崇拜的最初原型。[34]但是，進入清代官方祀典的劉將軍，指的是元末吳川人劉承忠。在這些不同歷史時期出現的劉將軍崇拜影響下，清代江西的劉將軍形象也是各地不一。有的地方接受清政府的觀點，認為劉將軍原為吳川人劉永鐘。永鐘元末授指揮。在弱冠之年即統領軍隊，令群盜聞風喪膽。當江淮遭受蝗蟲之災，「神揮劍逐之，須臾蝗飛境外」。有的地方仍然認為劉猛的原型是曾任江淮制軍的宋人劉錡。宋理宗時期，因拒

---

34 參見代洪亮《民間記憶的重塑：清代山東的驅蝗神信仰》，《濟南大學學報》2002 年第 3 期。

蝗有功，被朝廷封為「揚威侯」。但是，也有的地方並未明確指出劉將軍為誰。如《安義縣誌・祠廟》記載：「劉將軍廟，在文山書院之右，舊祀宋忠臣劉錡，尋廢。道光二十年，知縣潘尊賢奉文飭建劉猛將軍廟，遂及其址為之，改祀驅蝗正神劉猛」。這些不同的劉將軍形象，既與清政府對劉將軍的解釋（即劉將軍為劉承忠）密切相關，又反映了劉將軍崇拜在江西所經歷的地方歷史過程。

至於劉將軍的作用，不同階層的崇拜者也有各自的寄託和目標。普通百姓不僅希望蝗神驅逐蝗蟲，消除災害，獲得收成，還祈求其能在日常生活的方方面面加以護佑；地方官則希望通過建廟祭祀蝗神，使管轄之地「田穀不害，倉箱可盈」，同時又將地方治理置於神靈的監管之下，期望百姓「體神之忠誠而不致詐偽，慕神之節義而不敢貪婪」[35]。

2. 康王崇拜

康王崇拜，指的是圍繞宋人康保裔祭祀形成的崇拜活動。據史料記載，康保裔是河南洛陽人，北宋初先後授登州刺史、淄州團練使和涼州觀察使。宋真宗時期，領彰國軍節度使，在與契丹作戰時為國捐軀，受到朝廷褒封，各地建專祠以祀之。由宋至明，江西境內的州縣先後興建了康王廟。但是，此時的康王崇拜仍然限於官方層面，民間祭祀尚未形成。入清後，在江西的鄱陽湖地區，民間祭祀康王的活動開始活躍起來，許多縣誌紛紛留下

了文字記載。如同治《進賢縣誌·祠廟》中就說道：「康王廟在邑治西壇石山右，水旱祈禱無不靈應，民祀之。」而同治《餘干縣誌·祠廟》亦提到：「忠烈康王廟，祀康保，宋真宗時沒於王事，立廟祀之。」在瑞州府的上高縣，當地百姓每年八月十三、十五、廿四、廿六日都會備好牲醴、香紙，前往康王祠祭祀，

·信豐縣安西康王殿（楊品優攝）

「演戲迎賽甚眾」。這種迎神賽會，在新淦縣的康王祠也會舉行：「人日歡場好賽神，康王祠畔鼓振振。就中只有扶犁叟，早引春牛試吉辰。」[36]此外，在南部地區的一些州縣，也出現了一定數量的康王廟。如興國縣就建有七座，分別分布在該縣的治平觀、南門外丁字街、澄塘、高多、社口巷、武溪渡口以及仰背嶺等處。至清中葉，江西形成了以鄱陽湖區和南部地區為中心的康王崇拜區。

在康王崇拜進入江西地方社會的過程中，其內涵亦變得更為

36　轉引自丁世良、趙放主編《中國地方誌民俗資料彙編》華東卷（中），第 1107、1159 頁。

豐富。分布在不同地方的祠廟，既有相同之處，又存在一定的差異。在南昌府的進賢縣，人們普遍認為，他們崇奉康王，不是因為其為國捐軀，而是由於其在進賢為官時盡心為民。相傳有一年天旱，地方居民無水可飲用，只有該縣民和鎮一口井有水。儘管井水有毒，但康王為了不讓居民受困，自身先試飲井水，故中毒身亡。當地百姓感於康王之舉，在他去世後立廟祀之。每年的四月八日為康王的生日，當地百姓紛紛前往廟中朝拜，形成較大規模的民間祭祀活動。

在贛州府的鄉村，康王崇拜也發生了異化。許多康王廟中祭祀的並不是康保裔，而是唐代的忠烈東平王張巡。如瑞金均村鄉桃坪村的康王廟，就是為祭祀張巡而建，當地百姓也將康王視為一方民眾的保護神，親切地稱之為「坊神」；瑞金縣九堡鄉密溪村的康王廟建於清乾隆年間，當地百姓也習慣稱為「福主廟」。在該廟的石壁上，還留有清人羅銓所作的碑記。碑文中的內容，充分說明了該廟的興建，不單單是官方祭祀向民間滲透這麼簡單，而是與村落歷史密切相關。此外，據該村的史料記載，東平王廟建廟後，密溪村的羅氏宗族大小公堂和個人紛紛捐田地山岡充作廟產，僱用專人供奉香火，敲鐘擊鼓。每年八月中秋，族中各家各戶都到廟裡朝拜上供一番，以期消災化難，四季平安。每年春節期間，當地都要舉行迎神賽會盛典。[37]贛州府鄉村康王崇拜的諸多獨特現象，表明清代江西康王崇拜的發展，既是朝廷不

37　參見羅銓《重修東平王廟碑》，此碑現存瑞金市九堡密溪村。

斷推行的必然趨勢，又是地方社會加以創造的結果。

第四節 ▶ 行業神與房頭神崇拜

一　各種行業神崇拜

在清前期江西民間祭祀的神靈中，還存在另外兩類神靈——行業神與房頭神。行業神的出現，是社會分工不斷細化和地方經濟發展的結果。不同行業的人群為了各自的利益和特殊要求，紛紛尋找和創造出護佑各自行業利益的神靈。

行業神的來源大致可分為兩種：一是對某行業有較大影響或關係密切的自然神。在江西境內各湖泊和水道兩岸，從事航運業的人們通常會建起龍王廟或水神廟，上文提到的蕭公、聶公以及元將軍崇拜都具有行業神的性質。一是在某一方面具有突出貢獻的歷史人物。在製瓷中心景德鎮，陶業工人普遍奉有行業神。清人鄭廷桂在《陶陽竹枝詞》中就描述了當地祭祀陶神的情景：「五月節迎師主會，六月還拜風火仙。龍缸曾讀唐公記，成器成人總靠天。」詩中提及奉祀晉人趙慨的師主廟建於明洪熙年間，創建者為當時督陶官張善。該廟原建於御陶廠內，其目的是為了保佑官窯生產，順利完成朝廷下達的燒造的任務。明成化年間，督陶太監鄧原將該廟移建到廠外，以供民窯工匠和窯戶拜祀。風火仙師是指明人童賓。據清雍正時期總理瓷務的唐英記載，童賓是饒州府浮梁縣人，「性剛直，業儒，父母早喪」。明萬曆年間，童氏為按時完成政府所派之役，不惜以身入窯。童賓死後，家人

· 雍正九年唐英為「風火仙師」廟題「佑陶靈祠」匾額（李平亮提供）

將其骨骸葬於當地鳳凰山，並立祠祀之。由於童賓是為生產瓷器而獻身，因而業陶者均將其奉為保護神。在清前期，景德鎮的陶業工人每年都會在生產前後，圍繞「風火仙師」分別舉行「暖窯神」和「酬神」的活動。

在另一商業巨鎮吳城，從事娼妓業者則奉白眉神為行業保護神：「青樓供奉白迷（眉）神，雞血涂濡紙滿身。明白入他迷局裡，不曾迷者是何人。」此外，這些青樓女子還會在鎮中的聶公廟中演戲酬神：「聶公祠裡去焚香，演戲標名半女郎。合掌低頭含笑訴，聽來都願早從良。」[38]這反映出聶公崇拜在早期具有行業神崇拜的意義。

二　各色房頭神崇拜

在清代江西，所謂「房頭神」崇拜，是指遍布各地鄉村不同

38　賴學海：《吳城竹枝詞》，同治四年版。

名目的神祇崇拜。這些神祇崇拜都與特定空間的人群相關，形象和裝束各不相同，有著不同來由和「故事」，因而也數量最多，可謂不計其數。對於每一個具體的神祇而言，最基本的崇拜空間是一個村莊或其周邊或其沿線的幾個村莊；對於一個村莊範圍內部而言，則不同的家族或人群又各自信奉不同的房頭神，建造不同的房頭神廟，所以在同一個村莊裡可以並存多個房頭神，或是在同一個廟宇中放置多個房頭神像。房頭神各有「生日」，往往在其「過生日」的那一天，尤其信眾用神轎抬出巡遊，鳴放鞭炮，頂禮膜拜，十分隆重和熱鬧。而其巡遊路線，十分講究邊界和規矩，有所謂「神不越界」、「一方神保一方人」之說，如有踰越而得不到相鄰人群的諒解，往往引起衝突甚至械鬥。

而一些影響大並被鄉民認定特別靈驗的房頭神，則可能逐漸演變為影響更大空間的神祇崇拜，其崇拜範圍可以大到一鄉一堡，甚至可能是諸鄉一縣。為此，民間社會往往會舉行一定規模的迎神和演劇活動，形成為期數天的廟會。在贛州府分宜縣的昌山，自唐代始就奉祀龍母，因而每年至該神誕辰的八月十三日，當地的龍母廟都要舉行盛大的廟會活動，「無論本邑人及他邑人莫不若厥角稽首，虔誠頂禮，誠所謂香火千秋」；在廣信府北的鉛山縣，人們以七月二十日為葛仙翁誕期。每年的六月初一至十月初一，當地百姓紛紛備好香亭儀仗、簫鼓管弦，前往葛仙山拜禱，形成「絡繹道途，肅人觀聽」的盛況。[39]

---

39 參見丁世良、趙放主編《中國地方誌民俗資料彙編》華東卷（中），

這些在不同地點舉辦、規模不等的廟會的出現，加上在各個時節定期舉行的祭祀遊神活動，使得廟會的形式和內容更趨豐富。在某些縣，甚至是每個月都有一兩次廟會。此種情況，以會昌縣最為典型。據史料記載，正月十五日，該縣城鄉張燈結綵，扎有龍燈、花燈、走馬燈、花鼓燈，「遍謁神祠，沿街歌唱」；二月初三，當地「文昌會」的社友紛紛

·新建縣石埠鄉陳家（村）房頭神「白馬」與「黑馬」（梁洪生攝）

趕赴文昌宮慶祝神誕，「余酬飲，共享神惠」。同月十九日，加入「觀音會」的婦女先後聚集到觀音殿，供奉觀音大士。三月三日，真武祖師會通過演戲慶祝神誕，男女老少成群結隊前往真武廟求籤。四月八日浴佛日為「太子會」，各寺觀遍設齋供，誦經禮懺。六月十九日，為白衣神誕期。該縣水東、高排兩地的百姓

在前一日至神廟迎請神像，自水東廟出遊，沿街各商戶均會在門口擺設香案迎接。七月七日是祁山道人賴神誕日，士民亦是在先一日迎神出遊，城鄉市鎮皆演劇恭祝，以答神庥。八月十二為許真人誕辰，家家戶戶備好齋供，至廟中叩首跪拜，隨後還會請戲班在許真人廟前演戲。九月九日為「九皇會」。當地百姓自初一日開始齋戒，並持續到初九日止。十月初一為「十月朝」，鄉村百姓各自齋戒素供，於是日清晨謁祖祠及各壇宇。十二月，該縣各地大多組織有「謝福會」，募集錢銀購買牲醴、香供，酬謝福神，「飲酒演劇為樂」[40]。

第五節 ▶ 祖先崇拜與歲時祭祀

一　清明掛紙與中元超度亡靈

在中國傳統社會眾多的節日中，有多個節慶是專門用來祭祀祖先的。在現實生活中的子孫們堅信這樣一種觀念，即已故的先祖並沒有與他們分開，而是仍然生活在由人間與天國共同構成的世界裡。子孫們在人間的各種行為，都在祖先的注視下。在他們給予子孫們陰澤時，子孫們也必須回報。因此，除了日常的祭拜外，還應在特定時節為先祖送去各種物品，而清明、中元與冬至

40　丁世良、趙放主編：《中國地方誌民俗資料彙編》華東卷（中），第1171頁。

就是這種時節。

　　清明節被定在冬至後一〇五天，春分後十五天，亦即四月五日前後。在清明之前為寒食節。在寒食節，所有的灶火都被熄滅。寒食節第三日，即清明節。不過，隨著時代的變遷，這兩個節日在民間祭祀中逐漸融為一體，其內容大多通過清明節表現出來，這在清代江西各地的方志中屢見不鮮。如在廣信府興安縣（今橫峰縣），人們在清明節會以「粉米做粿」，以示寒食之風；在袁州府瀘溪縣（今萍鄉市蘆溪區），人們將清明前一日為寒食，進行「家展先墓，除草覆土」的活動。

　　在清明節期間，江西各地之人紛紛在門前插上柳枝，並前往祖先的墓地，進行掃祭。在此一儀式中，將紙錢掛於墓地則是必不可少的部分。如道光《新建縣誌》載：「清明，於墳頭掛紙錢拜掃。俗尚春餅，城面以麥，鄉面以米，薄者佳。」[41] 同治《南城縣誌》亦云：「清明，是日插柳於門，人簪嫩柳，謂之『闢邪』。具牲醴掃墓，以紙錢掛墳，謂之『掛紙』。」[42] 也有的地方會在清明節前後數日進行掃墓掛紙。在興安縣，「清明祭掃祖墓，以前後七日為期。加土於冢，掛紙於墓樹」[43]。廣豐縣的清明掃墓，「以前三後七為期」。在都昌縣，人們大都「以清明前

41　丁世良、趙放主編：《中國地方誌民俗資料彙編》華東卷（中），第1060頁。

42　丁世良、趙放主編：《中國地方誌民俗資料彙編》華東卷（中），第1132頁。

43　丁世良、趙放主編：《中國地方誌民俗資料彙編》華東卷（中），第1095頁。

數日至祖先墓所，除草培土，具肴醑酒，標掛寓錢」[44]。而在贛南一帶，人們還尤其強調掛紙須遍及所有的祖墓。如道光《興國縣誌》的修纂者就說：「清明上墓，以先期為敬。盂飯杯酒，隻雞方肉，遍供祖先墳塋，雖簡陋不盡中禮，而地無遠近必到，家無論貧富皆然。報本返始之思出自天性，謂墓祭為不見於經者，亦苟論矣。」[45]在長寧縣（今尋烏縣），則有「大清明」的風俗。如縣誌記載：

清明前後，聚族祭祖，嗣是遍祭各墳所，謂之醮地。以桐葉淪米作飯，亦槐葉冷淘遺意。富家具牲醴，鼓吹行禮，合長幼賓客郊飲盡歡，立夏乃止；未遍者復以八月祭之，以八月朔為「大清明」。[46]

除墓祭外，在少數地區，一些富家大族還在清明節舉行祠祭。在祠祭的過程中，不同身分的族人各司其職，祭後全族會飲，發給胙肉。如道光《萬安縣誌》和同治《會昌縣誌》就分別記載：

44　丁世良、趙放主編：《中國地方誌民俗資料彙編》華東卷（中），第1087頁。

45　丁世良、趙放主編：《中國地方誌民俗資料彙編》華東卷（中），第1168頁。

46　丁世良、趙放主編：《中國地方誌民俗資料彙編》華東卷（中），第1175頁。

祭祖，以清明、冬至節為期，每祭必先醮墳而後行禮。其族大財盛能備祭儀者，先日設牌位，日午省牲，夜間習儀，質明行祭，皆整衣肅冠。主祭者族長，分獻者房長，引禮者紳士，執事者儒童，奔走役使者丁，總理其事者曰頭人，鼓吹而兼歌唱者曰傳堂。祭用三獻，門外設燎，其胙有生有熟，或發胙錢，主祭、分獻、引禮、執事、頭人另有生胙。[47]

　　禮有五經，莫重於祭。古者，士大夫有田則祭，無田則薦，是祭未有無田者。會邑諸族各有祭田，其祖宗遺下以備祭祀者為血食。無，則子孫計口斂錢，買田以祭，謂之「斗丁」，亦謂「鐵板丁」以其無能改易也。每當清明，本支首事先期以紅箋大書某日祀某祖，帖於祠前，並編派主祭、陪祭、通贊、引贊、司樽、讀祝各執事。前一日下午，薦牲習儀。至期黎明，整肅衣冠，齊集祖祠，分班致祭。所用禮儀悉遵文公所訂家禮而慎行之。祭畢，按丁發肉，紳耆另發胙肉、胙錢若干。午席，紳耆畢集祠內宴飲，所以餕神余也。[48]

　　七月十五日的中元節，又稱盂蘭盆節，前者是道教的稱呼，後者依佛教術語。但在日常生活中，更流行的說法則是鬼節。這

47　丁世良、趙放主編：《中國地方誌民俗資料彙編》華東卷（中），第1156頁。
48　丁世良、趙放主編：《中國地方誌民俗資料彙編》華東卷（中），第1170頁。

一天，既是人們祭先祖之日，也是人們超度亡魂之時。與清明祭祖不同，中元祭祖不是在墓地舉行，只是在家中焚燒紙錢，有的還會延請僧人或道士在寺觀做法事，普渡孤魂。在清代江西，每至陰曆七月十五日，各地都會出現焚燒冥錢紙衣、放河燈、作「盂蘭會」等種種景象。這一點，從各地方誌眾多的記載中可見一斑：

中元節，每家擇日祀祖薦新，貢獻葷素各半，務豐潔誠敬。祀後，以肉粿互相饋遺，為享神惠。又有作「中元會」修功德者，召僧放焰口，焚冥鏹，普渡（度）孤幽。[49]

中元先數日，中庭設席迎祖先，朝夕具饌，謂之「下公婆飯」。至期，剪紙為衣，裹紙錢燒，謂之「送公婆衣」。新亡者，戚族多備肉果、楮衣薦之，謂之「送新衣」。二十日有「盂蘭會」，亦裹紙錢、紙衣燒之，謂之「送無名衣」。[50]

中元前一夕，市米粉薦新。是日，焚冥鏹以祭祀先人。薄暮，通衢委巷遍插神香，僧寺亦有開盂蘭道場者。[51]

49　丁世良、趙放主編：《中國地方誌民俗資料彙編》華東卷（中），第1092頁。

50　丁世良、趙放主編：《中國地方誌民俗資料彙編》華東卷（中），第1067頁。

51　丁世良、趙放主編：《中國地方誌民俗資料彙編》華東卷（中），第1123頁。

中元節，自七月朔懸祖先遺像祀之，香燈不斷。至是日，家家焚紙錢，祠堂亦如之。間有齋僧為「地藏會」者，謂超拔枉亡，保安地方也。[52]

中元，俗謂鬼節。人家多祀其先，焚紙錢以給亡者，或延僧誦經殿廟，懺七晝夜，為「盂蘭會」，費至數百金，云為無祀之鬼做超渡。是日，婦女各廟燒香，曰「浣難香」，訛稱「廣男香」。[53]

中元節，在廢曆七月十五日，為九泉下無上喜期。富人剪紙為衣幣，並取紙之有金銀色者扎為金銀錠，市冥箱貯之，化以火而獻於祖考。貧人力不能備物，亦必以冥錢奉先人。各姓宗族罔不於是日祭祖，款豐者更有「盂蘭會」，延僧道作法為祖先求超升。[54]

由於舉行「盂蘭會」、「中元會」、「地藏會」需要有足夠的財力，因而這些儀式經常在城市出現，在聚族而居的廣大鄉村，人們則是在特定間隔的時間來操辦超渡的儀式，並將其視為一次

52　丁世良、趙放主編：《中國地方誌民俗資料彙編》華東卷（中），第1156頁。
53　丁世良、趙放主編：《中國地方誌民俗資料彙編》華東卷（中），第1132頁。
54　丁世良、趙放主編：《中國地方誌民俗資料彙編》華東卷（中），第1146頁。

娛樂的盛事。在樂安縣流坑村，清代以來，董氏每十年在大宗祠舉行一次水陸大會，建立醮場，超渡亡靈，同時還唱戲開賭，歷時一個多月。其間，附近鄉鄰紛紛前往觀看，成為該族及當地的一大盛事。而為了維持大會進行，該族的「大宗祠專設水陸會，拔予山田銀錢，作為基金」[55]。

二　冬至祭祖與祠堂上譜

冬至是另一個祭祀祖先的重要時節。在江西的眾多州縣，人們將清明與冬至視為同等重要，祭祀的規格也是相當。祭祀的過程中，他們不僅為已故的祖先送上豐盛的祭祀品，還必須整肅衣冠，而主持整個祭祀儀式之人也只能由紳士充任，主祭者則用族長。如乾隆《袁州府志》就云：「諸大姓皆有祠，祠有祭田。祭期率以清明、冬至日，族人咸聚，尊卑長幼秩然，亦有非紳士不得執事者。主祭或用族長名，以弟子代行禮；或以達者主之，受胙、頒胙如儀。」[56]而同治《鉛山縣誌》亦記載：「冬至，士庶家無論有無祠宇，必立冬至祀，以牲醴致告祖考。祭之前日，族長率合族子孫整肅衣冠以待。屆期，登堂禮拜。」[57]在這個家族中重要的時刻，如有族人缺席，或是其行為不合禮儀，則會遭到

55　邵鴻：《明清江西農村社區中的會——以樂安縣流坑村為例》，《中國社會經濟史研究》1997 年第 1 期。

56　丁世良、趙放主編：《中國地方誌民俗資料彙編》華東卷（中），第 1101 頁。

57　丁世良、趙放主編：《中國地方誌民俗資料彙編》華東卷（中），第 1093 頁。

處罰。如萬載《邱氏家譜・家訓》就規定,「吾祠內凡冬至祭期不列者有罰,行禮不遵禮儀者有罰」[58]。

當然,由於各地情況不一,因而冬至祭祀規格與其他祭祖之日的規格也存在地域差異。在廣豐縣,冬至祭祀時,「牲醴、紙幣之陳,與中元相埒」[59]。在宜黃縣,「冬至亦舉祭,較清明稍殺」[60]。在東鄉縣,人們「冬至祀始祖如元旦,有冬至大似年之諺」。而在萬載一地,人們將冬至看做最重要的祭祀之日,其規格甚至超過清明節,這種地方風俗,直至民國時期仍被保留。如當時的地方誌說道:

　　各族建大祠,近日支祠愈多。歲時會集,統於所尊。清明節,子姓衣冠集祠,相率祭墓。而冬至之祭尤重:前三日張燈陳器,用鼓吹滌盪之。祭之前日,預習其儀,曰「習儀」;於五鼓行祭祀禮,曰「正祭」。主以族之宦達或族長,其升降獻酬之節,率以朱子《家禮》為準。祭畢,布席而 。[61]

除了祭祀的規格有地區差異外,祭祀的地點往往也因宗族而

58　《萬載橫嶺邱氏族譜》卷二《家訓二十一則》,民國刊本。
59　丁世良、趙放主編:《中國地方誌民俗資料彙編》華東卷(中),第1094頁。
60　丁世良、趙放主編:《中國地方誌民俗資料彙編》華東卷(中),第1127頁。
61　丁世良、趙放主編:《中國地方誌民俗資料彙編》華東卷(中),第1103頁。

異。在那些有一定經濟實力的家族來說，他們能夠建立祠堂，購買祭田，因此他們的祭祀大多在祠堂舉行，並奉上牲醴，而對於那些因經濟實力不夠、沒有建祠的宗族來說，則只能在家中祭拜，焚燒紙錢香燭而已。如同治《南城縣誌》所說：「冬至，有祠宇、祭田者則祭於祠。先一日習儀，至日序班行禮，設饌給胙。無則香燭紙肴，祭於家寢而已。」[62]在祭祀完祖先後，那些建有祠堂的有經濟能力的宗族，還會舉行全族性的會餐，分發祭祀過的胙肉，以讓在世的子孫感受祖先的恩澤。同治《峽江縣誌》就有如下記載：

凡聚族而處者必有宗祠，謂之祠堂，以奉先世神主，置祭田，具祭器。……四仲之祭，春冬尤嚴。春用清明日，冬用長至日。先一日，告祠，出神主設位，執事者省牲滌器，陳設具饌。質明行事，合族之人皆與，宗老主之。仕族禮用三獻。祭畢，納神主，撤饌分胙。餘布席祠下，宗老上坐，其餘以昭穆齒，燕飲盡歡，蕭揖而退。[63]

當然，在發分祭肉的過程中，身分較高者與一般的族眾之間也存在一定的差別。一般說來，族長、房長、首士士紳及年過六

62 丁世良、趙放主編：《中國地方誌民俗資料彙編》華東卷（中），第1133頁。

63 丁世良、趙放主編：《中國地方誌民俗資料彙編》華東卷（中），第1162頁。

十的長者不僅無須交納就席費用，還能夠享受更多的份肉。如萬載賴氏宗族就規定，冬祭之日，「除房長、族長、首事、紳士及六十以上耆老、行祭、執事、勞力用事者，其餘各出席錢一百二十文」，「祭祀族長胙肉六斤，房長胙肉三斤，紳士及七十以上耆老胙肉二斤；主祭者四斤，分祭者二斤，通引讀祝及歌詞執事者，隨事酌給」。[64]由於在祭祀之日必須花費一定數額的錢銀，因而一些家族的冬祭活動並不是每年都能舉行，而是會根據族中用於祭祀的費用多少進行調整。如上述萬載的賴氏就在族譜中寫明，「冬至祭祀，或一年一祭，或三年一祭，視嘗會貲息酌定。總以十一月初五日為定期，如逢寅日，則推前一日舉祭」。

冬祭之日，也是族內新丁上譜之時。在新丁報上登記之後，其名字和出生年月日先是登入草譜，至下一次重修族譜，則會正式錄入譜中，成為族中合法的一員。但是，新丁上譜同樣也需要交納一定的錢文。因此，某些宗族為防止族內各戶隱瞞新丁報登，還會專門在族譜中規定具體的處罰條款。這一點，萬載縣各姓族譜中均有記載。如《賴氏族譜》記載：「新丁值祭之日，報名登簿。載清年月日時，以便日後修譜。報丁錢一百文。如隱匿不報，自三歲以外，照加二利補入。十歲不報，永不許入祠與席。查有混入，將伊父兄丁名扣除。」[65]《廖氏族譜》亦云：「報新丁每名出錢八十文足，各於本房辦祭之日，報名登簿。如有延

64　《萬載賴氏祠譜》卷一《修規章程》，道光十九年刊本。
65　《萬載賴氏祠譜》卷一《修規章程》，道光十九年刊本。

久始報者，照年數加三利算。」[66]《邱氏族譜》則嚴申：「每年添有新丁者，限至冬至前十日赴祠報丁，以便命其人名，載其譜。倘有不報者，其名斷不可收錄，各宜凜遵。」[67]

為了最大限度利用冬祭上譜新丁報登的收入，一些宗族往往會在族內成立「丁會」，將這項宗族的公共資金，用於祠堂的修繕或族譜的興修。如史料記載：

清公丁會，起自前人，距今年已七十矣。……是會也，先是道光二年大父靜軒公與松園、德遠二公，首倡捐起，每丁輪錢百文，共得九百餘丁。意以為後日建祠享燕之需，志甚偉也。是時為貲尚少，賴同心竭力，維持極善，僅廿餘年間，會遂興盛焉。……至咸豐八年，於壽公祠左鳩工庀材，新建祠宇，幫費六百金有奇。仍置田產守成，抑亦可對先靈少愧焉。[68]

又如萬載新田林氏宗族的「丁會」，就是在該族公共資金面臨窘境的情況下，由該族彰、材二房派系的子弟發起。據該家族的族譜記載：

余新田彰材子孫有報丁會，非自祖先始也。其祠原多田租，

66　《萬載廖氏祠記》卷一《祠規》，道光三十年刊本。
67　《萬載橫嶺邱氏族譜》卷一《丁會序》，民國刊本。
68　《萬載潭溪清公丁祠冊》，序，民國25年刊本。

因建祠堂花費，僅遺山土租息，蓄積無幾。微論族內公事時形拮据，即如修葺譜牒，亦必派抖丁灶諸費，乃克有濟，實足以為撐持門戶之慮。幸自嘉慶丁卯，族有群芳、華清、成盛、發灝、聯超承理祠事，始將山土租費以為生息。……越壬申，復得發灝、聯超竭慮抒謀，集眾會議，倡起一報丁會。議自嘉慶庚申修譜以後，我彰材二公另起一丁會，其未報丁者，概議每丁出錢八十文。內除四十文祠內置酒，余則另立起息，當擇福子、馥芳、外子、端禮管理，創置田業不一，以應族內諸費，今已三十八年。余思族譜自庚申至今已隔五十年未修，今與合族丁會人等商議修譜，其費即取給於丁會。……迄今合族修譜，仍賴報丁一會，得以應修譜之資，且以存故積而彰族君倡起之力也。**69**

　　總而言之，冬至這一時節在人們的精神生活中具有特殊的意義。這一日，既是子孫們向已經遠逝的祖先貢獻祭品的時間，也是族內新生人丁加入族譜的時刻。換言之，人們在祭祀遠祖之際，仍不忘承擔宗族延續的後代子孫。因此，從這個意義上說，正是在冬至這一日，人們能夠強烈地感受到宗族的歷史，並對宗族的延續充滿期待。報丁會的出現，也正是人們為實現上述目的而採取的一種策略。

69　《新田林氏族譜》卷二《丁會記》，光緒二十四年刊本。

三　新春期間的祭祀活動

在中國傳統社會中，春節是一年之中最重要的節日。為了準備辭舊迎新，整個社會上上下下均要在臘月就著手為之進行種種準備，整個過程可分為小年、除夕、元旦、元宵四個部分。在清代江西，無論是廣大農村地區，還是不同規模的城鎮，自臘月二十四日起，祭祀灶神與過年就成為各個家庭的主要活動。全省大部分地區，都將臘月二十四日定為「小年」，並在此日夜晚供以各種物品，舉行送灶神的儀式。如《南昌縣誌》記載：「二十四日，名『小年日』。送灶神，以餳涂牙門，謂膠灶神牙。」[70]在袁州府地區，同樣是「臘月二十四日為小年，掃物塵，用米實、飴糖、豆腐『祭灶』，俗云糖黏灶神口，慮其奏人過失」[71]。在贛南各地，「臘月二十四日為『小年』。婦人晚『祭灶神』，薦以糖食，是晚灶神上天言人家善惡事。又於鍋內點燈一盞，名曰『灶燈』」。在撫州地區，有的地方則以臘月二十五作為小年之日。如雍正《蘆溪縣誌》所載：「臘月，掃屋塵、祀灶，多用二十五日。」[72]南豐縣一直到民國年間，仍然是「祀灶多用臘月二十五，薦以粉團、米糖。是日乃豐邑『小年』，儀同度歲，稍次

70　丁世良、趙放主編：《中國地方誌民俗資料彙編》華東卷（中），第1058頁。

71　丁世良、趙放主編：《中國地方誌民俗資料彙編》華東卷（中），第1102頁。

72　丁世良、趙放主編：《中國地方誌民俗資料彙編》華東卷（中），第1139頁。

除夕」[73]。也有的地方祭祀灶神之日，與小年並不在同一天。如東鄉縣與金溪縣就均是「臘月二十三日『祀灶』，二十五日謂之過年」。在小年之日，「親友以食物相饋遺，謂之送年；各刲豢豕祭百神，謂之還年福」[74]。

除送灶神外，一些地方還在「小年」之日舉行祭祀祖先的儀式活動。例如在峽江縣，「臘月二十四日，俗謂『小年』，祀祖先」[75]。在安義縣，「歲終，自二十三、二十四日起，各以祖規設盛饌，合家宴飲，曰『過年』。祭祀祖先，曰『還年福』」；在奉新縣，「臘月二十四日，俗名小年。畫具雞豚、黍稷祀祖先，晚則掃室」。而民國《鹽乘》則這樣追述該縣清代的小年風俗：「在昔，邑人恆於陰曆丑月二十四日夜祀灶、祀先，謂之『小年』。今祀典已廢，而小年之名猶存。」但是，與除夕之日祭拜相比，小年之日祭祀祖先在禮規上要簡單得多。如《南城縣誌》記載：「小年，俗以臘月二十四日，用素饌祭祖，亦間有用牲牢者，然禮視除夕為簡。」同治《新城縣誌》亦言：「二十五日為小年，用素饌祭祖，亦間用牲醴者，然禮視除夕為簡。」[76]

73 丁世良、趙放主編：《中國地方誌民俗資料彙編》華東卷（中），第1138頁。

74 丁世良、趙放主編：《中國地方誌民俗資料彙編》華東卷（中），第1128頁。

75 丁世良、趙放主編：《中國地方誌民俗資料彙編》華東卷（中），第1162頁。

76 丁世良、趙放主編：《中國地方誌民俗資料彙編》華東卷（中），第1136頁。

一年的最後一天成為「除日」。在這個辭舊迎新之日，人們通過貼門神等各種各樣的活動，來表現對新生活的嚮往與祈求。白天，家家戶戶都會貼上新的春聯、年畫，換上新的門神，並進行祭祖活動。晚上，合家聚食，飯後進行「守歲」。如同治《南城縣誌》記載：

除夕，換門神、春聯，歲糕、歲飯、紅酒、牲肴祀先祖五祀。晚具酒饌聚食，謂之「團歲」；夜熱粃盆，放花爆，達旦不寐，謂之「守歲」；戚友以糕豚、酒餚相遺，謂之「饋歲」；子弟向尊長拜慶，謂之「辭歲」；燈燃各室，遍及雞豕笠，謂之「照歲耗」。[77]

又如樂平縣誌所云：

除夕，祀神並先祖，謂之「送歲」；聚家人飲食，謂之「團年」。明燭蓺香，或蓺炭燔柴，長幼坐以待旦，謂之「守歲」。先期預備物品，為新歲之用；煮米為粁，新歲復蒸而飯之。換桃符，寫春貼，易門神，燒爆竹，燔蒼朮，辟瘟丹，謂之「闢邪」。[78]

77　丁世良、趙放主編：《中國地方誌民俗資料彙編》華東卷（中），1133頁。

78　丁世良、趙放主編：《中國地方誌民俗資料彙編》華東卷（中），1065頁。

除夕後一日是新一年的開始，亦稱「元旦」。在該日，各地舉行的主要活動有：

　　一、焚香拜祖，與鄉鄰相互交拜，祝賀新年。前項儀式一般在日出之前完成，後項活動則是在日出後。如嘉慶《九江府志》記載：「正月『元旦』，雞鳴起，肅衣焚香，拜天謁祖，次及尊屬，各序拜。昧旦，擇方隅，取吉行，曰『出方』。鄉鄰投刺交謁，交饋以饗。」同治《萍鄉縣誌》亦稱：「元旦，雞初鳴，中庭設香案，肅衣冠，展拜神祖先，卑者以次拜尊長，日出往來酬拜。」而在瑞昌縣，農民除相互拜年之外，還要將耕牛牽至欄外寬敞處，燃香放爆，餵以精飼料，再牽回欄，叫做「牽牛出方」。[79]

　　二、分譜餅。由於正月初一也是新生男丁上譜之日，因而許多地方通常還在此日進行全族性的分譜餅儀式。在進賢縣，各村會在元旦日「公置譜餅，照灶丁分給，年自六十以上遞增壽餅，以示尊崇，自童生、生員以上遞增考餅，以為鼓勵」。而在安義縣，村中族人先後「長幼以次展拜」，再「集家廟謁祖，散餅餌，謂之『丁餅』」。

　　三、遊神。在元旦之日，許多鄉村還會舉行固定性的遊神活動。在袁州府西的分宜縣，「夏曆新年，鄉村各有神會。元旦上午，舁神出行，鼓吹導引，遊行各鄉村，謂之繞團，戶戶具供香爆」。在瑞金縣，人們組織「龍船會」，「與會者各占一日，迎神

79　九江市文化局編：《九江市風俗志》，2000 年版。

像於家。用鼓樂、旗幟遍遊街市至人家，曰『接大神』。……招集鄰友，酣飲高歌達旦。次日更至一家，亦如之」。此外，在鉛山縣，一些家庭還會於元旦日前往拜謁先聖。如《鉛山縣誌》記載：

正月「元旦」，城內外諸生家必攜子弟捧香楮、酒燭至學拜謁先聖，謂之「出行」。歸讀書三遍，寫字數十，或作詩一首，謂之「發筆」。去城遠者，率子弟入祠，拜畢以昭穆齒長幼，令一人捧爵，一人執壺，一人捧果盒，舉爵相揖，酒奠而不飲，果獻而不食，三巡三揖退。行此禮，凡三日。亦有以茶代者，其發筆與城內外同。[80]

正月十五日為上元日，俗稱「元宵」。在傳統中國社會，元宵日最主要的活動是遊神與觀燈。在清代江西各地，也流傳著「除夕火，元宵燈」的諺語。在南昌一帶，大多鄉村所製的燈為板燈，「其製象龍頭，龍尾貫於板，板置燈數籠，節節相承，共成一板。農人驗燈色以占歲」。時人楊垕在一首名為《香龍燈》的詩中，形象地刻畫了當地人遊板燈的情景和經過：「紙作龍頭紙尾短，一板一人香一板。香板一翻田一轉，田路高低火近遠。龍身萬火光熊熊，白水赤旱黃年豐。分板歸家鼓聲歇，釜中飯冷

80　丁世良、趙放主編：《中國地方誌民俗資料彙編》華東卷（中），第1092頁。

瓦燈熱。」[81]在安義縣，觀燈的活動早自十一日就開始，所製作的燈也是種類繁多，「煙火、鰲山、龍燈、鶴焰，所在皆有。禳災船最為巨觀；其製以竹編成巨筏，糊以紅紗，上置小紗籠千百，艙中為三閭大夫像，侍從、舟子悉具。數十人舁之，遊行街市，鼓樂喧闐，和以俚歌」。在另一些地區，觀燈與鬧元宵則始於十三日，終於十六日。在數日裡，「人家張燈者鮮，惟城市鄉村有跳龍燈、跳獅子燈、馬燈者，踏歌金鼓，浪沸喧天，謂之鬧元宵」[82]。「神廟、市肆皆張燈放花炮，燈極精巧，裝捏人物皆有機以運之。又裝龍燈、馬燈、獅子燈、花鼓燈，金鼓踏歌，比戶演玩，謂之『鬧元宵』」[83]。逐疫與迎神是元宵日另一項普遍的活動。在元宵夜，都昌縣各村「合族丁壯，鳴鑼擊鼓放爆，挨家循行，謂之逐疫，亦古儺遺意。然鄉村比鄰錯處，舉此者行止各有先後，各有處所，違則輒取爭端，並有因此而致興訟者」[84]。而新淦各地「鄉俗迎神多以鼓聲為節，正月謂之元宵鼓」[85]。廣大民眾在辛勤的勞作之餘，也盡情享受著收穫後的喜悅，元宵等節慶活動為他們提供了一個娛樂的舞台。在濃濃的節

81 萬廷蘭輯：《南昌文考》卷十八，乾隆六十年刊本。
82 《新城縣誌》卷一《風俗》，同治九年版。
83 丁世良、趙放主編：《中國地方誌民俗資料彙編》華東卷（中），第1132頁。
84 丁世良、趙放主編：《中國地方誌民俗資料彙編》華東卷（中），第1088頁。
85 丁世良、趙放主編：《中國地方誌民俗資料彙編》華東卷（中），第1160頁。

日氛圍中,「不僅人們愛好娛樂的天性得以放縱,而且在這些尋歡作樂的瞬間,日常生活的緊張感亦得以片刻遺忘」[86]。

86　〔法〕謝和耐:《蒙元入侵前夜的中國日常生活》,劉東譯,江蘇人民出版社 1999 年版,第 138 頁。

江西文庫 A0701A26

江西通史：清前期卷　中冊

主　　　編	鍾啟煌
作　　　者	梁洪生、李平亮
責任編輯	楊家瑜

發 行 人	陳滿銘
總 經 理	梁錦興
總 編 輯	陳滿銘
副總編輯	張晏瑞
編 輯 所	萬卷樓圖書股份有限公司
排　　版	菩薩蠻數位文化有限公司
印　　刷	百通科技股份有限公司
封面設計	菩薩蠻數位文化有限公司

出　　版　昌明文化有限公司

桃園市龜山區中原街 32 號

電話　(02)23216565

發　　行　萬卷樓圖書股份有限公司

臺北市羅斯福路二段 41 號 6 樓之 3

電話　(02)23216565

傳真　(02)23218698

電郵　SERVICE@WANJUAN.COM.TW

大陸經銷　廈門外圖臺灣書店有限公司

　　　電郵　JKB188@188.COM

ISBN 978-986-496-192-4

2018 年 1 月初版

定價：新臺幣 320 元

如何購買本書：

1. 轉帳購書，請透過以下帳戶

   合作金庫銀行　古亭分行

   戶名：萬卷樓圖書股份有限公司

   帳號：0877717092596

2. 網路購書，請透過萬卷樓網站

   網址　WWW.WANJUAN.COM.TW

大量購書，請直接聯繫我們，將有專人為您

服務。客服：(02)23216565 分機 610

如有缺頁、破損或裝訂錯誤，請寄回更換

版權所有·翻印必究

Copyright©2016 by WanJuanLou Books CO., Ltd.

All Right Reserved　　　　**Printed in Taiwan**

國家圖書館出版品預行編目資料

江西通史 清前期卷 / 鍾啟煌主編.-- 初版.--

桃園市：昌明文化出版；臺北市：萬卷樓

發行, 2018.01

　冊；　公分

ISBN 978-986-496-192-4(中冊：平裝). --

1.歷史 2.江西省

672.41　　　　　　　　　　　107001901

本著作物經廈門墨客知識產權代理有限公司代理，由江西人民出版社授權萬卷樓圖書
股份有限公司出版、發行中文繁體字版版權。

本書為金門大學華語文學系產學合作成果。　　　校對：邱淳榆／華語文學系三年級